LE MANUEL DES INQUISITEURS

Bibliothèque de « L'Évolution de l'Humanité »

Ouvrages de Louis Sala-Molins

Lulle. Arbre de philosophie d'amour. Livre de l'ami et de l'aimé, Paris, Aubier-Montaigne, 1967.
La Philosophie de l'amour chez Raymond Lulle, préface de Vladimir Jankélévitch, La Haye, Mouton, 1974.
Amérique latine : philosophie de la conquête (Silvio Zavala), La Haye, Mouton, 1977.
La Loi, de quel droit ?, Paris, Flammarion, 1977.
Le Dictionnaire des inquisiteurs. Valence, 1494, Paris, Galilée, 1981.
Raimundi Lulli Opera latina in Montepessulano composita anno MCCCIV, Turnhout, 1982.
Herder, Encara una filosofia de la història, Barcelone, Laia, 1983.
Sodoma. A l'alba de la filosofia del dret, Barcelone, Edicions 62, 1984.
Eimeric. Court traité, Grenoble, J. Millon, 1986.
De rege. De libertate. Del rei. De la llibertat, Paris-Barcelone, Mouflon, 1988.
Sodome. Exergue à la philosophie du droit, Paris, Albin Michel, 1991.
Les Misères des Lumières. Sous la raison, l'outrage, Paris, Robert Laffont, 1992.
L'Afrique aux Amériques. Le Code noir espagnol, Paris, PUF, 1992.
Le Code noir ou le calvaire de Canaan, Paris, PUF, 6e édition, 1998.

En collaboration

Écrits pour Jankélévitch, Paris, Flammarion, 1978.
Platon et Aristote à la Renaissance, Paris, Vrin, 1978.
Histoire des idéologies, Paris, Hachette, 1978.
Douze leçons de philosophie, La Découverte/Le Monde, 1985.
Saint Augustin, Paris, Dossier H, L'Âge d'Homme, 1988.
Ramon Llull. Dues lectures, Barcelone, 1990.
La Tolérance, Paris, Seuil, 1991.
1492. Le choc des deux mondes, Genève, La Différence, 1993.
Résister, Paris, Seuil, 1994.
Violence et politique (Cerisy 1994), Paris, Hazan, 1995.
La République des jeunes, Paris, FFMJC, 1996.

NICOLAU EYMERICH
FRANCISCO PEÑA

LE MANUEL DES INQUISITEURS

Introduction, traduction
et notes de
Louis Sala-Molins

Albin Michel

Première édition : EPHE et Mouton, Paris, La Haye, 1973

22, rue Huyghens, 75014 Paris

www.albin-michel.fr

ISBN : 2-226-12578-7
ISSN : 0755-1770

Tout ce que l'on fait pour la conversion des hérétiques, tout est grâce.

EYMERICH

La finalité des procès et de la condamnation à mort n'est pas de sauver l'âme de l'accusé, mais de maintenir le bien public et de terroriser le peuple.

Le rôle de l'avocat est de presser l'accusé d'avouer et de se repentir, et de solliciter une pénitence pour le crime qu'il a commis.

Nous ne sommes pas des bourreaux !

Que tout soit fait pour que le pénitent ne puisse se proclamer innocent afin de ne pas donner au peuple le moindre motif de croire que la condamnation est injuste.

Bien qu'il soit dur de conduire au bûcher un innocent…

Je loue l'habitude de torturer les accusés.

PEÑA

Saint Dominique a été mal compris […]. Dominique n'a pratiqué que l'activité d'un prédicateur évangélique. Mais il était un homme d'Église et l'Église était engagée, depuis quelque temps déjà, dans un système comportant non seulement l'application de ses propres sanctions, mais le recours à la coaction matérielle quand la parole s'était avérée impuissante.

Yves CONGAR, dominicain
Le Monde, 3 septembre 1969

Nous reconnaissons comme une contribution à la paix le fait qu'on déplore désormais *partout [...] la torture des prisonniers. La conscience du monde ne tolère plus de semblables délits, qui font retomber le déshonneur sur ceux qui les accomplissent.*

PAUL VI
Message annuel, décembre 1969

Mars 2000 : Jean-Paul II demande pardon à Dieu pour les crimes et pour les horreurs de l'Inquisition.

Introduction

1. Pour bien faire, un manuel

Il en est de l'Inquisition comme de toutes les institutions. Elle a préexisté à sa codification. Codifiée, elle a eu un semblant de vie autonome. Démantelée, elle survit de la vie même dont elle durait avant d'avoir un nom et de se traduire par une procédure. Elle survit. À l'indicatif présent. Car si l'institution semble morte, l'attitude idéologique – spirituelle, rituelle, ecclésiologique, le choix est grand des adjectifs acceptables –, dont elle était une manifestation privilégiée, se porte bien.

A-t-il vraiment fallu l'épopée cathare pour découvrir les vertus cathartiques de l'anathème ? Non. Déjà la malédiction de Jésus avait été au figuier plus néfaste que le tonnerre, et la lèvre divine avait pris pour la Cananéenne le pli du sarcasme. Déjà Jean le bien-aimé maniait dans l'Apocalypse un langage dont les fulgurations de haine éclairaient par instants les abîmes ténébreux de l'amour. De l'amour-précepte. Rien de plus facile à réussir qu'un florilège des ardeurs inquisitoriales dont se réchauffe l'Église, depuis ses origines jusqu'à notre époque. L'anathème est tellement consubstantiel à la doctrine qu'on le retrouve sans mal dans toutes et chacune des Églises se réclamant des Évangiles. Principe d'unité ? L'art de la condamnation, l'art de l'interdit, l'art de l'utilisation du bras séculier, principe d'unité ? Preuve par l'absurde d'un paralogisme qui pourrait s'énoncer ainsi : rien ne rassemble tant que ce qui divise.

Est-ce à dire que l'Inquisition est partout ? Et que, par conséquent, il y a lieu d'enregistrer les faits, de les replacer dans leur contexte, et bonsoir ? Oui, l'Inquisition est partout. Non, il ne suffit pas d'enregistrer. Ou alors oui, l'enregistrement suffit, mais encore faut-il que les archives disent ce qu'elles ont à dire. En d'autres termes, il convient que l'histoire de l'Inquisition-institution soit l'histoire de l'Inquisition et qu'elle soit constituée de tous les éléments qui la constituèrent au cours de sa période institutionnelle. On s'y emploie. Et les actes de tel ou tel tribunal sont livrés périodiquement au public. Les spécialistes établissent des cartes de l'implantation du tribunal de la Très Sainte Inquisition ; ils dressent les listes des condamnations, énumèrent les brûlés vifs en distinguant soigneusement les préalablement étranglés des autres, et les brûlés en effigie de ceux qui n'eurent pas cette chance. Ils cataloguent les aveux et construisent de saisissants tableaux. Ils abordent ensuite de précieuses études comparatives dont il résulte que, à chaque hérétique brûlé vif par ordre de l'Inquisition romaine, correspondent mathématiquement dix sorcières brûlées ou noyées en Allemagne, autant de juifs pogromisés un peu partout, autant de catholiques envoyés avant l'heure au sein d'Abraham par Henry VIII d'Angleterre, etc. La conclusion semble s'imposer : l'Inquisition romaine ? Un tribunal comme les autres. Comme tant d'autres. Qui s'est assuré en Espagne une longévité admirable, tenant certainement à ce goût du macabre qui caractérise la péninsule, et tant pis pour elle ; mais ailleurs, interdiction de pavoiser pour s'en être débarrassé plus tôt.

C'est là une façon parfaitement légitime d'écrire l'histoire de l'Inquisition. Il serait aberrant de chercher querelle aux chercheurs à cause des aboutissements de leurs recherches. Et si l'historien voit flamber cinq condamnés seulement dans l'autodafé où le pamphlétaire en avait vu deux cents, on ne va pas le livrer au bras séculier pour cela. Mais en matière d'Inquisition l'histoire de l'institution compte, et compte aussi l'histoire de la codification de l'institution autant ou plus que celle des sentences et des verdicts. À telle enseigne que c'est une grave erreur de mesurer le rôle historique de l'institution à l'importance du tableau de chasse des gendarmes inquisitoriaux. La vie d'une institution est multiforme. Et nul historien du droit ne s'aviserait d'écrire l'histoire du droit napoléonien en se limitant à explorer les archives des Cours d'Assises. Pourquoi l'historien de l'Inquisition privilégierait-il le décompte des sentences ? Qu'il le fasse, et il se trouvera dans l'obligation de poser des principes dont on pourra dire, pour le moins, qu'ils supportent mal la confrontation avec les faits. Deux exemples.

Des historiens, procédant de la façon indiquée à l'instant, en sont arrivés à dire que l'Inquisition fut quasiment inventée pour en finir avec les juifs, tout simplement parce qu'ils ont établi des parallèles circonstanciels entre l'activité des tribunaux inquisitoriaux et l'anéantissement – par la mort, par la conversion ou par l'exil – d'importants foyers de judaïsme. Des historiens ont parlé d'un assouplissement des tribunaux inquisitoriaux – et cela de leur propre initiative – lorsqu'ils ont constaté que, de telle à telle période, la courbe descend du graphique des condamnations, ou encore lorsque les aménités de la prison inquisitoriale leur ont semblé plus supportables. Or il n'est pas seulement osé, il est tout simplement maladroit d'établir un lien direct et exclusif entre l'institution inquisitoriale et la poursuite des juifs, un rapport de cause à effet entre la diminution du nombre des procès ou les modifications du régime pénitentiaire et un assouplissement du tribunal. Le code inquisitorial, *opus romanum*, cumule et n'amende pas. Il ratifie, il s'alourdit à proportion directe des difficultés que l'institution inquisitoriale doit vaincre pour s'affirmer et pour durer. Il sera juste, dès lors, de parler d'un assouplissement du bras séculier, d'une évolution des mentalités chez les « processables », d'une hostilité de plus en plus marquée des peuples aux entreprises inquisitoriales[1]. Quand le vent tourne et que le public réclame de nouveau les rigueurs du feu pour les empêcheurs de tourner en rond,

1. Cf. pp. 137-144, l'attirail de mesures coercitives dont dispose l'Inquisition pour s'assurer le concours des autorités civiles réfractaires à son projet.

l'Inquisition n'a que rouvrir ses tiroirs-à-procédure pour bien poser la question, et la résoudre. Toujours prête. Et si elle se trouve démunie, ce n'est pas que l'excès de rigueur lui fasse peur, c'est qu'elle doit modifier un paragraphe pour étendre légitimement sa juridiction sur le nouveau type de « combustible ». Ainsi de l'Inquisition espagnole en Amérique dès l'aube du XVIe siècle. Procède-t-on autrement dans le code napoléonien ?

Il apparaît donc que s'opposer à la thèse d'un assouplissement de l'Inquisition n'équivaut pas à soutenir contre l'évidence – et contre le témoignage de l'histoire – que cette institution soit née parfaite et qu'elle ait vécu sans altérations. Le contraire est vrai. Ni fixisme ni assouplissement, mais évolution et durcissement[1]. Et, pourtant, l'institution mourra, en tant qu'institution. Elle mourra d'étouffement. Victime de sa propre rigueur. Victime de n'avoir pas réussi ses propres *aggiornamenti* pour employer un autre terme romain.

En réalité, il faudrait croire, pour satisfaire tout le monde, que tout est permis en histoire de l'Inquisition. Et dans « tout », il y a aussi une méthode privilégiée qu'il faut tout de même considérer de près. On passe en revue les différents textes conciliaires, pontificaux ou impériaux concernant la répression de l'hérésie à l'intérieur du monde catholique ; on les aligne selon un ordre chronologique sévère ; on s'interroge beaucoup sur la personnalité de l'auteur de chaque texte et sur sa visée particulière (qui dit quoi, et pour quoi faire) et très peu sur la fortune de chaque loi ou de chaque disposition pénale. L'histoire n'est plus alors l'histoire de l'Inquisition en tant qu'institution, mais la simple énumération des mesures efficaces, que l'on distingue soigneusement des mesures inefficaces. On obtient par ce procédé bien curieux un bien curieux récit en dents de scie ressemblant fort à la version « roman-feuilleton » des aventures de Hotzenplotz, qui rentre parfois content, parfois bredouille, et la suite au prochain numéro. Mais le voleur aux sept couteaux

1. Le raidissement de l'institution est évident. Il suffit, pour s'en apercevoir, de comparer le ton des ajouts du XVIe siècle au code inquisitorial du XIVe.

n'est pas une institution. L'Inquisition en fut une. Et il convient d'en parler comme d'une institution. Autant dire que ses *intentions* sont histoire, aussi bien, sinon davantage, que le sont ses facéties.

Qui légifère ? Pas le manant. Légifère celui qui possède le langage, la vérité, la coercition. Qui codifie ? Codifie celui qui possède le langage, la vérité, les instruments de mémoire. Codifier, c'est choisir. Choisir est ordonner en vue d'une fin. Et, dans notre cas précis, la fin est, en théorie, la sauvegarde de la pureté de la vérité ; en réalité, le maintien d'une certaine force et la légitimation de son projet expansionniste. La fin demeure, quelle que soit la position des puissances extérieures à l'Église catholique. Le projet donc, en tant que tel, doit servir de guide à l'histoire de l'institution inquisitoriale. Cela signifie qu'il faut réussir une lecture plate – et non en dents de scie –, car on ne peut lire qu'ainsi un projet linéaire, et constant. Décompter les bûchers, c'est bien. Pénétrer dans le fonctionnement mental de ceux qui les allument, c'est mieux ; et ne pas essayer de s'y prendre ainsi, c'est aboutir à mélanger allègrement autodafé, chasse aux sorcières et pacification des Indiens ; c'est déculpabiliser Dominique et Louis IX sous prétexte que vous en êtes un autre. Nous sommes tous des inquisiteurs, n'exigeons pas de l'Église romaine des XIIe et XIIIe siècles des scrupules que la société ne s'est découverts qu'avant-hier au soir…

Pour comprendre la spécificité de l'institution inquisitoriale, il faut procéder, peut-être, tout autrement. Il faut tenter de percer dans les intentions. Et cela est faisable. Il faut prendre, du fatras des textes, ce qui demeure vraiment, non pas ce que l'historien décide de garder parce que cela sert mieux qu'autre chose une hypothèse de travail. Il faut choisir ce que l'institution garde, ce qui s'institutionnalise, ce qui constitue réellement la vie de l'institution et sa mémoire, son *code vrai.* L'historien n'a pas à choisir si l'Inquisition a déjà choisi car, procédurière jusqu'à l'obsession, elle sait adapter son appareil aux besoins mieux que ne saurait le faire l'historien. Le code est la voie d'accès la meilleure à la vision du législateur ; il permet de saisir l'institution telle qu'elle était vue, vécue, voulue par ceux qui la créaient, la maintenaient et la servaient. Et le code existe, mais son aridité est rebutante, ses éternelles redites aussi significatives qu'inutilisables. Comment appliquer, dans l'Espagne du XIVe siècle, les textes pontificaux du XIIe ? Les archives le diront, mais les archives ne disent pas forcément l'intention de l'institution ni le pourquoi de telle sentence dans sa singularité. Entre le code et l'accusé, il y a un troisième homme : l'inquisiteur. L'inquisiteur lit le code, mais il connaît aussi ses possibilités *réelles* d'action : les archives ne retiendront souvent que les interrogatoires et les sentences… car l'inquisiteur n'a aucun intérêt à confier au notaire les raisonnements qu'il a élaborés pour passer de la lettre du code à la formulation de la sentence. Disons que l'institution, au moment décisif, c'est lui, l'inquisiteur, ramenant au code la parole, le silence… ou les râles de l'accusé.

L'institution a pensé à sa solitude, aux problèmes qu'il doit résoudre, à l'impossibilité de tout retenir de la gigantesque masse des textes, des dogmes, des instructions. Et elle fournit à l'inquisiteur un moyen : c'est le manuel. Intermédiaire entre les textes et le juge, il permet au juge d'intérioriser le texte.

Naturellement, le manuel s'imprègne de l'air du temps, étant, comme il l'est, une proposition de lecture du code, formulée dans un contexte historique précis par un diseur de la loi, et non par le législateur. Mais il constitue un élément indispensable à la pondération exacte du devenir de l'institution. Indispensable certes, mais insuffisant.

À moins que… le manuel dans lequel on renifle l'air du temps ne soit tout à la fois le code, l'histoire du code, l'interprétation du code, l'indice prospectif de l'institution. Le *Directorium inquisitorum* ou *Manuel des inquisiteurs* de Nicolau Eymerich, dans sa version romaine, est tout cela à la fois.

En deux mots, voici l'histoire du *Directorium* : Eymerich[1] l'écrit à Avignon autour de 1376. C'est dire que les dissertations

1. Nicolau Eymerich naquit en 1320 à Gérone (royaume de Catalogne-Aragon). Il n'avait que quatorze ans lorsque, en 1334, il entrait dans l'ordre des

de Gui Foucoi[1] avaient déjà bien vieilli ; que l'œuvre de Guillaume Raymond, Pierre Durand, Bernard de Caux et Jean de Saint-Pierre avait plus d'un siècle[2], et une bonne cinquantaine d'années la célèbre *Practica officii Inquisitionis* de Bernard Gui[3], lorsque le dominicain catalan entreprenait sa propre « compilation ». La procédure peut déjà se stabiliser, le droit inquisitorial atteint une finesse particulière, l'institution « marche ». Encore fallait-il que, comme Raymond de Penyafort avait « stabilisé » en son temps le droit canonique[4], quelqu'un d'autre mît en ordre, à la manière d'une somme, tout ce qu'il fallait savoir pour bien enquêter.

Et c'est là la nouveauté essentielle du texte d'Eymerich. Comme le notait A. Dondaine, Eymerich n'offre pas seulement comme ses prédécesseurs en droit inquisitorial des collections de textes juridiques et des récits de sentences – autant de fioritures

dominicains : il reçut l'habit dans le couvent de Saint-Dominique de sa ville natale. En 1357, il devient Inquisiteur général de Catalogne, Aragon, Valence et Majorque, succédant dans cette charge au dominicain Nicolau Rossell élevé au cardinalat en 1356. Il exerça sa charge de 1357 à 1392, avec deux longues interruptions : 1360-1365, 1375-1387. À deux reprises, en 1377-1378 et en 1393-1397, il fut exilé des territoires de la couronne de Catalogne-Aragon : son ardeur à la tâche, ses positions politiques et théologiques devinrent insupportables à la Maison de Barcelone. Mais jamais Eymerich ne se considéra réellement dépossédé de sa charge. En 1362, Eymerich devint Vicaire général de son ordre dans les terres de la Couronne. En 1371, il fut gratifié du titre – et en exerça les fonctions – de chapelain du pape en Avignon, et il suivit à Rome le pape Grégoire XI. Il présida en 1391 le chapitre général de son ordre. Revenu au couvent de Saint-Dominique à Gérone en 1397, il y expira en 1399.

Outre le *Directorium inquisitorum*, on doit à Eymerich plusieurs ouvrages théologiques (notamment un traité *De duplici natura in Christo*, et une *Explanatio in Evangelium Johannis*) et une série d'ouvrages contre les doctrines de son compatriote le philosophe Raymond Lulle et ses disciples, les lullistes, qu'il condamne tous – hérésiarques et hérétiques, selon lui – aux rigueurs de l'index et de l'Inquisition. Ni l'Église ni la couronne de Catalogne-Aragon ne goûtèrent les rigueurs anti-lullistes du dominicain.

1. *Consultationes ad inquisitores haereticae pravitatis.*
2. Écrite aux environs de l'année 1250.
3. Terminée probablement en 1324.
4. En 1230, par ordre du pape Grégoire IX.

à des descriptions longues, précises, méticuleuses, de la vie et les mœurs et les croyances de tel ou tel hérétique, des tenants de telle ou telle secte, le tout dans un certain désordre et entrelardé encore de longues dissertations apologétiques bâties sur des événements de valeur circonstancielle ; Eymerich « offre un traité systématique complètement élaboré en vue du seul exercice de la fonction ». L'œuvre d'Eymerich est plus que le manuel : c'est le directoire de l'inquisiteur[1]. Eymerich réalise en droit inquisitorial ce que son compatriote et son frère en religion Raymond de Penyafort réalisa en droit canonique. C'est dire qu'Eymerich n'invente jamais : il lit, compare, collationne, confronte. Pas une ligne de son manuel qui ne renvoie aux textes conciliaires, bibliques, impériaux ou pontificaux. Pas une réflexion « personnelle » que n'étayent des passages de l'Écriture ou de la patristique. Pas une astuce théologique que ne vienne justifier l'autorité de Thomas d'Aquin ou de quelque grand théologien. Et lorsque le doute est permis, Eymerich aligne, avec des scrupules de chartiste, les thèses en présence, qu'elles se contredisent ou qu'elles se complètent. Une somme, enracinée dans les textes, et dans laquelle s'enracine tout naturellement la procédure ; sa structuration parfaite fait sa parfaite clarté et son parfait mérite. Par souci d'efficacité, Eymerich disparaît derrière son texte, sauf à de rares exceptions et il ne se réfère que parcimonieusement à sa propre expérience d'inquisiteur[2]. Si la neutralité – et l'innocence – existait en matière de compilation de textes juridiques ou théologiques, Eymerich serait un neutre – et un innocent. Et si l'institution avait une mémoire, le manuel qu'écrivait Eymerich serait cette mémoire.

L'inquisiteur catalan part d'une constatation primaire : tout inquisiteur doit utiliser, dans l'exercice de sa charge, d'innombrables textes de diverses catégories dont personne n'a entrepris

---

1. A. Dondaine, « Le manuel de l'inquisiteur », *Archivium Fratrum Praedicatorum,* 17, 1947.

2. Cf., par exemple, p. 190 et 195.

le regroupement complet. L'inquisiteur doit puiser dans les canons, dans les lois des empereurs et des rois, dans les constitutions, dans les appareils, les gloses, les encycliques, les chartes de privilèges et d'indults royaux, pontificaux, épiscopaux, dans les instructions des Inquisitions locales et dans celles des provinciaux des ordres religieux..., puiser de quoi s'éclairer. Et cela à chaque stade de l'exercice de sa fonction ; en enquêtant, en « processant », en condamnant, en torturant, en acquittant. Or, il n'existe pas de collection complète de tout ce matériel. D'où, fatalement, des risques graves d'erreur de procédure, voire d'irrégularité[1], et un manque flagrant d'unité dans l'exercice de la fonction inquisitoriale. Il faut donc, dit Eymerich, « regrouper en un seul livre les textes épars, et non pas au hasard, mais de telle sorte que rien n'y manque et que tout s'y ordonne harmonieusement ». Et le manuel naît, intégrant dans une seule trame « les canons, les lois, les constitutions, les appareils, les déterminations, les condamnations, les prohibitions, les approbations, les confirmations, les consultations et les réponses, les lettres apostoliques, les indults, les conseils, l'analyse des erreurs des hérétiques ». À cette compilation, Eymerich ajoute encore – s'inspirant en cela de ses prédécesseurs – de nombreux formulaires, des modèles de rédaction de sentences, des formules d'abjuration et de condamnation, etc. Il regroupe enfin – citons-le mot à mot – « tout ce qui est nécessaire à l'exercice de l'Inquisition ».

Mais la procédure n'est qu'un aspect des préoccupations de ce théologien qu'est aussi Eymerich[2]. Il lui faut une argumentation dépassant le strict cadre juridique et construite de telle façon que tout inquisiteur puisse s'y référer pour trouver une réponse adéquate à toutes et chacune des turpitudes mentales

1. On parle d'« irrégularité » en langage canonique lorsqu'il y a transgression d'une règle intéressant la pratique ou les statuts du cléricat. On peut dire que l'irrégularité est à la discipline ce que l'hérésie est à la foi.

2. Cf. *supra*, pp. 14-15, la note bio-bibliographique.

dont pourrait être capable le plus farfelu des hérétiques : « Le manuel comporte trois parties. Il est question dans la première de la foi catholique et de son enracinement. La deuxième parle de la méchanceté hérétique qu'il s'agit de contrer. La troisième est consacrée à la pratique de l'office, qu'il faut perpétuer. » Dixit Eymerich. Le décor est ainsi planté. Explicitée aussi dès le prologue, l'intention profonde de l'inquisiteur. Et il n'est pas trop osé de dire que l'on tient là, dans cette division tripartite et dans l'ambition de l'ensemble, le secret de la survie du *Directorium inquisitorum.*

Comparons un instant les grandes lignes de l'architecture du *Directorium,* à la division en cinq parties de la *Practica* de Bernard Gui. Celui-ci parle et écrit pour une zone bien délimitée : le Toulousain, le Carcassès, l'Albigeois, le Narbonnais. Son texte aligne des actes divers et des formules de citations, de sentences, etc. C'est la « petite histoire » d'une tranche de vie de l'Inquisition, qui introduit un long exposé théorique sur les pouvoirs de l'inquisiteur. En dernière partie, la procédure. Mais, là encore, l'effort de théorisation est presque nul : Gui aligne des interrogatoires, mais n'en propose jamais le schéma d'ensemble. Gui raconte. Le *Manuel* à la manière de la *Practica* de Bernard Gui devait vieillir, mourir de sa belle mort, car c'est en fin de compte un récit qu'il propose, inutilisable aussitôt après sa composition. À force d'accumuler des détails sur les mœurs des cathares et des vaudois, des invectives sur telle ou telle faille de procédure ; il reste un texte de constat. Bernard Gui est un inquisiteur qui parle en son nom propre de sa propre méthode inquisitoriale[1]. L'air du temps.

L'œuvre d'Eymerich est d'une tout autre envergure. Eymerich ne s'adresse pas aux tribunaux inquisitoriaux voisins, mais à tous les inquisiteurs, à tous les théologiens, à tous les

1. On consultera, à propos des intentions de Bernard Gui et de son style, le prologue à l'édition abrégée de la *Practica* réalisée par G. Mollat (Bernard Gui, *Manuel de l'inquisiteur,* édité et traduit par G. Mollat, Paris, Les Belles Lettres, 1926, 2 vol., 193 p. et 170 p.).

juristes et canonistes que les inquisiteurs jugeraient utile de consulter. Conscient de la portée universelle de son travail, l'inquisiteur du royaume d'Aragon ne rougit point de conjurer « tous les inquisiteurs de consulter avec dévotion le recueil, de l'étudier attentivement, d'en graver le contenu dans leurs cœurs, de ne point douter de sa véracité, d'en imposer l'étude aux théologiens et aux juristes qui seraient de leurs conseils, de se conformer enfin totalement à lui dans le choix des sentences ».

Ce sens de l'universalité – planter la foi, pourchasser l'hérésie, sauvegarder le Saint-Office –, cette structure particulière et nouvelle, cette réserve, voilà ce qui justifie l'énumération proposée plus haut : le code, l'histoire du code, l'interprétation du code, l'indice prospectif de l'institution. Ce style, cette clarté (malgré les répétitions, mais qui tiendrait rigueur au théologien et au juriste de se répéter ?) expliquent, me semble-t-il, que ce soit ce manuel, et non un autre que Rome ait retenu le jour où elle a senti le besoin d'unifier à jamais les procédures inquisitoriales. Les manuels – et il n'y en a pas des douzaines – proposaient l'unification. Rome se devait de l'imposer. Et le jour venu, Rome choisit le *Directorium inquisitorum* d'Eymerich. Au hasard ? Non, certes...

Le manuel d'Eymerich a été le seul livre de son genre à connaître les honneurs de l'imprimerie dès l'aube du XVIe siècle. Nul ne le précède sous les presses. En l'an 1503, le *Directorium* est imprimé. Et, jusqu'ici, admettons que cela ne prouve rien.

Entre 1578 et 1607, le *Manuel* sera réédité *cinq fois* : trois fois à Rome – en 1578, 1585 et 1587 – et deux fois à Venise – en 1595 et 1607. Cela est déjà un peu plus significatif. Et ce qui transforme le *Manuel* d'Eymerich de ce qu'il était en monument historique, c'est justement l'entreprise de réédition romaine. Comme si Rome reconnaissait – deux siècles après – dans le travail eymericien son œuvre ; dans l'orientation eymericienne, son orientation ; dans la trame théologique du texte de l'inquisiteur d'Aragon, sa véritable orientation théologique face à une nouvelle lignée de tout nouveaux cathares. L'Inquisition triomphe en Espagne, ailleurs en Europe un peu moins... et la procédure se diversifie jusqu'à l'extrême : elle s'effrite de toutes parts. Le Saint-Siège constate qu'il est grand temps de mettre un peu d'ordre dans l'institution inquisitoriale et charge un canoniste espagnol, Francisco Peña, de rééditer le *Manuel des inquisiteurs* de Nicolau Eymerich et, surtout, de l'enrichir de tout ce que l'histoire de l'institution avait accumulé en textes, lois, dispositions, règlements, instructions, etc., depuis la mort de l'auteur. Rome ne peut pas se contenter de l'édition du simple texte eymericien réalisée en 1503.

Et le canoniste espagnol se met au travail. Consciencieusement. Scrupuleusement. Calmement. Il consulte l'édition de Barcelone (1503) qu'il abandonne, en bon paléographe, au profit d'un certain nombre de manuscrits du *Manuel* – tous du XIVe siècle ou du début du XVe – dont les origines sont à elles seules révélatrices de l'importance de la carrière manuscrite du texte eymericien.

L'un provient de la bibliothèque du cardinal Sabelli, « Inquisitor Maximus » de l'Église romaine. Un autre appartient au cardinal De Gambara, « Inquisitor generalis ». Un troisième provient du tribunal inquisitorial de Bologne (Bologne : la ville où le droit se fait, et se défait…). Peña utilise enfin pour sa « restitutio textus » un manuscrit « vetustissimum » provenant d'Avignon et contenant des notes et des corrections qu'il attribue à la main d'Eymerich, en alléguant au bénéfice de sa thèse des arguments d'une haute valeur paléographique qu'il serait inopportun de retranscrire ici (signalons, au moins, que ce manuscrit figurait dans un ensemble de documents et de pièces provenant d'Avignon et ayant appartenu, avec toute certitude, à l'inquisiteur Eymerich). Le collationnement des manuscrits dont disposait Peña (et dont nous possédons le microfilm) avec le texte des éditions romaines et vénitiennes met à l'évidence la rigueur scientifique du travail de transcription qu'effectue le canoniste. Peña transcrit avec sérieux. Il a des scrupules d'éditeur moderne lorsque, face à une lecture problématique, il explique longuement pourquoi il a choisi telle variante au détriment des autres, qu'il transcrit en marge. Bref, l'appareil critique étant sans faille, une conclusion s'impose. Rome respecte absolument la parole d'Eymerich[1].

Mais le texte eymericien ne constitue qu'une petite moitié – et encore – du texte romain du XVIe siècle, et l'on a déjà dit de quel genre sont les additifs. Choisis au hasard, ou selon des critères « passionnels », à la manière de Bernard Gui ? Non. Choisis avec méthode, selon les normes des compilateurs. Tous les textes. Et dans un enchaînement rigoureux. Sans passion. Comme il convient au juriste, conscient, plus que nul autre, de la portée universelle de l'aboutissement de son entreprise.

Car ce n'est pas par un attachement particulier du canoniste à tel ou tel texte que Peña se met au travail. Ce sont le général des dominicains, Paolo Constabile, et le commissaire général de l'Inquisition romaine, Thoma Zobbio, qui demandent au canoniste, *au nom du Sénat de l'Inquisition romaine,* de rétablir le texte eymericien et de le compléter. Pendant toute la période que Peña consacre à élaborer son édition, il ne cesse de consulter les demandeurs. En même temps, il divulgue le projet qui lui est proposé : il avertit de nombreux inquisiteurs de différentes régions qu'il réédite le *Directorium.* Il consulte des théologiens, des évêques et leur demande de lui faire parvenir leurs questions, leurs suggestions, leurs orientations, l'exposé de leurs problèmes. Les réponses à cette enquête, voilà qui enrichit notablement les gloses peñiennes grâce auxquelles on voit *vivre* l'institution inquisitoriale à la fin de XVIe siècle. Enrichir, c'est bien le mot. Peña ne s'éparpille pas. À son époque le droit inquisitorial est établi, mais multiforme. Les Inquisitions locales compliquent les procédures, introduisent des « usages », redécouvrent la notion de « privilège ». À ce propos, l'entreprise du Sénat inquisitorial romain est significative : Peña rappelle à qui de

1. Il faut ajouter à la liste des « scrupules professionnels » de Peña celui de recenser les textes eymericiens insuffisamment fondés. Le canoniste du XVIe siècle n'hésite pas à dénoncer Eymerich les rares fois où il arrive à l'inquisiteur du XIVe d'inventer un texte pour les besoins de la cause : un exemple, p. 270.

droit que l'Inquisition est *opus romanum.* Ce qui signifie, en pratique, que, obéissant à des ordres précis, le canoniste espagnol centre ses commentaires et ses mises à jour sur le « droit commun inquisitorial », sur ce que l'on serait tenté d'appeler une « Inquisitio perennis ». Les usages particuliers à telle ou telle Inquisition sont évoqués quand il le faut, mais une norme générale les dépossède de toute valeur réelle : en cas de doute, les inquisiteurs doivent se conformer uniquement et exclusivement au droit commun. Bien entendu, « droit commun » est, dans notre texte, une notion au sens très peu commun, qui sera analysée ici même et en son temps.

Une conclusion s'impose. Le *Manuel,* œuvre du XIVe siècle la plus parfaite en son genre, prolongée par les gloses de Peña, constitue *le* manuel. Certes, d'autres collections de textes suivront. Certes, parallèlement aux travaux de Peña et de ceux qui le précèdent, d'autres canonistes et d'autres insignes théologiens affinent, au bénéfice de l'« Inquisition espagnole » (appellation radicalement impropre pour indiquer le tribunal inquisitorial de Madrid), un instrument procédurier qui aura la vie longue. Mais les historiens ne s'y sont pas trompés ni les érudits qui, par des éditions partielles et des traductions, ont assuré à Eymerich une survie que les autres manuels n'ont pas connue[1].

1. Les éditions de Barcelone, Rome et Venise mises à part, signalons l'existence d'un *Manuel des inquisiteurs à l'usage de l'Inquisition d'Espagne et du Portugal,* Paris, sans nom de traducteur, 1762 (cette traduction abrégée de l'édition romaine est due à l'abbé Morellet). En 1821, J. Marchena édite à Avignon un *Manual de inquisidores para uso de las inquisiciones de España y Portugal,* qui n'est rien d'autre que la traduction castillane de l'abrégé français édité en 1762. Enfin, André Dalmas propose sous le titre de *Manuel des inquisiteurs de Nicolas Eymerich* (*Le Nouveau Commerce,* 17, 1970, pp. 109-133) un abrégé français… de l'abrégé français de 1762. Dans le texte proposé par ce dernier éditeur, nulle mention n'est faite des deux « moments » (XIVe et XVIe siècles) de l'élaboration du *Manuel,* de telle sorte que le lecteur non initié découvre avec stupéfaction que des pères jésuites et des papes de la Renaissance s'expriment dans un texte qu'André Dalmas dit « composé en 1358 ».

Faut-il rappeler que la *Practica* de Bernard Gui ne fait surface qu'à la fin du XIXe siècle[1] ?

Ajoutons que, soucieux de ne rien laisser dans l'ombre des arguments justificatifs de chaque virgule de la procédure, Peña enrichit le recueil eymericien de précieux appendices. Il réunit notamment en fin d'ouvrage toutes les lettres apostoliques, toutes les bulles intéressant l'Office de la Très Sainte Inquisition depuis le pontificat d'Innocent III, sous lequel vécut Dominique de Guzman, jusqu'au pontificat de Grégoire XIII, sous lequel virent le jour les éditions romaines : le bullaire couvre donc une période s'étendant de l'année 1198 à l'année 1585[2].

2. *Opus romanum*

1198 et Innocent III, les débuts de l'Inquisition ? C'est là, et avec lui qu'elle commence ? Avec quel texte particulier le pli est-il pris qui canalise l'affaire jusqu'à l'autodafé et fonde aussitôt la vocation procédurière ? Le chemin qui mène à l'autodafé, pourquoi ne pas le voir se dessiner déjà dans les Actes des Apôtres ? L'effet foudroyant de l'irascibilité de Pierre... Ou alors, à la première patristique ? Car l'anathème est déjà là, à l'aube de l'évangélisation. Mais restons sérieux.

Il faut savoir distinguer deux zones très nettes dans la répression de l'hérésie.

Tout le monde est d'accord qu'une institution sécrète d'elle-même les moyens de son autodéfense. Lorsqu'on parle de discipline ecclésiastique, tout le monde accepte que l'évêque, doué du pouvoir d'enseigner et de commander, ait son mot à dire sur

1. Publié pour la première fois par C. Douais, en 1886.

2. La première de ces deux dates est celle du bref *Inter coetera* ; la deuxième, celle de la « constitution » *Sancta Mater Ecclesia,* rendant obligatoire un sermon hebdomadaire pour les juifs et contre le judaïsme.

l'intégrité de la foi des âmes dont il a la charge. Tout le monde accepte que le pas est franchi de la sauvegarde au zèle lorsque le pouvoir de contrôle – cela a, de nos jours, un autre nom – est totalement ou partiellement arraché à celui qui le détient *institutionnellement* et transféré à un « tribunal d'exception ». Et tout le monde comprend qu'il n'y a plus rien à comprendre lorsque le tribunal d'exception devient – va savoir par quels artifices – l'instance ordinaire. À ce point de vue, la source première de l'inquisition « moderne » devrait être localisée sans erreur dans le premier texte dont on disposerait – qu'il fût pontifical ou conciliaire – dépossédant les évêques de leur autorité *docendi* et *iudicandi* [1] au bénéfice d'une instance non épiscopale, ou obligeant les laïcs à prêter main forte à l'« autorité déléguée » pour subvenir efficacement aux besoins de la sauvegarde de la foi. Le fer, l'infamie et l'expoliation pour les hérétiques au gré des évêques et avec l'accord et les encouragements de Rome : c'est l'« Inquisition épiscopale » que connut le XIIe siècle et dont les constitutions restèrent le plus souvent lettre morte.

Rome dirigeant ouvertement les affaires inquisitoriales par le moyen du zèle des délégués inquisitoriaux n'ayant aucunement à répondre de leur mandat à l'épiscopat local, c'est l'« Inquisition déléguée » telle que la voulut Dominique de Guzman et telle que nous la connaissons sous le nom d'inquisition, tout court. La curie romaine assure la continuité de l'institution sur le plan juridique. Sur le plan pratique, c'est l'affaire des dominicains (puis, avec eux, d'autres familles religieuses qui se pressent au portillon des charges inquisitoriales). Cette histoire n'est plus à écrire, qui met en scène les rois de France, les domini-

1. « D'enseigner et de juger. » Car c'est bien d'une dépossession du pouvoir épiscopal qu'il s'agit dans l'Inquisition déléguée. Les pouvoirs de l'inquisiteur ne peuvent s'exercer qu'avec le consentement et souvent la collaboration de l'évêque, c'est vrai. Mais l'inquisiteur n'est nullement responsable devant le siège épiscopal. Très significatives à cet égard les réponses d'Eymerich et de Peña à la question 55, p. 284.

cains, les cathares, les comtes de Toulouse et les papes, pour ne parler que des grands acteurs du drame.

Il reste, en revanche, beaucoup à dire sur le cheminement de la mentalité pontificale à qui revient, en première comme en dernière analyse, la responsabilité pleine et entière de l'institutionnalisation. Essayons, et nous verrons que l'évolution de l'institution s'explique totalement par l'homogénéité sous-jacente de la mentalité pontificale.

Laissons de côté les aspects « inquisitoriaux » de l'histoire des conciles. Rappelons seulement que, comme le disent théologiens et canonistes, dès les débuts de l'Église les pasteurs se montrèrent extrêmement sévères envers les pseudo-disciples, qui « ne rejoignaient pas par la porte le bercail de l'Église ; envers tous les renardeaux dont la seule ambition était de saccager la vigne du Seigneur Sabaoth ». Dès les commencements, les conciles édictèrent des dispositions pour lutter contre l'hérésie, dispositions que les papes intégrèrent à leurs propres ordres. Mais Rome fait beaucoup mieux. Rome confère une valeur apostolique à des décrets édictés par des rois pour lutter contre l'hérésie : la collection de ce genre de textes est impressionnante. Et celui qui l'explore y cherchera en vain l'ombre d'un progrès vers la simplification, vers l'allègement. Et pour cause : Boniface VIII dispose que rien ne peut être ni ne sera abrogé de ce qui, concernant la lutte contre l'hérésie et les hérétiques, a été établi par tous et chacun de ses prédécesseurs sur le Siège romain. Quelques années après, Clément V, au cours du concile de Vienne, suit l'exemple de son prédécesseur Boniface VIII et déclare à son tour que rien ne doit être retranché des lois pontificales et conciliaires contre les hérétiques et sur le fonctionnement de l'Inquisition. Innocent IV, lui, s'inquiète du devenir possible des lois pontificales obligeant en matière d'hérésie, non pas les inquisiteurs et les évêques, mais les détenteurs du pouvoir séculier ; et, pour calmer cette inquiétude, il déclare imprescriptibles toutes les lois, tous les décrets de cette nature. Innocent IV trouve le moyen de sa fin : il ordonne aux rois, aux consuls, etc., d'intégrer à leur propre « code » toutes les normes ecclésiastiques

– aussi bien que les lois frédériciennes[1] – édictées au bénéfice de l'Inquisition et en vue de la persécution, le déracinement, l'écrasement de l'hérésie. Faute de quoi, le pape menace les princes et les villes de l'inimitié de l'Église (formule dont la lecture du *Manuel* donnera en son temps la signification exacte[2]). En revanche, le Siège romain étend l'imprescriptibilité – sauf cas de contradiction interne – à toutes lois, dispositions royales, impériales ou épiscopales édictées à n'importe quelle époque dans le but de lutter contre les hérésies. Ainsi donc, les lois purement inquisitoriales s'assoient toujours sur les lois plus anciennes. L'imprescriptibilité elle-même a son modèle, et les théoriciens de cette imbrication de la répression royale et de la répression pontificale se réclament, pour la faire valoir, des lois proclamées en l'an de grâce 470 par les empereurs Théodose et Valentin. Théodose garantit la valeur de « toutes les lois qui ont été édictées dans le passé pour lutter contre ceux qui s'opposent à notre foi », et proclame qu'« elles ne seront jamais infirmées et qu'aucun privilège ne prévaudra contre elles ».

La position de Rome touchant les lois tombées en désuétude est très claire : la désuétude n'a pas force d'abrogation ; nulle loi, nulle disposition visant l'hérésie ne perdra sa force quelle que soit la longueur de la période de désuétude. Ces lois ne supportent ni l'abrogation ni l'amendement, sauf si l'amendement est la conséquence automatique de la formulation d'une nouvelle loi. Ces lois, en effet, « ne meurent jamais ». Et les théologiens de rappeler que Platon lui-même proclame fermement (*Lois*, livre IX) que ce que la loi dispose une fois, elle le dispose pour toute la cité et à jamais.

---

1. Décrets contre l'hérésie promulgués par l'empereur Frédéric II (couronné en 1220) en 1220, 1224 et 1227. Les lois frédériciennes deviennent officiellement lois pontificales (bien que Frédéric II ait été excommunié en 1227) dès lors qu'Innocent IV les intègre à sa bulle *Cum adversus haereticam pravitatem.* Cette « canonisation » des lois impériales fut réitérée expressément par les papes Alexandre IV et Clément IV.

2. *Cf.* notamment les pages consacrées à l'Interdit.

Reste, bien entendu, au Siège romain le pouvoir absolu d'améliorer la loi, de la compléter, d'orienter la pratique inquisitoriale, et on ne tirera pas un argument contre la pérennité de la loi du fait que le pouvoir épiscopal ait été doublé du pouvoir inquisitorial pour « enquêter, interroger, convoquer, arrêter, torturer et sentencier ».

Est-ce à dire que tous les textes de la collection des lois judiciaires et répressives, de l'empereur Théodose jusqu'aux papes de la Renaissance, soient d'égale valeur pour l'exercice de l'Inquisition ? Dans l'absolu, oui. Mais en réalité les lois se doublent et se télescopent, et il est évident que la complication de la procédure va de pair avec une simplification de l'importance des lois à retenir et un renforcement de la volonté de répression, et de pureté fidéistique. Ici se pose, vraiment, la question de l'opportunité et de l'autorité des « statuts » de l'Inquisition. Mais si la question est urgente, la réponse est aisée : les statuts ne divergent en rien (qu'en leur concision) de l'universalité des lois. Ajoutons-y, au bénéfice des statuts, une commodité supplémentaire d'usage. C'est une doctrine constante du Siège romain que l'on ait à s'y référer toutes les fois qu'il y a conflit entre le code civil, les coutumes et les usages locaux d'une part, la loi inquisitoriale de l'autre.

On a parlé de « cumul » des dispositions légales, et on a dit que cette « méthode cumulative » traduit assez bien le raidissement du XVIe siècle : il est temps de rappeler que Rome confère valeur universelle aussi aux lois édictées par les conciles locaux que l'histoire considère comme les sources véritables du droit inquisitorial moderne. Urbain IV n'a-t-il pas expressément conféré valeur universelle – dans sa bulle *Prae cunctis* – aux canons des conciles de Toulouse, de Béziers et de Narbonne[1] ?

Enfin, avec l'irruption dans l'histoire du Sénat inquisitorial de Madrid, une dernière question se pose (aux historiens modernes, mais jamais aux canonistes romains des XVe et

1. An 1229, 1246 et 1235 respectivement.

XVIe siècles) : celle de la possibilité, pour une Inquisition nationale ou locale, de promulguer des lois, et celle de la position de Rome à cet égard. Combien n'a-t-on pas épilogué sur les « conflits » entre Rome et Madrid ! Qui se souvient encore que l'Inquisition espagnole était, elle aussi, *elle surtout, opus romanum* ? Et à quoi bon préciser une fois de plus que, par la nomination de son personnel, et par ses « placet », et parce qu'elle demeure – même en Espagne – la dernière instance, Rome contrôle l'Inquisition espagnole comme elle contrôle les autres Inquisitions ? Nul ne devrait être étonné de lire à la fin de l'édition romaine du *Manuel* la réponse à la question qui nous occupe en ce moment :

> « Je sais que nombreux sont ceux qui s'interrogent sur la portée juridique des instructions ou des constitutions propres à l'Office de l'Inquisition dans certains pays, en Espagne par exemple. Je précise pour commencer que ces "instructions" – et une instruction n'est pas un canon, ni une loi – ne doivent être observées que par les tribunaux inquisitoriaux du pays en question. Hors d'Espagne – si c'est de l'Inquisition espagnole que l'on parle –, ces instructions ne sauraient avoir aucune force juridique. Les juges de deuxième rang, bien qu'ils aient le pouvoir de proclamer des lois, n'ont pas l'autorité de leur conférer de valeur hors de leur propre circonscription. C'est là une règle générale, qui ne vaut pas seulement pour l'Inquisition en Espagne, mais pour le pouvoir législatif de toute Inquisition et de tout inquisiteur. Ceci dit, les inquisiteurs d'autres provinces, d'autres pays agiront sagement en consultant, en cas de doute, les instructions d'un autre tribunal ou d'un autre pays toutes les fois qu'ils le pourront et dans la mesure où ils pourront y conformer leur pratique sans contrevenir au droit commun et en tenant compte des usages de leur propre territoire et des circonstances particulières de personnes, et d'affaires. Et qu'il me soit permis de livrer franchement mon sentiment. Les instructions de l'Inquisition d'Espagne sont d'une extrême utilité : rationnelles, savantes, composées qu'elles sont par des docteurs d'un grand savoir. Elles expliquent parfaitement tout ce qui concerne la pratique inquisitoriale, de telle sorte qu'elles sont tout à fait adéquates à la fonction et aux charges des inquisiteurs. Je pense

donc que nul ne risque de se tromper en s'y référant, et qu'il agira très intelligemment celui qui, en affaires inquisitoriales, se conformera aux instructions de l'Inquisition espagnole, soit dans la façon de mener l'enquête, soit dans la façon de juger, d'absoudre ou de condamner.

Toutefois, s'il y avait conflit entre ces instructions – dans certaines de ces applications – et le droit commun, le point litigieux des instructions serait par là même frappé d'invalidité. À moins que l'Inquisiteur général d'Espagne ou n'importe quel inquisiteur n'obtînt du Saint-Siège apostolique le maintien de telle disposition contre le droit commun, faisant valoir l'utilité de la pratique envisagée pour le déracinement de l'hérésie. »

Constatons en passant que tout inquisiteur peut contrevenir au droit commun, s'il le juge opportun, et concluons : les instructions de l'Inquisition espagnole sont une « manière d'être » de l'Inquisition pontificale, et le Siège romain considère ces instructions-là exemplaires et autonomes – dans la Péninsule et hors d'elle – parce que légitimées par l'autorité pontificale. Serait-ce trop dire ? Non, certes, puisque l'édition romaine précise – à propos des possibles conflits entre l'Inquisition espagnole et le droit commun – que ce qui vaut pour la liquidation de ce type de conflits en Espagne vaut pour les autres pays. Et cela parce que toute Inquisition bénéficie pour l'ensemble de sa pratique de l'imprescriptibilité dont on a déjà parlé et que, tout naturellement, les usages des Inquisitions locales ont – justement en tant qu'usages ! – force de loi, reconnue explicitement et cas par cas par un document écrit. Le document d'approbation contient toujours, en effet, la formule suivante : « ... Qu'ils procèdent contre tous les hérétiques en usant de toutes les autorités, facultés et pouvoirs qu'ils détiennent soit du droit, soit d'usages confirmés. » Tel est l'avis des docteurs, précise le texte romain.

Un exemple pratique de la portée de cette « manière de légiférer ». Supposons que telle Inquisition locale poursuit traditionnellement les blasphémateurs absolument au même titre que les hérétiques. Eh bien, cette Inquisition ne fait que se conformer au droit en exerçant ses pouvoirs sur les uns et sur les autres, car elle se réclame, tacitement ou non, légitimement du privilège que constitue, pour elle, cet usage. Et qui s'en étonnerait, commente le texte romain, lorsqu'on sait que « le droit coutumier est d'une valeur telle qu'il peut même se subordonner les lois canoniques » ? Entendez : à plus forte raison il peut se subordonner le droit commun.

Est-ce à dire que la *mens romana* pousse jusqu'à l'extrême de soumettre la raison à l'habitude après avoir soumis à l'habitude les lois canoniques ? Non. Rome au XVIe siècle est intelligente, et délicate. Beaucoup d'aises, oui. Toutes les aises, ce n'est pas élégant. Et c'est ainsi que l'on inculque aux inquisiteurs du XVIe et des siècles futurs le bon usage de l'habitude par quelques formules restrictives.

Les inquisiteurs ne devront pas conclure de tout ce qui précède que tout usage soit raisonnable. Sont raisonnables et seront en conséquence considérés acquis ceux-là seuls « qui ne contredisent pas le droit écrit ». Voilà. Il est évident que canonistes et inquisiteurs sauront distinguer en experts entre la « moindre autorité » du droit commun et l'autorité des lois écrites en vigueur dans tel ou tel pays. N'ont-ils, pour ce faire, la grâce d'état ? Mais en cas de doute ? En cas d'opposition franche au droit commun ou au droit écrit dans une contrée où les autorités non inquisitoriales n'aient pas particulièrement envie d'accepter les décisions d'une jurisprudence supérieure ? Voici l'ordre à suivre dans ces tristes circonstances :

Les inquisiteurs se conformeront, dans un premier temps et pour toutes les étapes de l'office, strictement aux lois canoniques édictées pour réglementer leurs fonctions. Puis, des difficultés surgissant, ils adapteront leur pratique aux habitudes et au style de l'Inquisition romaine qui gouverne *toutes les autres* « comme la tête gouverne les membres » ; de telle sorte qu'il appartiendra à Rome et à Rome seulement de trancher dans ce genre de conflits. C'est là une norme universelle, universellement applicable, quelle que soit l'importance de la ville ou du pays, sièges d'un tribunal inquisitorial. Effectivement :

« Le Sénat de l'Inquisition romaine ne peut pas se tromper. L'immense savoir des docteurs qui le composent garantit sa véracité, et la garantit bien davantage encore le fait que le Sénat peut toujours solliciter directement l'avis du Souverain Pontife, dont le jugement en matière de foi et d'hérésie ne peut en aucun cas être erroné [1]. »

Ainsi donc, la boucle est bouclée du mouvement qui, jailli d'une Rome fidèle adaptatrice du droit impérial, fonde dans leur légitimité les Inquisitions régionales ou nationales dont elle contrôle totalement les pratiques, qui évoluent en son nom, et dont elle constitue la dernière instance, le dernier appel. *Opus romanum,* quelles que soient les additions apportées au droit inquisitorial par les inquisitions française, italienne et – surtout – espagnole. Il est possible que ce soit là une redite et que l'on trouve bien long – et, à savoir, inutile – ce collationnement de textes dont la simple mise en relation confirme ce que tout le monde sait : qu'ecclésiologiquement parlant, Rome n'est pas Toulouse, ni Paris, ni Madrid. C'est vrai. Mais il est vrai aussi que rappeler ce style romain et sa survie peut servir, peut-être, à corriger tant soit peu le point de vue des auteurs qui, enveloppant dans la nuit des âges les sources de l'Inquisition, sont heureux de la faire jaillir pimpante et étincelante dans sa robe toute neuve de la cour des Rois catholiques de Castille et d'Aragon, sous le regard attendri de son parrain, le brave Torquemada.

Pourquoi l'Inquisition *romaine* dure-t-elle en Espagne plus qu'ailleurs ? Ce n'est pas ici qu'il faut se poser la question. Ici on parle code. Et le code, lui, n'établit jamais de lui-même les

---

1. Un peu tôt pour se référer au dogme de l'infaillibilité pontificale ? Certes ! Mais le chargé de pouvoirs de l'Inquisition romaine appartient à la minorité des docteurs qui le proclament déjà avec trois siècles d'avance sur le premier concile du Vatican. Que l'on se souvienne, par ailleurs, que, entre l'époque d'Eymerich et celle de Peña, il y eut Luther.

Tous les passages entre guillemets de cette introduction non ressourcés explicitement renvoient au *Directorium* dans son édition romaine de 1585.

limites de sa durée. Ce sont les institutions qui, s'élaborant selon lui, à côté de lui ou contre lui ou tout à la fois, décident de sa valeur ou de son inanité.

Sur la romanité constante et incontournable de l'Inquisition, où qu'elle ait déployé ses fastes et ses charmes, à la première édition du *Manuel* je m'en tenais là. Il me semblait alors que les arguments déployés pouvaient suffire à convaincre de la continuité des intentions pontificales et de la sauvegarde de Rome comme alpha et oméga de la chose inquisitoriale dont chaque région de catholicité pouvait enluminer aux couleurs des lieux et des temps le reste de l'abécédaire.

Illusion. Il me fut sèchement rappelé que si l'Inquisition commençait à Rome un jour, elle recommençait en Espagne l'an 1478 de bien différente façon et pour des effets trop hispaniques pour être vraiment romains. Et on ressortit la vieille histoire d'une inquisition que les rois catholiques imposèrent au pape Sixte IV, puis les souverains d'Espagne aux papes suivants, au grand désappointement d'une tiare impuissante et au grand contentement de la couronne espagnole. Je profitais de la publication en français du *Dictionnaire des Inquisiteurs*[1] pour revenir à la charge dans mon Introduction et insister encore sur la romanité exemplaire de l'Inquisition en Espagne, dont j'évoquais les circonstances de l'implantation et de l'enracinement avant d'en venir à l'ampleur des lamentations pontificales lors de sa suppression, chafouine en 1813, franche et définitive en 1834. J'y renvoie le lecteur. Mais je reprends et résume ici une des pièces de mon argumentaire : la place centrale et envahissante du *Manuel des inquisiteurs* d'Eymerich, produit majeur de la « vieille » Inquisition, au sein des *Instrucciones* – dans lesquelles on s'évertue à lire tout autre chose : l'Inquisition « nouvelle » – et dans le devenir de l'Inquisition romaine en Espagne et ailleurs.

1. Anonyme, *Dictionnaire des Inquisiteurs, Valence, 1494*. Introduction, traduction et notes de L. Sala-Molins. Paris, Éd. Galilée, 1981, 460 p.

Le *Manuel* d'Eymerich est de 1376, nous le savons.

Le *Dictionnaire* du notaire inquisitorial valencien (anonyme) est de 1494.

La « rupture » entre la « vieille » et la « nouvelle » Inquisition commence en 1478 et aboutit en 1482.

Les *Instrucciones* de Torquemada sont de 1484. Elles renouvellent de telle façon, à ce qu'on nous dit, l'Inquisition que ce qu'elles gèrent n'a plus rien à voir avec ce qui leur préexistait. À un détail près : comme tous les historiens de la flamboyante entreprise papale devraient le savoir, et comme chacun peut le constater en lisant Eymerich et Torquemada, le grand inquisiteur dominicain Torquemada copie dans les *Instrucciones* le *Manuel* du grand inquisiteur dominicain Eymerich. Ceux qui tiennent absolument à dégager Rome de la gestion hispanique de l'aveu, du salut et de la damnation se souviennent sans doute que les *Instrucciones* de Torquemada ne furent pas seules et que le corpus procédurier bénéficia des apports de Deza, Cisneros, Manrique et Valdés. Que doit-on à ces personnages, à ces cinq inquisiteurs ? L'organisation des tribunaux en une période de symbiose-tension entre la tiare et la couronne espagnole et la remise à jour des pratiques procédurières qui dureraient pendant trois siècles. Ces pratiques se trouvent presque toutes codifiées dans les *Instrucciones* de Torquemada (1484), reprises par Valdés (1561). Or, nous savons que toute la procédure et l'« idéologie » eymericiennes – pas seulement dans l'esprit, mais dans la lettre – sont dans Torquemada. Et A. Marquez, qu'on ne soupçonnera pas de légèreté, de préciser : « Ce sont elles [les pratiques procédurières] et les anciens manuels inquisitoriaux nouvellement édités et commentés, surtout le *Manuel des inquisiteurs* d'Eymerich dont la première édition en Espagne est de 1503, qui forment le code inquisitorial espagnol[1]. » Pas assez clair ? Ayant rappelé les débuts de la « théorie inquisitoriale » à

1. *Diccionario de la Historia Eclesiástica de España*, article INQUISICIÓN, Madrid, 1972.

Identité de structure juridique et pratique de l'Inquisition déléguée entre 1376 et 1607. D'Avignon à Rome (sièges pontificaux) par Séville et Valence, Castille et Aragon.

DIRECTORIUM *Manuel* (Eymerich)	*Instrucciones* (Torquemada)	REPERTORIUM *Dictionnaire* (Anonyme)

1376	Avignon	Eymerich, *Directorium Inquisitorium*. Le *Manuel*. C'est le « Summa Inquisitorialis ». Diffusion manuscrite très considérable.
1478, 1482		Sixte IV et Ferdinand V
1484	Séville	Torquemada, *Instrucciones*. Torquemada copie le *Directorium*.
1486		Sprenger, Institor, *Malleus maleficarum*. Copie le *Directorium* : extension à la sorcellerie de la définition eyméricienne d'« hérésie ».
1494	Valence	Anonyme, *Repertorium*. Le *Dictionnaire*. Copie le *Directorium*, ignore le *Malleus*.
1503	Barcelone	Édition du *Directorium*. L'Inquisition en Espagne en assure la diffusion.
1575	Venise	Réédition glosée du *Repertorium*. La glose célèbre le *Directorium* (édition non glosée de Barcelone) et relève les emprunts de l'Anonyme à Eymerich.
1578	Rome	Réédition glosée du *Directorium*. Par ordre du Saint-Siège apostolique. La glose se réfère souvent à l'édition valencienne, non glosée du *Repertorium*.
1585 1587 1595 1607	Rome Venise	Rééditions (deux à Rome, puis deux à Venise) de l'édition romaine (1578) du *Directorium* avec mise à jour de la documentation pontificale concernant l'hérésie.

partir de 1184 et les apports de Raymond de Penyafort et des conciles de Tarragone, Béziers, Toulouse, Narbonne et Albi, le même auteur enchaîne : « En 1250 commence la divulgation d'une littérature inquisitoriale de caractère pratique, surtout à l'usage des inquisiteurs. À cette littérature appartiennent les célèbres manuels de Bernard Gui, *Practica officii inquisitionis*, et de Nicolau Eymerich, *Directorium inquisitorum*. L'un et l'autre s'inscrivent dans une longue série. Les *Instrucciones* des inquisiteurs généraux d'Espagne (Torquemada, Deza, Manrique, Valdés) doivent être lues dans cette tradition séculaire, à laquelle ils contribuent modestement. D'une façon générale on peut affirmer que tout ce qui concerne l'organisation et la procédure inquisitoriales est déjà établi dans la législation conciliaire, dans les décrets pontificaux et dans les manuels "de modo procedendi contra haereticos" [...]. L'Inquisition en Espagne a des aspects originaux, relevant surtout de l'époque, qui ont été singulièrement exagérés[1]. »

Jusqu'ici tout n'est que tradition ininterrompue et diaphane continuité. On nous parle pourtant de chambardement. Admettons. Il faudra alors, compte tenu des dates, trouver des traces du prétendu séisme canonico-inquisitorial dans le *Dictionnaire* de l'anonyme valencien de 1494, notaire inquisitorial rompu à la fréquentation des textes juridiques et canoniques ; car si le manant pouvait ne rien savoir des changements de procédure, le notaire inquisitorial ne pouvait rien en ignorer. Eh bien, pas un mot là-dessus chez l'anonyme exemplairement fidèle à la lettre du *Manuel* d'Eymerich. Pas un mot, c'est réellement très court pour rendre compte d'un événement pareil.

Le *Manuel*, vieillerie aragonaise dont l'Espagne se servait mais dont on ignorait l'existence ailleurs ? En 1486, Institor (Kraemer) et Sprenger sortent le célèbre *Marteau des sorcières (Malleus maleficarum)*. Il s'agit de faire entrer la sorcellerie dans le champ de l'hérésie afin de pouvoir en toute légitimité théolo-

1. *Ibid.*, p. 1195, col.b.

gique et pontificale étendre sur ce nouveau combustible les pratiques ardentes de l'Inquisition. Comment faire. Sprenger et Institor choisissent le bon moyen : ils intègrent le *Manuel* à leur *Marteau*, reprennent les exposés théologiques du dominicain catalan sur la définition de la foi et de l'hérésie, sur l'extension du droit pontifical en matière de sauvegarde de la vérité et de répression de l'erreur. Et les pauvrettes se découvrent hérétiques, bonnes pour le bûcher.

Mais laissons là les deux dominicains et leur *Marteau* et reprenons le fil de notre histoire. Pas de retombées de ce « recommencement » chez un « témoin » privilégié de 1494. Plus tard peut-être ? Le temps que les inquisiteurs « sur le terrain » en soient informés ?

En 1503, le *Manuel* d'Eymerich est édité à Barcelone. L'Inquisition espagnole a enterré, nous jure-t-on, depuis vingt-cinq ans la vieille Inquisition romaine dont le *Manuel* contient toute la loi… et tous les prophètes. Or, voici que le tribunal inquisitorial de Valence diffuse le *Manuel* de la bonne manière : il force ceux et celles qu'il poursuit, ceux et celles qui l'épaulent à en acheter des exemplaires pour leur édification morale et pour le plus grand bien de la caisse du tribunal[1]. S'il en fallait légion, je vois dans cet arrangement juridico-boutiquier un bon argument à l'appui de la continuité. Lisons cet épisode en perspective « rupturiste » : c'est comme si, après la promulgation du code civil en France, les juges condamnaient des accusés à acheter des recueils de lois et règlements d'Ancien Régime pour mieux en assurer la mémoire et montrer aux coupables le droit chemin.

Mieux encore : la vieille Inquisition est à tel point morte et enterrée par l'avènement de la nouvelle que, comme je le rappelle plus haut, par l'édition de 1578 et les suivantes Rome réofficialise le *Manuel*.

1. Jordi Ventura, *Inquisició espanyola i cultura renaixentista al país valencià*, València, ed. Climent, 1978.

Mais les fastes et les splendeurs, les cortèges et les feux de l'Inquisition en Espagne bien plus macabres qu'ailleurs ? Que le lecteur imagine les fastes et les splendeurs, les cortèges et les feux tels que Rome les veut, tels qu'ils résultent des dispositions somptuaires décrites par Eymerich.

Mais la couronne se compromettant là-bas dans le flamboiement de ces liturgies ? Qu'on lise chez Eymerich et dans le bullaire intégré dans son *Manuel* l'insistance avec laquelle Rome conjure, somme les princes de protéger, chérir, choyer, craindre l'Inquisition et de la maintenir sous son premier et ultime contrôle à elle. Et on conclura, sauf à jouer l'aveuglement ou le parti pris, que l'Inquisition fut en Espagne plus romaine, plus papale que nulle part ailleurs.

Je me répète au risque de lasser. Ce que les textes canoniques nous donnent, ce qu'ordonnent et systématisent les compilateurs n'est pas le catalogue des tableaux de chasse des inquisiteurs ni l'histoire des arrangements dans les temps et les lieux entre les pouvoirs « laïques » et l'Église. Non l'épaisseur des murs, la violence des coups, la couleur des plaies, les ferrailles à tortures. Pas davantage les connivences de tel prince, de tel peuple avec le pouvoir pontifical, ou les rejets. Pas les douceurs ponctuelles et les rigueurs constantes de telle ou telle prison. Les archives disent tout cela dans le désordre et dans la conformité, ou non, à l'air des temps. Mais si les archives sont là, qu'on me pardonne de rappeler que c'est tout simplement parce que les textes canoniques proclament en amont la volonté romaine, la constante volonté papale de poursuivre férocement l'hérésie où qu'elle soit, se montrant à visage découvert ou se cachant sous n'importe qucl masquc. Qu'on ne nous parle plus de *« légende »* noire. Rien de plus réel et de moins légendaire, rien de plus épais que le formidable corpus répressif des décrets pontificaux. Rien vraisemblablement de plus effrayant sur les diverses scènes du théâtre du droit que cette terreur noire dont la papauté entend menacer chacun. Les rois catholiques – dont les intérêts coïncident parfaitement avec ceux de l'Église catholique et de son chef – et les inquisiteurs espagnols n'inventent strictement rien dans cette tragédie : ils lui donnent enfin la théâtralité tragique dont rêvaient les papes en scellant leurs bulles et dont Eymerich, qui savait les lire, détaillait la scénographie. Et si les bulles et le *Manuel* exigent – sans l'obtenir, et ils s'en plaignent – pour « terroriser le peuple » (comme l'avoue tranquillement Rome, par la bouche de Peña) cette efficacité et ce faste que les rois catholiques sont habiles et heureux d'autoriser et favoriser, comment peut-on parler de « rupture » entre la « vieille » inquisition et la « nouvelle » justement quand l'Inquisition triomphe sans réserve ni pudeur ? Incompréhensible.

La clé de l'affaire dans le brocard dont me gratifia un jour le grand historien et parfait hispanisant Pierre Chaunu, en rendant compte d'un livre de Frédéric Max[1] ? « Laissez Sala-Molins à ses fantasmes, écoutez Bennassar et les rupturistes[2]. » C'est court ! Mes fantasmes ? La continuité canonique et technique, juridique et procédurière de l'Inquisition romaine déléguée, telle qu'elle fonctionne au Moyen Âge là où elle s'impose, telle qu'elle le fait dans la modernité là où on l'utilise ou la laisse faire. Les textes inquisitoriaux que j'ai édités pour les lecteurs francophones m'auraient-ils été dictés en rêve ? Dois-je considérer que ce grand historien peut négliger la valeur politique de la monotonie répétitive de la masse des textes pontificaux suppliant, demandant, sommant les princes d'assurer l'intendance et le suivi des sentences du redoutable tribunal, les conjurant d'en garantir et défendre la liberté ? Libre à lui de mettre en garde contre la lecture continuiste qui accuse Rome du début à la fin de l'innommable entreprise sans aucunement innocenter les princes.

Pour finir. N'en déplaise à Chaunu et aux rupturistes, les grands docteurs néoscolastiques de Salamanque n'étaient pas des crétins achevés. Or l'immense Vitoria, le grand Suarez ne se sont aperçus de rien : pour l'un et l'autre explicitement Rome

1. *Prisonniers de l'Inquisition*, Paris, Seuil, 1989.
2. *Le Figaro littéraire*, 10 avril 1989.

détient tout naturellement, et non Tolède ni Madrid, la clé du pouvoir inquisitorial, dont l'Espagne héberge une splendide délégation.

3. L'hérésie, les hérétiques

Une fois constatée la continuité des intentions de l'institution, il reste à explorer le domaine qu'elle couvre, à parcourir le monde qu'elle parcourt et sur lequel elle légifère. Vaste univers dont le *Manuel* précise les contours dans l'espace et dans le temps. Précis et sûrs, sans ambiguïté. La zone de l'hérésie et celle de la suspicion sont franchement dessinées, de telle sorte qu'il ne devrait pas rester de place pour une casuistique de l'extension de la juridiction. Tout ce qui, en actes ou en paroles, en gestes ou en intention, a quelque rapport avec une doctrine, un usage condamnés par le Christ, par les pères de l'Église, par les conciles, par les papes, tout cela est du domaine de l'Inquisition. Et les textes sont là qui permettent à l'officier du Saint-Office de trancher en toute clarté et en toute souveraineté. Leur masse, voilà le terreau dans lequel se plante la foi (bien qu'il faille comprendre : se plante l'Église).

De toute évidence, l'Évangile et le Nouveau Testament en entier restent tristement en deçà du minimum indispensable pour « bien planter » la foi. Eymerich utilise explicitement – outre l'Écriture sainte – les décrets d'Innocent III intégrés aux actes du concile de Latran (1215) ; ceux de Grégoire X (concile de Lyon, 1274) ; ceux de Clément V (concile de Vienne, 1311) ; les commentaires de saint Thomas d'Aquin aux Décrétales, et aussi (et de plein droit, car la pratique pontificale, on l'a déjà dit, est d'intégrer et de s'approprier dès les origines les décrets impériaux) les lois pour la sauvergarde de la foi édictées par l'empereur Marcien, l'édit de Justinien, celui de l'empereur Honorius, etc. Scrupuleux, il couronne la partie de son manuel consacrée à la publication de ces textes et des gloses correspondantes, avec la transcription du symbole des apôtres, dont il propose une glose entièrement consacrée à en prouver l'historicité. Mais ce n'est pas tout : il transcrit aussi la célèbre *Regula fidei* de saint Athanase qui commence par les termes *Quicumque vult salvus esse,* suivie de la *Confessio* de saint Jérôme. Eymerich retient encore quarante fragments – visant spécialement le thème de la pureté de la foi et de sa définition dogmatique – du *Liber de fide* de saint Augustin et rappelle ensuite l'autorité des quatre conciles (Nicée, Constantinople, Éphèse et Chalcédoine) dont la doctrine constitue, selon le mot de saint Grégoire, la pierre quadrangulaire contenant la structure même de la foi et la norme de toute action *(in his velut in quadrato lapide sanctae fidei structura… cuiuslibet vitae atque actionis, norma consistit).* Sur l'écriture, trois groupes de textes : impériaux, pontificaux, conciliaires. La dissertation théologique peut commencer, qui doit justifier une pratique déjà là – et bien là.

Au début de son manuel, Eymerich ne se manifeste guère. Il aligne les textes. Aux empereurs, aux papes, aux conciles, non à lui, de préciser, pour le dire avec saint Grégoire, la structure de la foi et la norme de vie. Mais le fonds dogmatico-juridique exposé, il s'agit de l'explorer : c'est la deuxième étape de l'œuvre eymericienne. Il constitue, sur ce fonds, une doctrine en douze points sur « ce qui touche la foi et intéresse l'inquisiteur ». Mais Eymerich n'avance pas d'un demi-mot au cours de sa dissertation qu'il n'y soit autorisé par les grands textes alignés préalablement ou ajoutés en cours d'exposé. Rien de son cru, que la forme : il fait œuvre de juriste et de théologien, non de styliste. Comme l'écrit Peña : « Eymerich manquait d'élégance dans son style, mais non de prudence et d'érudition ; car il ne dit jamais rien – ou presque – qui ne soit approuvé par les textes, même lorsqu'il ne les cite pas explicitement. » Le long de ces douze questions, le *Manuel* propose donc aux inquisiteurs une définition de la foi, le rappel de ses articles capitaux, des normes précises sur la nécessité de croire explicitement. Grâce à lui, les inquisiteurs sauront encore qu'ils doivent exiger de certains une connaissance plus subtile, plus complète des conséquences dernières de chaque article et de leurs rapports avec l'éthique et le philosophique notamment : on n'exigera pas d'un rustre la connaissance de tel canon du concile de Nicée, mais on l'exigera de l'évêque et du théologien. Signalons tout de même en passant que, de cette belle gradation dans l'application du « principe de tout savoir, tout croire », il ne restera pas grand-chose dans la procédure elle-même, orientée complètement à la censure de l'accusé, non à son illustration (jamais la *potestas docendi* n'a été déléguée à l'Inquisition). Cette gradation n'intéresse pas les mystères de la vie du Christ : dans ce domaine capital, chacun, le rustre comme le théologien, est tenu de tout croire explicitement. Il en est de même pour le mystère de la Trinité.

Alors, pourquoi cette gradation ? À cause du contenu de l'Ancien Testament ? L'inquisiteur rappelle à ce propos la doctrine de Thomas d'Aquin : tout ce qui, dans l'Écriture sainte, intéresse explicitement la foi et le salut, doit être explicitement cru ; et il faut croire implicitement – entendez : il faut être disposé à proclamer explicitement – tout ce qui ne semble pas intéresser directement le salut. Par exemple, il faut croire explicitement – que l'on soit évêque ou charbonnier – en la toute-puissance divine ; mais il faut croire aussi avec la même ardeur qu'Abraham eut deux fils et que l'ânesse de Balaam parla : ne pas le croire, en effet, c'est nier explicitement que l'Écriture sainte ne puisse pas contenir d'erreur, c'est nier en somme le dogme de la révélation.

Cette question en introduit automatiquement une autre : la foi ne peut-elle en aucun cas contenir la moindre forme d'erreur ? Et c'est encore avec l'aide de Thomas d'Aquin qu'Eymerich rappelle : *a)* que la raison formelle de l'objet de la foi est la vérité première, *b)* que la foi ne peut contenir d'erreur et *c)* que cela doit être explicitement cru par tout un chacun (il est permis de se demander, à ce stade, si le charbonnier a quelque chance de sortir indemne du tribunal inquisitorial).

C'est là la partie positive de l'exposé, que suivent des considérations sur ce que l'on appellerait aujourd'hui l'« apparaître » de la foi. Quatre problèmes essentiels sont abordés. Il faut préciser, en premier lieu, la nécessité d'une confession extérieure, visible, de la foi ; mais il faut en même temps déterminer un système de sauvegarde de l'extériorité de la foi en précisant qui, et jusqu'à quels termes, peut ou doit extérioriser sa croyance, puis et conséquemment dans quels domaines il y a lieu de hiérarchiser le crédible et le connaissable. Enfin, Eymerich examine le cas de celui qui, protestant énergiquement de la droiture de sa croyance, s'avère à quelques signes susceptible d'être examiné sur la solidité de sa foi.

Suivons, étape par étape, le cheminement de ce développement et l'énumération – combien intéressante pour la procédure – des risques… d'intempérie. La doctrine, en ce domaine, est encore thomiste, et les autorités sont encore papales, conciliaires et impériales.

1. Il faut toujours proclamer sa foi, car les préceptes divins obligent toujours et en tous lieux.

a) Est-ce à dire qu'il faille tout le temps proclamer sa foi ? Non, mais il faut la proclamer toutes les fois que l'attitude contraire – le silence, la réserve – constituerait une offense à Dieu. Ainsi, tel qui, interrogé sur la foi, se tairait, se proclamerait par là même hérétique.

b) Il faut proclamer constamment sa foi lorsque la foi est persécutée ou lorsqu'on se trouve parmi des infidèles.

c) Mais il est juste et louable de ne point confesser sa foi lorsque dans les circonstances énoncées à l'instant, la proclamation de la foi ne serait d'aucune utilité, ni pour les infidèles, ni pour les fidèles, ni pour la foi elle-même – et cela, selon l'enseignement du Christ lui-même, disant (Matthieu, 7) qu'il ne fallait point jeter les choses sacrées aux chiens, ni les perles aux porcs.

2. Puisqu'il y a, dans la confession de la foi, un aspect militant, dira-t-on qu'il est plausible de discuter publiquement de la foi ?

a) Cela dépend. Une telle discussion n'est louable que si le présupposé de la vérité de la foi reste entier. Discuter en doutant de la vérité, discuter « comme pour éprouver la rigueur des arguments », c'est un péché ; et celui qui le commet, est un infidèle. En revanche, discuter pour convaincre d'erreur l'adversaire est une pratique louable.

b) Une discussion savante sur la foi n'est licite qu'effectuée devant des savants fermement croyants…

c) Ou alors, devant des rustres que les juifs ou les hérétiques auraient séduits, afin de les convaincre de la solidité des arguments des croyants et de l'inanité de ceux qui les auraient trompés.

d) D'une façon générale, les discussions sur la foi, quels qu'en soient les buts et les formes, sont toujours interdites aux laïcs.

3. S'il y a discussion et, partant, souci de clarification, faut-il en conclure que l'on puisse prouver, par voie rationnelle, la vérité des mystères de la foi ? La réponse thomiste et traditionnelle à cette question traditionnelle est sur toutes les lèvres :

a) On ne peut prouver par la raison la trinité divine, bien que l'homme par la seule voie rationnelle puisse atteindre une connaissance de Dieu. La voie rationnelle découvre, chez les créatures, l'efficience et pose légitimement le principe d'une première cause, c'est-à-dire l'existence de Dieu.

b) Cela signifie que la raison peut atteindre l'unité divine et tout ce qui en résulte, mais non pas la trinité.

c) Dès lors ferrailler avec des subtilités rationnelles pour prouver la trinité, c'est offenser Dieu de deux façons au moins : premièrement, c'est nier que la foi concerne l'invisible, supérieur à l'homme lui-même et deuxièmement, c'est livrer le dogme aux railleries des infidèles.

d) On n'utilisera donc que les « autorités » pour exposer les mystères.

4. Enfin, qui doit croire quoi… et comment interpréter dans la pratique inquisitoriale l'obligation de tout croire, tout confesser ?

a) Les vérités fondamentales de la foi doivent être explicitement crues par quiconque, quels que soient les degrés d'instruction.

b) On exigera davantage des curés, des religieux, etc.

c) Enfin, les docteurs, les évêques, les grands de l'Église doivent croire explicitement en tout ce qui découle, jusqu'aux distinctions les plus subtiles, de chacun des articles de la foi, de chacun des passages de la Bible.

d) L'inquisiteur tiendra donc grand compte, en interrogeant un prévenu, de ces distinctions. Mais il ne sera point dupe, et il se méfiera de l'art de ruser dans lequel excellent les hérétiques lorsqu'ils se trouvent face au tribunal[1].

Ainsi donc, ce dernier élément de réponse à cette dernière question est de nature à bien montrer au lecteur du *Manuel* que son auteur ne s'est pas écarté un seul instant de son propos : déraciner l'hérésie, lors même qu'il semblait vouloir seulement décrire les qualités du terreau dans lequel on plante la foi.

Qu'est-ce que l'hérésie ? Qui sont les hérétiques ? Une première réponse, toute plate, s'impose : l'hérésie est ce qui s'oppose à la foi de quelque façon que ce soit, Sont hérétiques tous ceux qui, de n'importe quelle façon, se trouveraient en opposition avec la doctrine chrétienne entendue dans son acception la plus large, dans celle en somme qui englobe et le dogme et l'usage, et l'intention évangélique et le code juridique convenant à cette intention. Planter l'Eglise, planter la foi, c'est déjà désigner les terres arides, c'est déjà condamner les mauvaises herbes. Encore faut-il désigner en détail les hérétiques. Autant que faire se peut.

La deuxième partie du *Manuel* prendra la forme non pas d'une *« summa contra haereticos »*, mais *« de haereticis »* . *Voici* en quels termes la présente son auteur :

> « Cette seconde partie traite des hérétiques, de ceux qui croient en eux, de ceux qui les aident ou les favorisent, ou les protègent.

1. Eymerich consacre un long chapitre aux ruses des accusés, auxquelles il oppose, en toute logique, les ruses de l'inquisiteur. Cf. pp. 165-173.

> Elle traite aussi des suspects, des diffamés, des vaudois ou pauvres de Lyon, des pseudo-apôtres, des béguards, des fraticelli du tiers ordre de Saint-François ou des frères de la pénitence, des magiciens, des devins, des blasphémateurs, des excommuniés, des apostats, des juifs, des sarrasins, de tous les infidèles et de tous les délinquants en matière de foi. »

La doctrine établie dans la première partie, les cas d'espèce sont énumérés, exposés, analysés. Bien entendu, l'inquisiteur du XIVe siècle s'attardera davantage sur les hérésies « contemporaines ». Mais sa solide documentation lui permettra de dresser la liste complète de *toutes* les hérésies dont le témoignage écrit soit parvenu, par n'importe quelle voie, jusqu'à son époque. Peine inutile ? Certainement pas, mais souci de dresser la fresque de l'hérésie avec la discipline du peintre et la minutie de l'enlumineur, afin que les inquisiteurs à venir puissent trouver toujours, quelle que soit l'extravagance de l'erreur à juger, les termes adéquats pour la désigner, les bons arguments pour la confondre, l'autorité juridique, canonique, scripturaire, etc., pour justifier leur sentence de condamnation. Point, chez Eymerich, d'érudition inutile.

Il se pare de toutes les précautions – *toutes* – avant de proposer la définition « positive » de l'hérésie et de l'hérétique ; conscient de l'enjeu, il ne veut à aucun prix tricher avec l'extension réelle, la compréhension effective des réponses aux deux questions fatidiques (qu'est-ce que l'hérésie ? qu'est-ce qu'un hérétique ?). Cent soixante-deux pages de textes pontificaux, avec leurs gloses, séparent l'intitulé de la deuxième partie et la question fatidique elle-même. Eymerich complète abondamment la documentation alignée en première partie. Il s'agissait là de planter la foi. On réunit ici les textes de même nature (pontificaux, etc.) constituant cette fois la panoplie de guerre contre l'hérésie, l'arsenal des textes fondant la forme « actuelle » de l'Inquisition. C'est après tout cela, seulement, que vient la question, telle que nous la transcrivons au début de l'édition présente du *Manuel.* L'hérétique a un profil : l'hérétique est celui qui choisit l'erreur, qui s'obstine et, de ce fait, se retranche de la communauté. Inutile d'anticiper sur la transcription textuelle de la deuxième partie du *Directorium* : la fonction sociale de l'hérésie et la fonction sociale de l'inquisiteur apparaissent nettement reconnues, proclamées d'entrée de jeu. Aux yeux de la législation romaine et de l'institution inquisitoriale, l'hérétique s'oppose au croyant comme l'insoumis au soumis, comme le rebelle au fidèle et – tant pis pour l'anachronisme – comme l'agitateur au marais. La théologie semble bien loin ? Effet d'optique : elle porte la procédure. Faut-il jeter le sacré aux chiens, faut-il jeter des perles aux porcs ? Et grâce à la plume d'Eymerich et à son immense savoir, le troupeau de porcs, immense, défile devant l'inquisiteur de toujours en quête de renseignements solides. S'étonnera-t-il de distinguer soudain, en plein troupeau, Platon, Aristote et Averroès broutant des glands comme de pauvres petits vaudois, de tristes cathares et des mécréants de toutes farines ? Non. D'abord parce que l'inquisiteur ne s'étonne pas comme tout le monde. Mais surtout parce que – souvenons-nous de la définition de l'hérésie – choisir l'erreur, c'est le commencement des turpitudes et, tel qui, du temps d'Eymerich, aurait choisi Platon… sans s'en écarter à temps, ne différerait en rien, devant le tribunal de la foi, de celui qui aurait choisi les cathares contre Bernard, ou contre Dominique, ou contre Simon de Montfort. Une fois de plus, ce n'est pas vaine érudition, mais travail indispensable que d'explorer les « erreurs » contenues dans les doctrines philosophiques, même dans celles des plus illustres philosophes. Cet argument n'est peut-être pas très convaincant. En voici un autre, moins historique, plus canonique. Adossé à l'autorité pontificale, Eymerich rappelle que : *a)* de droit, la notion d'erreur est plus vaste que celle d'hérésie et l'englobe ; *b)* mais que, en matière de foi, la notion d'erreur et celle d'hérésie sont absolument équivalentes. Ceci établi, l'auteur dresse la liste des erreurs-hérésies des philosophes. À eux l'honneur d'ouvrir le cortège. Et à nous la joie de lire, pêle-mêle, les erreurs-hérésies du platonisme, du stoïcisme, des pythagoriciens, de l'école d'Épicure, et la suite. Une hérésie, le démiurge.

Une autre, la réminiscence. Encore une, toute doctrine erronée sur l'erreur. Une de plus, l'idée de la fin temporelle de l'âme. Une encore que de proclamer que « chaque chose est constituée d'atomes, c'est-à-dire de corps minuscules, la corruption de chaque chose étant la conséquence de la division de ses atomes, et la génération, celle de leur union », etc. Puis, c'est le tour d'Aristote, d'Averroès, d'Algazil, d'Al-Kindi, chacun d'eux ayant droit à un chapitre. Un autre groupe d'erreurs-hérésies est constitué par les doctrines condamnées par le Christ lui-même : Eymerich rappelle, ponctuel et précis, les erreurs des pharisiens, des saducéens et des hérodianistes. Après quoi, l'erreur n'est plus erreur, mais simplement hérésie : l'Église est fondée, et la détection de l'hérésie ne date pas de Dominique de Guzman. Eymerich dresse la liste impressionnante des hérésies condamnées expressément : liste fastidieuse, quasi littérale, mais dont il faut parcourir les titres, en glanant par-ci par-là, ne serait-ce que pour s'amuser un peu après avoir tremblé, et avant d'affronter la procédure et sa rigueur.

Glanons, et apprenons ainsi que, parmi d'autres énormités, les ménandrins, disciples du magicien Ménandre, affirmaient que le monde n'était pas l'œuvre de Dieu, mais celle des anges. Glanons toujours ! Choisissons les choses les plus singulières, sinon les plus importantes, pour faire honneur aux enluminures et nous reposer de la contemplation de la fresque.

Les nicolaïtes, disciples de Nicolas, constitué diacre de l'Église de Jérusalem en même temps que saint Étienne, par l'apôtre Pierre, avaient l'habitude d'échanger leurs épouses entre eux, suivant en cela l'exemple de Nicolas qui offrait sa jolie femme à qui la voulait.

Les carpocratiens proclamaient que le Christ était homme seulement, et procréé par un homme et une femme.

Les nazaréens conservaient toute la vieille loi, et reconnaissaient en même temps la divinité du Christ.

Les ophites (du grec : *ophis*, serpent) adoraient le serpent, par qui, disaient-ils, l'intelligence était entrée dans le paradis.

Les valentiniens disaient que le Christ n'avait pas pris chair dans le corps de la Vierge Marie, mais qu'il était demeuré en elle, comme dans un tube.

Les adamiens imitaient la nudité d'Adam. Nus ils priaient, nus ils vivaient ensemble, hommes et femmes.

Les séthiens adoraient Seth, le fils d'Adam, en qui ils voyaient le véritable Christ.

Les artotyrites offraient au ciel du fromage et du pain, car, disaient-ils, la première offrande des premiers hommes était une offrande des fruits de la terre (le pain, et le troupeau).

Les aquaires ne consacraient point de vin dans le calice, mais de l'eau seulement.

Les sévériens ne buvaient pas de vin et refusaient l'ancien testament et la résurrection du Christ.

Les tatiens détestaient la viande.

Les alogues (du grec : *a-logoï*, comme qui dirait les « sans parole ») niaient que le Christ fût le verbe de Dieu, s'opposant ainsi à l'Évangile de saint Jean et à l'Apocalypse.

Les cathares se donnent ce nom-là pour se vanter de leur pureté. Enflés de leurs mérites, ils nient que les péchés soient remis à ceux qui se repentent. Ils déclarent adultères les veuves qui se remarient. Ils se proclament plus purs que les autres.

Les manichéens, disciples d'un perse nommé Manès, parlent de deux natures et de deux substances : celle du bien, celle du mal. Ils disent, comme Manès, que les âmes émanent de Dieu, à la manière des eaux d'une source. Ces gens refusent l'Ancien Testament et acceptent, en partie, le Nouveau.

Les hiérachites étaient tous des moines. Ils ne connaissaient point de femmes et niaient qu'il pût y avoir une place pour les enfants dans le royaume des cieux.

Les novatiens rebaptisaient les baptisés.

Les photiniens assuraient que le Christ fut engendré par le coït de Marie et Joseph. Les antidicomarites disaient les mêmes absurdités que les photiniens.

Les patriciens disaient que le diable était le créateur de la substance de la chair humaine.

Les colluthiens proclamaient que Dieu n'est pas l'auteur du mal, s'opposant ainsi à ce que dit Isaïe (§ 45) : « Moi, le Seigneur, j'ai créé le mal. »

Les floriens, au contraire, disaient que Dieu créa le mal, s'opposant ainsi à ce qui est écrit dans la Genèse : « Dieu vit ce qu'il avait fait. Cela était bon. »

Les circoncellions, que l'on appelle aussi scototopiques, se suicidaient par amour du martyre.

Les priscillianistes diffusèrent en Espagne un mélange de gnosticisme et de manichéisme.

Les jovinianistes osaient dire qu'il n'y avait la moindre distinction à établir entre une femme mariée et une vierge, entre un noceur et un abstinent.

Les tessaresdécatites (du grec : *tessarès* et *déka)* disaient qu'il fallait célébrer Pâques à la quatorzième lune.

Les pélagiens attribuaient au libre arbitre un rang supérieur à celui de la grâce divine.

Les acéphales, ainsi nommés parce qu'on ne leur connaît pas de chef, combattaient la doctrine du concile de Chalcédoine.

Et d'autres encore, dont il y a lieu de rappeler quelques caractéristiques. Écoutons Eymerich conclure :

> « Il y a encore d'innombrables hérésies sans hérésiarques et sans noms. Parmi eux, certains disent que Dieu est triforme ; d'autres, que la nature divine du Christ a subi la passion ; d'autres prétendent que le Christ fut engendré par le Père au début des temps ; d'aucuns nient que le Christ soit descendu aux enfers libérer les justes, et d'autres disent que l'âme n'est point l'image de Dieu. D'autres prétendent que les âmes se transforment en diables, ou en animaux. Il y en a qui disent que le monde est immuable ; ou qu'il y a d'innombrables mondes, ou que le monde est éternel, comme Dieu. Il y a ceux qui vont nu-pieds et ceux qui ne prennent pas leur repas avec les autres… »

Assez. Ce qui frappe particulièrement, c'est le mélange dans le troupeau. Au feu les va-nus-pieds, comme d'obscènes nicolaïtes ou comme ces farceurs d'ophites. Les critères d'établissement de la liste restent obscurs. Les porcs du troupeau ne défilent pas en ordre chronologique. Ni en ordre alphabétique. Pourquoi les cathares avant les tertullianiens et bien après les carpocratiens ? L'importance de l'hérésie déterminerait-elle le classement ? Non : Pélage a droit à moins de lignes que les adamiens. Il faut – encore – revenir à la définition de l'hérésie et constater que le critère essentiel est bel et bien celui – très planificateur – de l'associabilité, du refus, de la hardiesse et des conséquences ecclésiologico-sociologiques de ces « penchants ». La définition admise, il n'y a plus lieu de hiérarchiser entre ce qui courbe la structure dogmatique et ce qui contrevient la norme éthique, pour le dire avec les termes de Grégoire. La fresque aux précisions d'enluminure dit bien cela, que dans l'appellation traditionnelle *inquisitio haereticae pravitatis,* c'est bien *pravitas* (courbure, perversité) le substantif, et non *haeresis !*

Et c'est bien cette impression qui se confirme par la suite, lorsqu'on voit l'auteur du *Manuel* interroger les décrétales, aligner les décrets, transcrire les sentences, parfaire la synopsis complète de l'hérésie et de l'erreur-hérésie.

Après la liste dont nous avons glané des titres, le rappel d'autres condamnations encore. Et c'est ainsi que rejoignent le troupeau Jean de Poliac, les béguards, Pierre Jean (vingt fois hérétique à lui seul), Raymond Lulle (« dont la doctrine contient plus de cinq cents erreurs, mais je n'en transcris que cent, pour être bref ») et les lullistes (qui, généreux, ajoutent encore une bonne vingtaine d'erreurs à celles de leur chef de file), Arnaud de Villeneuve et les arnaldistes, Segarelli, Dolcino et les pseudo-apôtres. Puis, enfin, l'esprit de l'inquisiteur est libre pour procéder à une dissertation complète, parfaitement documentée sur les grands mouvements spirituels dont l'apparition marque l'âge d'or de l'institution inquisitoriale : les cathares – de nouveau – ou manichéens (c'est l'Inquisition qui les confond, non les historiens), les vaudois ou pauvres de Lyon, les béguards ou béguins, les fraticelli. La ronde des textes pontificaux les englobe, les enveloppe, les submerge. La vigilance de l'inquisiteur les analyse, les démantibule, les dissèque. Eymerich transcrit. Et de fil en aiguille, il quitte – suivant la trajectoire des textes pontificaux – l'univers chrétien pour offrir à tous les inquisiteurs à venir ce qu'ils n'attendaient même pas : le récit des erreurs des tartares et des turcs, sur lesquels il faudra s'arrêter un instant. Inconnus les uns et les autres malgré des expéditions d'évangélisation, ils sont « photographiés » par Eymerich, puis par Peña, de telle sorte que nous pouvons voir aujourd'hui comment l'ennemi oriental était vu au XIVe, puis au XVIe siècle, par l'Occident chrétien. Voici, en résumé, l'avis d'Eymerich.

Qualifier les erreurs et les hérésies des tartares n'est pas de tout repos, car ces gens-là ne sont pas unanimes dans leur foi. Certains parmi eux croient ce que croient les sarrasins, et vivent comme eux. Mais d'autres n'ont pas rejoint l'Islam. Et ceux-là forment plusieurs groupes. Les uns adorent la lune. D'autres, un animal par jour : le premier qu'ils voient, chaque matin, en sortant de chez eux – ce peut être un chien, un chat, un âne ou un homme, peu importe. Mais puisqu'ils ne voient pas tous les jours en premier le même animal... Il est des tartares qui, prisonniers en terre ennemie, se pendent ou se suicident par n'importe quel autre moyen, convaincus qu'ils reviennent ainsi à leur terre. D'autres enfin s'immolent par le feu devant tous les leurs : ils croient qu'ils s'envolent ainsi vers la région des bienheureux.

Peña parfait le portrait. Actualité politique oblige. Il garantit la véracité de la description eymericienne, mais en regrette la brièveté. À lui de la compléter.

Les tartares, ce sont les « sauromates » des Grecs, les « sarmates » des Romains ; ce sont ceux que d'autres désignent du nom d'« anthropophages ». Nomades sans cités, ils ont des mœurs ordurières : ils n'utilisent ni nappes ni napperons, et ne se lavent jamais ni les mains, ni le corps, ni les vêtements. Ils ne mangent ni pain ni légumes, mais ils se nourrissent de la chair de toutes sortes d'animaux : ils mangent les chiens, les chats et les gros rats *(mures grandiusculi)*. Dans un esprit de vengeance et d'ostentation de leur force, ils grillent couramment les corps des ennemis dont ils peuvent se saisir en temps de guerre. Hommes et femmes s'habillent de la même façon. À leurs yeux, le délit le plus grand consiste à laisser dépérir la moindre quantité de nourriture ou de boisson. Terribles dans les batailles, ils sucent et avalent le sang de leurs victimes *(e cadavere fluentem sanguinem saepe sugunt et ingurgitant).* Parmi eux, les puissants se choisissent un esclave pour toute leur vie, que l'on sacrifie par le feu à la mort du maître afin qu'il puisse continuer de le servir dans l'au-delà. Ils ignorent la bonté divine, et chacun d'eux se taille un dieu à sa façon.

Cette fois, le portrait est complet.

Après cette incursion in *partibus infidelium* qui nous permet de faire connaissance avec les tartares, et de saluer les turcs au passage, le *Manuel* retrouve la terre chrétienne, et c'est alors, et alors seulement, qu'il aborde expressément le cas des musulmans et des juifs. Avec l'évocation discrète de ces deux lois se termine la description de la « matérialité » de l'erreur. La réponse à la question : qu'est-ce que l'hérésie, qui sont les hérétiques ? a été exaustive, claire, complète. Des ophites aux juifs, en passant par les cathares, les tartares et les vaudois, rien de ce que pouvaient contenir les textes canoniques, théologiques ou historiques n'aura été laissé dans l'ombre.

Compromis entre l'histoire et la procédure ? Non. Mais exploration méticuleuse du monde de l'hérésie, de l'univers de l'erreur afin de légitimer une pratique d'« enquête » dont le but est de préciser juridiquement l'égalité entre le profil de tel hérétique et la réalité de telle hérésie[1]. La fonction théologique et historiciste de l'inquisiteur s'arrête là. Un chapitre encore pour dresser la liste des livres hérétiques, des apocryphes et des livres interdits par le Siège romain ou par les Inquisitions locales (aragonaise, italienne, française) et rien ne manque à la magni-

1. Du coup, personne n'aura le droit de s'étonner qu'un « donatiste » ait été grillé au XVe siècle, ou un priscillianiste ou un tertulianien au XVIe.

fique collection dont disposeront les inquisiteurs à partir de Nicolau Eymerich.

Reste encore à instruire l'inquisiteur. Reste encore à dégager l'esprit de l'institution. Les carpocratiens ne sont plus là : l'inquisiteur doit savoir découvrir l'hérétique *in genere* dans la peau de chaque suspect *in specie.* C'est à partir de ce stade que nous transcrivons, car c'est ici que le *Manuel* parle vraiment, fort de l'autorité des textes harmonieusement et complètement exposés. Et c'est à partir d'ici que le langage du *Manuel* signifie enfin la manière d'être d'une institution faite pour sauvegarder un dogme, mais aussi une norme éthique et une hiérarchie politique[1].

Tout cet attirail, nous l'avons déjà dit, n'a qu'une fonction : fonder en droit la juridiction inquisitoriale. Face au droit commun. Face au droit canon si nécessaire. Et à ce point de vue, la transcription que nous offrons ici du texte eymericien, avec l'*aggiornamento* romain, nous semble suffisamment éloquente pour nous dispenser de l'émietter, de l'analyser encore.

Les caractéristiques du tribunal ? Son histoire ? Sa manière ? Le texte sera, à l'égard de ces questions, cent fois plus éclairant que nos commentaires.

4. Révisionnisme et plagiat

Mais à quoi bon les textes, si on décide d'écrire l'histoire en s'en passant ? Dès le début de cette Introduction, la distinction est posée entre la perspective sérialiste, quantitativiste d'une

1. Quel sens attribuer, sinon, à ce conseil mille fois répété – le lecteur s'en apercevra – de tenir compte de la condition, du rang social, de l'instruction, de la force d'un suspect avant de procéder contre lui et au moment de doser la sentence ? On remarquera que, à ce propos, la procédure du XVIe siècle est plus méticuleuse que celle du XIVe, bien que l'on trouve indifféremment dans les deux périodes couvertes par le *Manuel* le mélange triomphal de l'éthique et du théologique au politique.

certaine approche de l'histoire de l'Inquisition et l'intention tout aussi historienne de mettre à nu l'idéologie soutenant sans faille les multiples épisodes de la lutte contre l'hérésie. Les textes disent cette persévérance. Le temps ne les efface pas, s'il en émousse dans les tribunaux le tranchant. Mais ils sont là, gênants dans leur entêtement à être là.

Et parce qu'il sont là, ils faussent le comparatisme auquel beaucoup d'historiens cèdent avec délices.

Je résume grossièrement en prenant encore une fois le risque de me répéter. Le comparatisme, le sérialisme, le quantitativisme travaillent sur les effets et y réduisent l'histoire. Violences de l'Inquisition romaine ? Ni plus ni moins, disent-ils, qu'auprès de tous les prétoires de toutes les justices royales, seigneuriales, épiscopales, communales. Torture des accusés, voire des témoins sous l'Inquisition ? Torture des accusés, voire des témoins, sous tous les prétoires, etc. Avilissement des faibles, ménagement des puissants en Inquisition ? Autant ailleurs, et ainsi de suite. Réduction à la baisse partout du nombre de brigandages ? En Inquisition aussi. D'où il résulte, de majeure en mineure et de fil en aiguille, que l'on érige en vérité sociologique d'abord, puis en vérité tout court l'aphorisme prétendant que tout s'explique dans ce beau monde par les mœurs des temps. Pesons les mœurs, pesons les temps, insistent sérialistes et quantitativistes, constatons la parfaite adéquation des mœurs aux temps et laissons les idéologues s'amuser à aligner leurs illicites jugements de valeur… sur les mœurs d'autres temps.

Parfait. À ceci près que l'histoire et la culture de chez nous – nos mœurs et notre temps – ont décidé depuis longtemps que, toutes comparaisons faites, l'Inquisition s'avère incomparable. Non qu'on ne puisse comparer la machinerie de ces crimes à celle d'autres tribunaux de son temps, de ses siècles. Ni à d'autres ses hardiesses et bassesses. Ce qu'on ne peut pas comparer en revanche à celle des autres, d'aucun autre, parce qu'étant d'un tout autre ordre, c'est la nature de ce tribunal, sa source de légitimation, sa finalité, l'amplitude de son aire de juridiction – chrétienté, judaïté, islam, hérésie, infidélité[1] – sans parler de son arrogance, de son « irrationalité » fondamentale parce que purement dogmatique et se sachant et voulant telle, de sa prétention à dominer les esprits , que leurs initiatives se traduisent ou non en effets matériellement pondérables. Du coup, il n'est pas nécessaire de s'installer dans l'absurde et paresseuse commodité de l'anachronie pour parler de la brutalité pontificale. Elle est scandale juridique de l'instant de l'avènement de l'Inquisition à celui de sa disparition. Dans toutes et chacune de ses entreprises. Dans tous et chacun de ces jours. L'honnête homme d'aujourd'hui ne s'y trompe pas, qui, sans connaître tous les détails de son histoire, l'évoque automatiquement lorsque tel tyran, tel puissant, tel cheffaillon de nos contrées, érigeant en dogme sa vérité, déborde pour son réconfort idéologique le pouvoir des juges de chez lui ou soumet la machine judiciaire à sa propre vision des choses.

Dès lors, comment faire pour entendre sans irritation comparatistes, sérialistes, quantitativistes collationner le travail de la machine inquisitoriale et ses produits avec celle et ceux d'autres tribunaux, réduisant ainsi à norme l'anormal, à souci de raison la pétulance de la déraison, à banal l'extraordinaire, à brutalité ponctuelle le crime constant, à péripétie l'hor-

1. On se souviendra à ce propos que la doctrine du canoniste Henri de Suse, plus connu sous le nom d'Ostiensis, fera merveille : le pape, étant le vicaire universel du Christ, détient l'autorité non seulement sur les chrétiens, mais aussi sur tous les infidèles, car la faculté que le Christ reçut du Père était plénière. Eymerich y consacre son *Court traité sur la juridiction des inquisiteurs contre les infidèles qui s'opposent à la foi chrétienne* (traduction française et présentation in H.-C. LEA, *Histoire de l'Inquisition au Moyen Âge*, 3 t., Grenoble, J. Millon, 1986 ; t. I. p. XXIII). Le Concile de Constance (1414-1418) eut beau renoncer à cette doctrine. Nous la trouvons en pleine vigueur dans les bulles de donation papale des terres découvertes à partir de 1492 de l'autre côté de l'Atlantique. Voir à ce propos Silvio ZAVALA, *Amérique latine : philosophie de la conquête*, Paris-La Haye, Éd. Mouton, 1977. Rien dans les ajouts et commentaires de Peña au texte d'Eymerich (nous sommes à la fin du XVIe siècle) ne vient resserrer cette envergure.

reur[1] ? Dans ce curieux révisionnisme, on perd même son temps à nous raconter que tel inquisiteur était d'une touchante humanité, puisque après son travail il faisait des gammes sur le corps de sa maîtresse, que tel autre taquinait les muses entre deux séances de torture et que son tabellion était aussi expert en détecteur de mensonges au bureau qu'en sauces et poivrades à la maison. Mais qui a jamais prétendu que Rome et ses délégations embauchaient des martiens et des minotaures pour la besogne inquisitoriale ? Quel général boude de paraître en uniforme de grand apparat au dîner de gala chez madame le ministre le soir du jour où il a massacré une région entière ? Inutile de prétendre – personne ne le prétend – que les serviteurs de l'Inquisition aient dû être viscéralement monstrueux pour pouvoir étaler sur l'ordinaire des jours le monstrueux de leur tribunal.

Où en sommes-nous ? Grâce à l'adéquation temps-mœurs évoquée plus haut et compte non tenu de la nature des choses, à la banalisation totale du tribunal qui extermine les cathares, décime les juifs, emprisonne fray Luis de León, baillonne Galilée, brûle Giordano Bruno. Avec, à la clé, des opérations de marketing en nombre considérable. J'en citerai deux seulement d'inégale portée mais d'un égal succulent. La première c'était ce matin en Catalogne. La seconde hier soir en Italie.

Ricardo García Cárcel, cet historien dont j'ai relevé quelques étourderies en présentant le *Dictionnaire des Inquisiteurs*, persévère avec talent et succès dans ses recherches sur le fonctionnement de l'Inquisition en Catalogne, Aragon, Valence. Il publie en 2000 : *Inquisición. Historia crítica*, où le comparatisme va bon train puisqu'il s'agit de raconter l'Inquisition en délaissant « le ressentiment, l'humeur et le sectarisme » dont sont pétris tant d'autres textes sur cette question, dit joliment l'auteur. Et il insiste : « Il y a déjà des années que j'essaie d'enterrer la légende

1. La distance entre ce tribunal et les autres reste insurmontable, même lorsque crime et horreur s'encanaillent et perdent, ailleurs et en Espagne, de leur théâtralité.

noire de l'Inquisition et surtout le syndrome de faute que cette légende a créé. Je ne prétends pas enterrer les critiques négatives, car l'Inquisition constitue l'une des pages les plus obscures de notre histoire. Mais chaque peuple doit assumer sa propre histoire sans déchirer ses vêtements ni dramatiser. » Chaque peuple ? Il sera sage d'informer cet historien que les peuples, dont le sien (qui se trouve être le mien), n'abordent pas l'histoire en sortant d'une riante clairière au cœur d'un bois sauvage un « contrat social » en poche et crachant en cadence sur les idées qui les soumettaient à je-ne-sais-quoi ni qui de la nuit des temps jusqu'au grand soir. Rappelons-lui amicalement qu'ils amalgament à leurs désirs, pulsions et penchants un petit rien qui répond au joli nom d'idéologie. Que, comme tant d'autres, son peuple et le mien pataugea pour le meilleur et le pire dans la soumission à l'Église des siècles durant avant, pendant, après l'Inquisition. Que seule une légende blanche, dont les partisans sont de plus en plus nombreux au train où l'on va, pourrait prétendre que les peuples qui eurent à les subir furent responsables des fureurs de l'Inquisition. Irons-nous jusqu'à lui dire qu'en Catalogne ni plus ni moins qu'ailleurs, un clergé, une noblesse et une bourgeoisie pourraient bien avoir eu des intérêts coïncidant avec ceux de l'Inquisition plus vraisemblablement qu'avec ceux des muletiers, des sabotiers et de toute la cohorte des manants, va-nus-pieds et crève-la-faim dont le volume égale, à un soupir près, celui de tout le peuple ?

Mais García Cárcel ne s'en tient pas là. La preuve par neuf qu'en Catalogne l'Inquisition n'est pas romaine, mais catalane ? Sa durée. « C'est la société qui légitima l'Inquisition. C'est pour cela qu'elle dura si longtemps. Les inquisiteurs ne réussirent pas facilement à s'intégrer au milieu catalan. Mais petit à petit la société catalane découvrit qu'elle pouvait les utiliser à ses fins[1]. » Voilà. Nous sommes à distance salutaire de l'aberration juri-

1. Déclarations de Ricardo García Cárcel, in *La Vanguardia* du 28 novembre 2000.

dique. Nous sommes dans la banalité du quotidien : une société normalement hiérarchisée se servant de tous les moyens ordinaires pour ses fins très ordinaires.

Non seulement la légende noire doit être enterrée puisqu'elle n'enjoliverait qu'une pitoyable histoire, mais l'Inquisition romaine est une légende. Ce que ne dit pas le professeur catalan. Mais ce que dit en Italie un hagiographe conforté d'un bon public, qui a réussi cette performance historique de faire publier Eymerich par un éditeur de la mouvance de l'Opus Dei. Voyons comment, l'incongruité exigeant quelques explications.

Curieux personnage, ce Rino Cammilleri, dont j'espère pouvoir faire un jour la connaissance – et celle de son éditeur par la même occasion – devant un tribunal français ou italien, comme il me plaira ou bon lui semblera. Il avait déjà beaucoup besogné, avant d'en venir à Eymerich, pour la gloire de l'Église italienne et universelle dans ce qu'elles ont de plus subtil et rafraîchissant. Outre un billet quotidien dans *Il Giornale* où il portraiture « Il santo del giorno » (le saint du jour), les titres de ses ouvrages sentent bon la sacristie : *La storia di Padre Pio* (1993), *Elogio del sillabo* (1994), *Santi dimenticati* et *San Gennaro* (1996). Après cette dévote propédeutique, l'homme se mesure à l'Inquisition dans sa *Storia dell'Inquisizione* (1997), dont les quatre-vingt-dix pages peuvent être mises sans le moindre danger entre les mains du catéchiste le plus pieux, du bedeau le plus bigot.

Les Éditions Piemme publient en 1998 *Fra Nicolau Eymerich. Manuale dell'Inquisitore. Vademecum medievale ad uso degli Inquisitori. A cura di Rino Cammilleri.* Ouvrons. Une mise en bouche de quinze pages – où, entre autres gracieusetés, Sartre et la Révolution française en prennent pour leur grade et le cardinal Ratzinger apparaît comme la lumière du siècle – se termine ainsi : « Insomma, l'Inquisizione ? (Forse) molto rumore per nulla[1]. » Le ton est donné. Encore sept pages consa-

1. En somme, l'Inquisition ? (Peut-être) beaucoup de bruit pour rien.

crées à quelques banalités et à un mini-martyrologe des inquisiteurs morts au combat, pour en arriver à ceci, que je traduis mot à mot comme il se doit : « Étant donné la finalité surtout divulgative de ce présent travail, j'ai préféré m'appuyer de préférence sur le précis français de L. Sala-Molins, *Le Manuel des inquisiteurs*, Paris 1973[1]. » Retenons « m'appuyer de préférence » et « précis ».

Poursuivons. De la page 27 à la 309 et dernière : le plagiat parfait, éhonté, traduction italienne littéralement exacte, mot à mot, paragraphe à paragraphe, titre à titre, sous-titre à sous-titre de mon édition de 1973 de ce « précis » – son Introduction exclue – que le plagiaire dit avoir vu, de temps en temps, ici et là pour conforter son « présent travail ».

Mon lecteur comprendra à la lecture du chapitre suivant et dernier de mon introduction à l'édition actuelle – reprenant l'intégralité de celle de 1973 – que, sauf miracle de San Gennaro ou de quelqu'un des « saints oubliés » et disposant par conséquent de tout son quota de merveilles, il était impossible que mon plagiaire réussît à choisir, dans les quelque mille pages in folio d'écriture très serrée du *Directorium inquisitorum* les mêmes passages que j'ai retenus, de les présenter dans le même ordre que je leur ai donné[2], pour aboutir aux mêmes ajustements nouveaux de certains titres et sous-titres et présenter enfin une « table des matières » coïncidant parfaitement avec celle de mon édition. Et ce n'est pas tout. Magie des mots, le plagiaire dit au lecteur italien qu'il lui donne à lire tout le *Manuel* (il n'est nulle part question dans son plagiat de choix dans les textes, d'éliminations de redites, d'abréviation de passages par trop répétitifs) dont, dans son supposé travail de latiniste, il aurait parfois contrôlé un passage en regardant mon « précis ». J'espère que, parmi les « saints oubliés », mon plagiaire aura songé au

1. « Data la finalità sopratutto divulgativa del presente lavoro, ho preferito appoggiarmi più che altro sul compendio francese di L. Sala-Molins… »

2. …et insérant le texte latin chaque fois que, très subjectivement, il me semblait nécessaire de le montrer.

saint patron des menteurs, des voleurs et des escrocs (saint Dimas probablement, le bon larron du Golgotha), car lui et son avocat auront grandement besoin de sa protection le jour où nos ferons connaissance au tribunal.

Mais dévoilons enfin le secret de Polichinelle. Pourquoi donc pareil faussaire choisit-il de divulguer en italien, pour l'édification des foules transalpines, mon édition de ce *Manuel des inquisiteurs*, qui constitue l'une des preuves les plus évidentes de la longue connivence entre la papauté et la méchanceté ? Parce que cet escroc a perverti mon honnête travail d'historien et d'éditeur en véhicule commode du révisionnisme voire du négationnisme les plus révoltants. Par quel procédé ?

En toute probité historique, et comme je m'en explique à satiété pages suivantes, je retiens selon des critères clairement définis textes d'Eymerich et ajouts de Peña. Mon pitoyable plagiaire, se qualifiant de « simplex scriptor » alors que « plagiarius » ou « furax » lui vont bien mieux , entrelarde les textes de ses propres ajouts dénaturant constamment Eymerich le médiéval, Peña le moderne au bénéfice de sa thèse à lui : « beaucoup de bruit pour rien ». Et d'où sort-il ce rien ? De sa propre science et du réductivisme qu'il aperçoit dans des ouvrages, saccagés par lui plutôt qu'analysés, d'historiens confirmés, comme Kamen, Dedieu, Bennassar, Henningsen, pêle-mêle avec des pamphlets à la gloire de l'Inquisition, la tradition inaugurée par De Maistre n'en finissant pas de ne pas s'éteindre. Par les ajouts du plagiaire au livre plagié, les tortures deviennent presque des caresses, les expoliations des transferts, les inquisiteurs des « petits frères des pauvres », les prisons des balnéaires et ainsi à l'avenant. De sorte qu'au fil des pages cet escroc dénature mon travail (puisque sa copie témoigne à chaque ligne qu'il n'a jamais utilisé la masse de l'original latin) qu'il souille de son révisionnisme et de son négationnisme pour la plus grande gloire de la papauté… quatre jours avant que le pape Wojtyla ne demande pardon – à Dieu, pas aux hommes – des crimes de ses devanciers.

Plagier c'est voler. Mais de quel verbe qualifier l'action consistant à polluer l'ouvrage qu'on a l'impudeur de plagier ? Je l'ignore.

Deux échantillons du talent de mon plagiaire choisis au hasard.

Prenons le « dixième verdict », page 224 de l'édition que vous avez sous les yeux. Cammilleri traduit parfaitement mon français, comme du début à la fin, et il ajoute : « Il s'agit d'un vœu de Peña, puisque c'est justement sur ce point que le règlement trouvait le plus grand nombre d'exceptions pratiques. Réductions de peines, rémissions pour maladie, permissions (pour assister le père malade, la vieille mère, la famille sans soutien, la sœur sans dot, le bébé à allaiter) étaient, de fait, la norme. La bonne conduite enfin était le passeport le plus sûr pour voir annuler la peine. Qu'on n'oublie pas que le but de l'autorité était (et demeure) la punition du coupable ; mais que celui de l'Inquisition était le retour au bercail de la brebis égarée. *Ecclesia abhorret a sanguine* était la devise, tirée de l'Écriture qui proclame que “Dieu ne veut pas la mort du pécheur, mais qu'il se convertisse et vive”. »

« Onzième verdict », page 229. Même pillage, agrémenté de ceci : « La “prison très dure” est ainsi décrite par Luigi Firpo : “Les Ucciardone et Rebibbia[1] d'aujourd'hui sont de véritables fosses infernales comparées aux trop diffamées cellules de l'Inquisition, dans lesquelles la vie était rythmée par des règlements sévères, mais non inhumains. Était prévu, par exemple, le changement des draps et des housses deux fois par semaine, comme dans les auberges de prestige (*Inchiesta sul cristianesimo*, p. 27)[2]. »

1. Célèbres prisons italiennes.

2. Révolté par le plagiat du tandem Piemme-Cammilleri, l'éditeur romain Fanucci publie en 2000 avec mon accord une version italienne parfaite de mon édition de 1973 dans sa totalité, enrichie d'une splendide présentation signée par le célèbre romancier Valerio Evangelisti, qui n'ignore rien de l'histoire réelle de cet Eymerich dont il construit faits et gestes avec la liberté convenant à son art et à son talent d'écrivain. Sur deux pages, je dénonce dans cette belle édition la crapulerie du tandem plagiaire. Evangelisti termine ainsi la présentation : « On comprend que l'expression “légende noire” est effectivement impropre. La couleur était celle-là, mais ce n'était vraiment pas une légende. » La presse italienne a dénoncé le

Saccageant quantité de travaux sur l'Inquisition pour faire oublier le *Manuel* tout en le montrant[1], Piemme et Cammilleri forcent les historiens à la vigilance et leur conseillent, par ricochet, de ne jamais oublier, au risque de fournir des « arguments » favorables à un révisionnisme voire à un négationnisme dont la plupart ne veulent à aucun prix, la spécificité de la respiration d'un tribunal définitivement incomparable.

5. Le directorium – L'édition romaine Notre édition

L'intérêt historique du *Directorium inquisitorum* et de son édition romaine est évident aussi bien pour l'histoire tout court que pour l'histoire des mentalités, de la répression et, surtout, pour l'esthétique de l'aveu.

Quelques précisions d'ordre technique s'imposent.

Le *Directorium inquisitorium,* dans sa formulation originale, comporte trois grandes parties subdivisées en plusieurs grands chapitres.

A. La première partie comprend, en premier lieu, la collection des textes pontificaux, conciliaires, patristiques, canoniques

piratage en saluant la sortie du livre, dont la première édition était presque épuisée six mois après parution. Le tandem plagiaire n'a pas réagi. Du moins pour le moment…

1. Je ne résiste pas au plaisir de citer une dernière fois mon plagiaire : « Il fallait donc une troisième couche [Cammilleri, après Eymerich et Peña] de vernis sur le tout pour donner à voir au lecteur de base de la fin du millénaire une image panoramique du phénomène Inquisition. Là où il le fallait, comme un jurisconsulte d'aujourd'hui mais avec une intention de divulgation, j'ai ajouté des exemples, des éclaircissements, des comparaisons, des citations, des faits historiques en espérant que, du *mix* abouti de commentaires et documents, jaillisse un panorama général tel que jamais vu dans les ouvrages qui parlent de l'Inquisition, mais qui ne font pas parler les inquisiteurs » (p. 14 de l'introduction au plagiat).

intéressant la définition et la sauvegarde (doctrinale, juridique) de la foi catholique.

Un deuxième chapitre est constitué par une série de douze questions théologiques sur la légitimité de la procédure inquisitoriale *in genere* sans qu'à ce stade il soit encore question d'une pratique particulière.

Cette première partie concerne d'une façon générale la foi, exposée, tant que faire se peut, d'une façon anhistorique : telle est au moins l'intention d'Eymerich. Entendons par là que les textes utilisés le sont dans une perspective théologique, même lorsqu'ils émanent de l'autorité ecclésiastique : la confusion des domaines n'en est pas une pour les mentalités orthodoxes du XIVe siècle chrétien. Le titre général de cette partie dit clairement de quoi il s'agit : « planter la foi ».

L'édition romaine procède, à l'égard de cette première partie, de la façon suivante : l'appareil critique est complété, complétée aussi la collection de textes en puisant notamment dans les textes pontificaux postérieurs à l'époque d'Eymerich. La trame théologique supporte ainsi l'institution jusqu'à la date de l'édition romaine.

Cette première partie n'est pas transcrite dans l'édition présente. Non qu'elle soit sans intérêt, mais, de lecture difficile pour ceux qui ne sont pas rompus au maniement du langage théologique et aux formules théologico-juridiques constituant la trame de ce genre de textes, elle aurait inutilement alourdi une édition dont la finalité essentielle est de rappeler un style procédurier dont tout le monde parle.

On en aura trouve un résumé « lisible » (du moins, nous l'espérons) dans notre introduction.

B. La deuxième partie intéresse bien davantage : elle ne recouvre que partiellement ce que l'on peut trouver par ailleurs dans les grandes collections de textes pontificaux, patristiques ou canoniques. Ici l'historicité de l'institution est traitée avec autant d'égards et de mesure que les articulations juridiques.

La « foi plantée » – et, par là même, l'hérésie désignée – le langage est désormais combatif, et agressive l'intention. Eymerich dit aux inquisiteurs comment l'hérésie a été traitée dans le passé afin que les inquisiteurs sachent comment il convient de la réduire dans l'avenir.

Trois grands chapitres à l'intérieur de cette seconde partie.

Premièrement, la lutte contre l'hérésie est « expliquée » par le moyen de la compilation d'une nouvelle série de textes contre les hérésies – et non plus contre l'erreur en général – et par le rappel des peines appliquées dans chaque cas : il s'agit de fonder une jurisprudence. Mais à quoi bon le faire si les inquisiteurs ne savent pas de qui on parle, ni qui condamne quoi ? Eymerich, avec sobriété, sans s'égarer dans des détails inutiles, décrit les hérésies et les hérétiques : qui sont-ils, comment vivent-ils et où les trouve-t-on ?

En deuxième lieu, on procède à l'exposition et à l'examen des erreurs philosophiques, depuis l'Antiquité grecque jusqu'à l'averroïsme.

Puis, dans un troisième chapitre, la question est enfin posée de la juridiction inquisitoriale dans l'espace et dans le domaine doctrinal, et il y est répondu selon ce qui résulte légitimement des deux grandes parties théoriques (théologie, droit) précédentes.

L'édition romaine utilise la deuxième partie du texte eymericien comme elle avait utilisé la première. Mais on constate que l'actualité du thème étant immédiatement ressentie, les gloses romaines s'allongent, se gonflent jusqu'à noyer le texte eymericien lui-même. Par exemple, Eymerich consacre une demi-colonne à la description des erreurs des sarrasins et des agarins, et Peña consacre trois pages pleines – six colonnes – au commentaire de la demi-colonne. L'érudition est de mise : et l'édition romaine recense scrupuleusement tous et chacun des mots « barbares » désignant des hérésies évanouies depuis des siècles, mais qu'il convient, au XVIe siècle, de retrouver pour fournir aux inquisiteurs du moment les moyens de confondre le « crypto-pélagianisme » ou le « crypto-arianisme » (pourquoi pas ?) de la Réforme. Toutefois, la glose romaine se veut scientifique, neutre, sereine, comme se voulait scientifique, neutre, serein le texte eymericien.

La transcription de cette deuxième partie posait des problèmes semblables à ceux qui ont été évoqués pour la première : difficulté du texte, imperméabilité – pour le profane – d'un certain langage, dont l'élucidation aurait nécessité la mise en chantier d'un appareil critique colossal. Mais ces excuses n'étaient pas suffisantes pour justifier l'abandon de toute cette partie, dont le troisième chapitre constitue le début véritable du traité de procédure. Ici, les collationnements ne suffisent plus : le talent du théologien, du juriste, de l'inquisiteur est directement à l'œuvre. La question est désormais : qui est hérétique *aujourd'hui* et quels sont *aujourd'hui* les moyens dont dispose l'Inquisition pour réduire, sur le tas, l'hérésie ? Les commentaires ajoutés par l'édition romaine répondent à la même question, telle que devait se la poser l'inquisiteur du XVIe siècle, qu'il siégeât en Espagne, en Italie, en Allemagne ou dans les Amériques. Ici commence donc la présente traduction et transcription du *Directorium inquisitorum*. Ici, c'est-à-dire au niveau zéro de la pratique médiévale et moderne.

C. La troisième partie contient la procédure inquisitoriale proprement dite. On sait ce qu'est l'hérésie et qui sont les hérétiques : on apprend maintenant à connaître l'inquisiteur. On assiste à ses travaux d'installation, au déploiement de son style comminatoire, à la mise en route de l'enquête, à l'utilisation de la dénonciation, à la préparation des procès, au dosage des techniques ayant pour but de déclencher l'aveu, à l'installation d'un régime pénitentiaire pas tout à fait comme les autres[1]. Chemin

1. Contre ceux qui prétendent que, somme toute, l'inquisition n'était ni plus dure ni plus molle que les autres tribunaux aux mêmes époques (sans se poser sérieusement la question de la légitimité de l'existence du tribunal inquisitorial, « anormal » même au point de vue strictement ecclésiologique), Peña et Eymerich, innocemment, ne cachent pas – bien au contraire – que les manières de l'Inquisition sont pires que celles d'à côté, tout simplement parce que l'Inquisition

faisant, la théorie se dévoile, qui, tout entière orientée vers l'aveu, lui subordonne l'ensemble de la procédure. Les témoignages, les dépositions, la torture, la défense, autant d'éléments d'un même projet : faire avouer le suspect, le confondre. Les aveux obtenus – ou non obtenus –, le procès doit aboutir. Et Eymerich facilite le travail de ses contemporains et de ses successeurs en dressant la liste des « treize manières de terminer un procès ». L'exposé est terminé. Austère du début jusqu'à la fin et ne se perdant jamais dans des récits circonstanciels qui auraient coloré le propos, mais au prix d'un affaiblissement de la rigueur de l'argumentation. La pratique inquisitoriale est là, dans tout son éclat.

Mais le *Manuel* ne doit rien laisser dans l'ombre. Et Eymerich ne le considère pas comme terminé avec l'explication de la « treizième manière de finir un procès ». Il ajoute un deuxième chapitre à cette troisième partie dans lequel il réordonne en cent trente questions l'ensemble de la pratique, de telle sorte que l'inquisiteur puisse immédiatement – comme en manipulant un fichier analytique – trouver la réponse au problème de procédure, de juridiction ou de code qu'il pourrait avoir à résoudre. L'ensemble de la pratique inquisitoriale se trouve donc inventorié en fin d'ouvrage sous vingt-deux rubriques, dont voici l'ordre et les thèmes : institution de l'inquisiteur ; destitution de l'inquisiteur ; institution du commissaire inquisitorial ; destitution ; le notariat inquisitorial ; les « familiers » de l'inquisiteur ; l'excommunication ; les pouvoirs de l'inquisiteur ; les procès ; la prison inquisitoriale ; les tortures ; les témoins ; les experts et les avocats ; les statuts et les constitutions inquisitoriales ; les suspects d'hérésie ; les hérétiques pénitents ; les hérétiques impénitents ou relaps ; les pénalisations monétaires ; la confiscation ; les peines infligées à ceux qui protègent, défendent ou favorisent les hérétiques ; les excommuniés ; les indulgences dont bénéficient les collaborateurs de l'office inquisitorial. Ces

s'occupe du délit le plus détestable qui soit. Des exemples ? Voyez, au hasard, p. 196-197, 207, 249 et suiv., 260-266.

questions ne constituent pas un dernier enrichissement de la doctrine – à quelques exceptions près – mais une mise en ordre pour en favoriser l'application. Parfois, et sur certains points, le discours eymericien est plus explicite, plus concret dans les questions que dans la partie précédente, où l'accent était mis sur le procès en tant que tel, de sorte que certains thèmes n'y étaient abordés qu'en passant. Ainsi, la norme qui a présidé à la transcription de cette partie a été la suivante : les redites ont été systématiquement éliminées. On a sauvegardé le texte eymericien lorsqu'il apportait quelque chose de nouveau par rapport au contenu de l'exposé de la procédure. Notre souci constant a été de rendre le *Manuel* lisible.

Et cela vaut aussi pour l'ensemble de cette troisième partie. Un exemple : Eymerich propose les différentes étapes de la démarche comminatoire que doit adopter l'inquisiteur lorsqu'il se trouve face à des autorités civiles non disposées – ou peu disposées – à collaborer à l'œuvre du Saint-Office. Le *Manuel* propose un premier modèle de lettre comminatoire. Le refus étant dans l'ordre des possibles, le *Manuel* prévoit un deuxième modèle, puis un troisième. À quelques variantes près – d'une valeur juridique évidente, cela va de soi –, les trois modèles sont identiques, et identiquement longs. Dans la transcription présente, on retient un seul modèle et les textes eymericiens de liaison entre le modèle retenu et les suivants, de sorte que le lecteur puisse percevoir facilement, dans ce cas précis, le durcissement de la démarche inquisitoriale.

On a procédé de la même façon avec les gloses romaines de cette partie : elles sont retenues lorsqu'elles infirment, enrichissent, corrigent ou complètent l'exposé eymericien. On les a éliminées lorsqu'elles se limitent à paraphraser le texte eymericien, à en vanter les mérites, ou à recenser tel ou tel membre de phrase dont l'autorité allait de soi pour Eymerich et pour ses contemporains, mais plus du tout pour l'inquisiteur du XVIe siècle. On a aussi éliminé les gloses romaines constituées par le récit des positions diverses des théologiens et des canonistes sur un point particulier, lorsque, en fin de combat académique, il apparaît que Rome et, avec elle, l'ensemble des tribunaux retiennent tout simplement la position d'Eymerich.

C'est à ce prix que le *Manuel,* dont la longueur[1] n'a d'égale que la technicité du verbe, peut être lu aujourd'hui.

Précisons, pour terminer, que déjà Eymerich, avant Peña, avait ajouté un *index rerum et nominum* très fouillé qui devait rendre particulièrement commode l'utilisation du manuscrit. Peña, lui, ajoute au tout la transcription de quelque deux cents colonnes de lettres apostoliques, essentielles à l'office de l'Inquisition, d'Innocent III et à Grégoire XIII.

Que reste-t-il à faire avant d'ouvrir l'édition romaine du *Directorium* dans la présente transcription ? Souligner les caractéristiques différentielles d'un certain type de procédure ? Clamer son indignation ? Insister sur le rôle de la torture ? C'est l'affaire du lecteur. Eymerich est assez franc et Peña assez érudit pour orienter le jugement du lecteur, qu'il soit historien, philosophe, juriste ou, tout simplement, curieux. Un mot, pourtant. On a dit mille fois que le temps justifie l'institution : les temps étaient durs, dure était l'Inquisition. Eh bien ! la lecture de l'édition romaine de la « somme » eymericienne favorise sans aucun doute un jugement plus circonstancié : autour de l'Inquisition, sans elle et contre elle, d'autres tribunaux s'humanisent en même temps que le tribunal romain, lui, se durcit. À cet égard, Peña sert l'histoire, tout en servant l'institution qui l'emploie.

Notre édition a été établie sur la base des éditions romaines de 1585 (pour l'essentiel) et de 1587 (pour l'équivalent d'un cahier comprenant la « dixième manière de terminer un procès », absent de l'exemplaire de l'édition de 1585). Pour nous assurer de la rigueur de la transcription faite par Peña de l'œuvre d'Eymerich, nous avons abondamment collationné le texte eymericien édité avec le texte du *Directorium* tel que nous le

1. 744 pages – et 5 200 signes par page en moyenne – sans compter les tables analytiques et la collection de textes pontificaux constituant, ensemble, un appendice de quelque 240 pages.

propose la tradition manuscrite. Nous avons consulté notamment les manuscrits suivants : Vatican, Palatina 681 ; Vatican, Palatina 680 ; Vatican, Ottoboniano latino 1125 ; Leipzig 579. Pour compléter notre documentation, nous avons à plusieurs reprises demandé à l'Université de Salamanque de nous communiquer un microfilm du manuscrit 81 contenant, lui aussi, le *Manuel.* Leipzig et le Vatican ont envoyé leurs microfilms, nous attendons toujours celui de Salamanque. Cette recherche paléographique préalable autorise une conclusion : Peña ne triche jamais avec le texte eymericien ; et, qui plus est, il utilise ses propres manuscrits en connaisseur de l'art – et des pièges – de la critique textuelle. Une cinquantaine de sondages nous garantit la véracité du texte transcrit par l'éditeur romain.

Parce que Peña « glose » assez généreusement Eymerich, nous serons avares en notes et remarques. Le lecteur saura qu'il passe d'Eymerich à Peña et du XIVe siècle au XVIe chaque fois que les chiffres « XVI » apparaîtront : ces chiffres commandent le texte qui les suit jusqu'au nouveau sous-titre, quelle que soit la longueur de l'exposé de Peña. Seules sont nôtres les notes numérotées en chiffres arabes[1].

C'est à dessein que nous avons conservé, aussi bien dans l'introduction que dans le texte original, des vocables ou des expressions qui ne sont plus ou ne sont pas en usage dans la langue française, (par exemple : processer, planter la foi, procéder contre.) La traduction par une périphrase nous aurait éloigné de la rigueur. Les coupes et réductions nous ont imposé une numérotation des titres et sous-titres comme des 70 questions retenues parmi les 130, distincte de l'originale.

1. À la sortie de cette édition, tel historien nous reprochait de ne point lui avoir proposé tout le *Directorium*. Il avait raison, le cher homme. Le cœur lui en dit-il d'y brûler à notre place quelques années de sa vie ? Libre à lui. Ceux qui voudraient en savoir davantage, nous leur en suggérons le moyen : planter là notre raccourci et chercher dans une très bonne bibliothèque la *Somme* d'Eymerich. Aussi simple que ça.

LE MANUEL DES INQUISITEURS

de frère Nicolau Eymerich, dominicain

AVEC LES COMMENTAIRES DE FRANCISCO PEÑA,
DOCTEUR EN DROIT CANON ET EN DROIT CIVIL.

Avignon, 1376
Rome, 1578

I
Juridiction de l'inquisiteur

A. L'hérésie

1. La notion d'hérésie

Que faut-il entendre par « hérésie » ? Consultons à ce propos les étymologies proposées par saint Isidore et par quelques autres, et nous verrons que ce terme est doué d'une triple signification.

On dit « hérésie » en premier lieu, et conformément à Isidore et Papias, du verbe « élire » *(eligo)*. Et, en ce sens, « hérésie » équivaut à *elesis* ; « hérésie » émane alors d'« élection », comme « secte » de « section ». On dirait dans ce cas « électeur » en disant « hérétique » *(electivus, haereticus)*. Et à juste titre, car l'hérétique, se déterminant entre une doctrine vraie et une fausse, refuse la vraie doctrine et « choisit » comme vraie une doctrine fausse et perverse. Il est donc évident que l'hérétique « élit ».

Hugues propose un deuxième sens, dérivé du verbe « adhérer ». Hérétique signifierait alors « adhérant » *(haereticus, adhaesivus)*. L'hérétique est, effectivement, celui qui adhère avec fermeté et ténacité à une doctrine fausse qu'il tient pour vraie. Il est donc clair que l'hérétique « adhère ».

Isidore propose encore un autre sens : c'est du verbe *erciscor*, synonyme de *divido*, que viendrait le terme d'hérésie. En ce sens, c'est à l'idée d'*ercissivus (divisivus)* que renverrait le terme d'*haereticus*. Serait hérétique celui qui se retranche *(erciscitur)* de la vie commune. Et, en vérité, l'hérétique, choisissant une doctrine fausse et adhérant obstinément à la doctrine refusée par ceux avec qui il vivait avant cette adhésion, s'éloigne et se retranche, quant à l'esprit, de leur communauté, dont il se trouve aussitôt écarté par l'excommunication qui le frappe. Puis, livré au bras séculier, il se retranche à jamais de la communauté des vivants. Il est donc péremptoire qu'il y a division s'il y a hérésie, et qu'il résulte de tout ce qui précède que la notion d'hérésie recouvre les trois notions d'élection, d'adhésion et de division.

XVI. En réalité c'est du verbe grec αἰρόμαι (élire, opter) que vient le terme d'hérésie. Les auteurs latins ont proposé d'innombrables étymologies, parmi lesquelles celles que rappelle Eymerich. Dans son acception primitive, la notion d'hérésie n'avait rien d'infamant : étaient « hérétiques » tous ceux qui se réclamaient d'une école philosophique, tout simplement. Mais aujourd'hui ce terme est odieux et infâme, car il désigne ceux qui croient ou enseignent des choses contraires à la foi du Christ et de son Église. Mais, va-t-on nous rétorquer qu'au sens grec du terme, choisir la vérité catholique constitue aussi une « hérésie », car choisir une doctrine c'est aussi choisir une « secte » ? Nous répondrons, avec Tertullien, qu'il n'y a pas de « division » dans l'« élection » de la foi catholique, car il ne nous appartient pas de choisir, dans ce cas, selon notre libre arbitre, mais de « suivre » ce qui nous est proposé par Dieu. Il y a hérésie, et il y a secte, lorsqu'il y a compréhension ou interprétation de l'Évangile, non conforme à la compréhension et à l'interprétation traditionnellement défendues par l'Église catholique.

Les conséquences de l'hérésie ? Des blasphèmes, des sacrilèges, des atteintes aux fondements mêmes de l'Église, la violation des jugements et des lois sacrées, des injustices, des calomnies et des cruautés dont les catholiques sont les victimes. Par l'effet de l'hérésie, la vérité catholique s'affaiblit et s'éteint dans les cœurs ; les corps et les biens matériels dépérissent, naissent les tumultes et les séditions, la paix et l'ordre public sont troublés. De sorte que tout peuple, toute nation qui laisse éclore l'hérésie en son sein, qui la cultive, qui ne l'extirpe pas aussitôt, se pervertit, court à la subversion, peut même disparaître. L'histoire ancienne en témoigne. Et le présent le démontre, qui offre à nos regards le spectacle de régions prospères et de règnes fleurissants, victimes, à cause de l'hérésie, des plus grandes calamités.

2. Proposition ou article hérétique

Qu'est-ce qu'une hérésie ? Ou, en d'autres termes, quand peut-on dire d'un article ou d'une proposition qu'ils sont hérétiques ?

Nous répondrons en accord avec saint Thomas (S.T.I. pars, q. 32, art. 4 et 2.2, q. 11, art. 2) qu'il y a trois causes ou trois raisons susceptibles de déterminer le caractère hérétique d'un article ou d'une proposition. Une proposition est hérétique :

a) Si elle s'oppose à un article de foi tel, par exemple, que le dogme de la trinité divine ou de l'incarnation du Fils, ou d'autres articles de ce genre, qui constituent la base de notre foi catholique et l'essentiel de notre croyance ;

b) Si elle s'oppose à une vérité que l'Église a déclarée de foi : par exemple, que le Saint-Esprit ne procède pas du Père et du Fils comme de deux principes, ou que l'usure n'est pas un péché ;

c) Si elle s'oppose au contenu des livres canoniques : par exemple, que Dieu n'a pas créé le ciel et la terre, ou que le Christ n'envoya pas ses disciples prêcher, contrairement à ce qu'affirment la Genèse et l'Évangile selon saint Marc, livres que l'Église compte parmi les canoniques. Il faut croire, en effet, en tout ce que contiennent les livres canoniques[1].

Dans les trois cas, il y a opposition manifeste soit au symbole de la foi[2], soit aux décrets de l'Église, soit aux livres sacrés. Il y a donc hérésie dans les trois cas.

1. Dans la tradition catholique, l'ensemble des livres canoniques constitue la Bible (Ancien et Nouveau Testaments).

2. C'est-à-dire le Credo.

XVI. Conformément à l'avis de Torquemada et d'autres docteurs, il y a lieu de préciser et de développer la doctrine eymericienne par l'établissement des sept critères d'hérésie suivants : est hérétique toute proposition qui s'oppose :

a) À ce qui est expressément contenu dans l'Écriture ;
b) À ce qui découle nécessairement du sens de l'Écriture ;
c) À ce que contiennent les paroles du Christ, transmises aux apôtres qui les ont transmises à l'Église ;
d) À ce qui a fait l'objet d'une définition dans l'un des conciles universels ;
e) À ce que l'Église a proposé à la foi des fidèles ;
f) À ce qui a été proclamé unanimement par les pères de l'Église, touchant la réfutation de l'hérésie ;
g) À ce qui découle nécessairement des principes établis aux points *c*, *d*, *e* et *f*.

L'inquisiteur tiendra compte, en outre, des huit règles suivantes, grâce auxquelles il pourra déterminer, *a contrario*, le caractère hérétique d'une proposition :

1. La vérité catholique est celle qui est contenue explicitement ou implicitement dans l'Écriture. Il appartient à l'Église d'expliquer les contenus implicites, car elle est le fondement même de la vérité.
2. Est de foi tout ce qu'enseignent les docteurs et les pères de l'Église solennellement réunis en concile.
3. Est de foi ce que le Siège apostolique ou le Souverain Pontife définit comme tel.
4. Est de foi l'interprétation unanime d'un passage de l'Écriture, ou d'une opinion (en matière de foi) par l'ensemble des pères car, comme l'écrit saint Jérôme, ce ne sont pas les pères qui enseignent, mais Dieu lui-même par leurs bouches.
5. Est de foi ce qui appartient à la tradition apostolique (par exemple, la conception virginale de Marie, la nécessité de baptiser les enfants).
6. Est de foi tout dogme proclamé par un concile, confirmé par le pape et proposé par lui aux fidèles.

7. Est de foi toute conclusion théologique établie par l'Église (concile ou Siège apostolique) ou proposée par les théologiens, par exemple : la présence de deux volontés dans le Christ, découlant de Matthieu, 26 (« non comme je le veux, mais selon ta volonté »).

8. Est de foi tout ce que les théologiens scolastiques ont toujours et unanimement enseigné.

3. L'erreur et l'hérésie

Juridiquement, la notion d'erreur et celle d'hérésie ont-elles le même sens ?

Le sens de la notion d'erreur est plus large que celui de la notion d'hérésie, car si toute hérésie est une erreur, toute erreur n'est pas hérétique. Et si tout hérétique se trompe, tous ceux qui se trompent ne sont pas forcément hérétiques.

Mais dans le domaine de la foi, hérésie et erreur sont parfaitement synonymes.

B. Les hérétiques

4. Acceptions juridiques du qualificatif d'hérétique

On appliquera de droit le qualificatif d'hérétique dans huit cas bien précis. Est hérétique :

a) Tout excommunié ;

b) Tout simoniaque[1] ;

c) Quiconque s'oppose à l'Église de Rome et ose contester la dignité qu'elle a reçue de Dieu ;

1. On parle de « simonie » lorsqu'on « commercialise » de quelque façon que ce soit les sacrements ou les choses sacrées en général. À l'origine du terme, l'épisode relaté dans les Actes des Apôtres de Simon le Magicien proposant à l'apôtre Pierre de lui « vendre » le Saint-Esprit (Actes, 8, 18-24).

d) Quiconque commet des erreurs dans l'explication de l'Écriture sainte ;

e) Celui qui crée une nouvelle secte ou qui adhère à une secte existante ;

f) Celui qui n'accepte pas la doctrine romaine en matière de sacrements ;

g) Quiconque opine autrement que l'Église de Rome sur un ou plusieurs articles de foi ;

h) Quiconque doute de la foi.

5. L'hérétique au sens strict

À qui doit être appliqué en toute propriété et en toute vérité le qualificatif d'hérétique, et cela au sens strictement juridique et théologique ?

Pour répondre à cette question, il convient de préciser qu'il faut deux conditions pour que quelqu'un puisse être qualifié en toute propriété d'hérétique. La première concerne l'entendement (en tant qu'il lui appartient de choisir et de disposer) : qu'il y ait erreur dans l'intellect en ce qui touche la foi. L'autre concerne la volonté (en tant qu'il lui appartient de parfaire et d'achever) : qu'elle s'attache avec ténacité à l'erreur mentale. La réunion de ces deux conditions définit parfaitement l'hérétique, comme la foi dans l'intellect et la persévérance dans la volonté définissent le véritable catholique. En conséquence, ne mériterait pas, à proprement parler, le qualificatif d'hérétique celui qui ne réunirait pas ces deux conditions. C'est là l'avis de saint Thomas et d'autres théologiens et canonistes.

En ce qui concerne l'erreur intellectuelle, avec d'autres théologiens saint Thomas précise qu'il y a lieu de distinguer deux genres et trois espèces de vérités de foi :

1. Les articles fondamentaux de la religion chrétienne et les principes premiers de la théologie sont directement du domaine de la foi et doivent être tenus pour vrais par tout catholique.

2. Les vérités dont la négation ou l'altération entraîne la négation ou la corruption des articles fondamentaux sont in-

directement du domaine de la foi. Ces vérités secondes comprennent :

a) Le contenu intégral des livres canoniques – que nous appelons la Bible – révélés par le Saint-Esprit. De la négation ou de la corruption de l'ensemble de ces livres, ou d'une partie, résulterait la négation ou la corruption des articles de la foi, puisque les articles de la foi sont contenus dans la Bible ! Celui, en effet, qui ne croirait pas en leur contenu nierait indirectement les articles. Car s'il tenait qu'ils ne fussent pas inspirés par le Saint-Esprit, ou que le Saint-Esprit n'eût pas dit vrai dans telle partie, il prétendrait par là même qu'il aurait pu ne pas dire vrai dans les autres !

b) L'intégralité de ce que l'Église divine a décrété de foi, soit dans l'un des quatre conciles[1], soit dans les constitutions ou décrets ultérieurs : l'Église décrète *de foi* ce qui apparaît établi dans les livres canoniques.

Il en résulte donc que les fidèles doivent croire *a)* aux articles de la foi, *b)* à tout ce que contiennent les livres canoniques, et *c)* à tout ce que l'Église a décrété de foi.

Par conséquent, sera considéré hérétique celui qui s'opposera avec ténacité à n'importe laquelle des vérités rappelées à l'instant. On sait, en effet, que tels hérétiques s'opposent aux articles, tels autres aux livres canoniques, d'autres enfin aux définitions de l'Église.

En ce qui concerne l'attachement tenace à l'erreur, il y a lieu de distinguer aussi deux cas :

a) On parlera de ténacité évidente à propos de celui qui, appelé à comparaître par notre seigneur le pape ou par son inquisiteur délégué, ou par son évêque – et acculé par des preuves ou par des arguments convaincants à admettre que ce qu'il croit est en opposition avec les articles, l'Écriture sainte ou les décrets, n'en demeure pas moins attaché à l'erreur ;

1. Nicée, Constantinople, Éphèse, Calcédonie.

b) On parlera à plus forte raison encore de ténacité dans l'erreur à propos de celui qui, convaincu d'erreur comme il a été dit dans le cas précédent, ne veut ni abjurer son erreur ni la réparer.

En conclusion, est hérétique celui qui s'attache avec ténacité à son erreur, ténacité dont la manifestation est le refus d'abjuration.

XVI. La ténacité *(pertinacia)* est proche de la persévérance : l'une et l'autre désignent l'attachement. Mais on dit « ténacité » dans le cas d'un attachement au mal, et « persévérance » dans le cas d'un attachement au bien.

6. Hérétiques manifestes et secrets

Que faut-il entendre par hérétiques manifestes et par hérétiques secrets ? À la demande du chapitre de la cathédrale de Toulouse, le pape Innocent III définit ainsi les hérétiques manifestes : « On entend par hérétiques manifestes ceux qui prêchent publiquement contre la foi catholique, ceux qui suivent ou défendent leur enseignement, ceux qui, convaincus d'hérésie devant leurs évêques, ont avoué leurs erreurs ou ont été condamnés comme hérétiques. » On appellera dès lors hérétiques secrets ceux dont les paroles et le comportement ne manifestent pas leur attachement tenace à l'hérésie.

7. Hérétiques affirmatifs ou négatifs

On appelle hérétiques affirmatifs ceux qui se trompent intellectuellement sur ce qui concerne la foi et qui manifestent, par la parole ou par l'action, l'attachement de leur volonté à leur erreur mentale.

Les négatifs sont ceux qui, convaincus de quelque hérésie par des témoins dignes de foi devant le juge, ne veulent pas ou ne peuvent pas s'en détacher et, sans passer aux aveux, demeurent fermes dans leurs négations, confessant en parole la foi catholique et proclamant leur refus de la méchanceté hérétique. Ceux-là, quelles que soient leurs raisons, doivent être considérés comme hérétiques, tant qu'ils demeurent dans leurs négations. Car celui qui n'avoue pas la faute dont il a été convaincu, celui-là est de toute évidence impénitent.

XVI. Si Eymerich parle de « parole » ou d'« action », c'est, bien évidemment, pour signifier que, outre la parole, le comportement extérieur témoigne clairement des dispositions intérieures en matière de foi. Et c'est là une question très grave, car elle débouche sur la suivante : doit-on punir comme hérétique celui qui accomplit les actes « hérétiques » ?

Une double réponse :

a) Seront considérés hérétiques ceux qui accomplissent des actes proprement hérétiques. Par exemple : solliciter le « consolament »[1], adorer les démons, communier avec les hérétiques et selon leurs rites, etc.

b) Seront légitimement considérés hérétiques, de l'avis unanime des théologiens et des canonistes, ceux qui rendent visite aux hérétiques, ou qui les maintiennent, ou assistent, ou accompagnent. Les suspicions sont, dans ces cas, suffisamment fortes pour justifier à elles seules des procès en hérésie.

La pratique courante des tribunaux à l'égard de ces hérétiques est la suivante.

Celui qui, ayant accompli de tels actes, comparaît spontanément devant l'inquisiteur et déclare qu'il ignorait leur caractère hérétique et qu'il a toujours conservé la foi dans le fond de son cœur, celui-là est sommé d'abjurer comme très suspect d'hérésie et se voit imposer une dure pénitence.

Celui qui avoue spontanément ses actes, et confesse en avoir pertinemment connu la nature et le sens, est sommé d'abjurer en tant que formellement hérétique ou apostat, et se voit infliger des peines plus dures encore. Les peines seront de la plus

1. Par le « consolament », le fidèle cathare devenait « parfait ». Les parfaits professaient intégralement la doctrine cathare et s'imposaient une norme de vie en tous points conforme à la doctrine.

extrême dureté, si le déclarant avoue ne pas avoir accompli ses actes par peur, mais spontanément.

Celui qui ne comparaît pas spontanément et qui avoue avoir accompli des actes hérétiques, tout en niant avoir adhéré intellectuellement à l'hérésie, celui-là sera soumis à la torture afin que l'inquisiteur puisse se faire une opinion sur la réalité de l'adhésion mentale de l'accusé à la vraie foi. Ayant été torturé, s'il demeure dans sa position première, il sera également sommé d'abjurer comme gravement suspect d'hérésie : il est vraisemblable, dans ce cas, qu'il a accompli les actes qui lui sont reprochés par peur, et non spontanément. Si, en revanche, après avoir été torturé, il avoue des croyances hérétiques, il sera sommé d'abjurer comme hérétique formel ou comme apostat (s'il tient à revenir au sein de l'Église). Il se verra infliger les peines les plus graves[1].

Toutefois, dans la détermination des peines, on tiendra grand compte des circonstances qui, habituellement, aggravent ou atténuent le délit : le rôle de la peur, l'âge du délinquant, son instruction, son état (laïque, clerc, religieux), etc.

Conformément aux décrets pontificaux, on condamne à la prison à vie celui qui, n'ayant pas comparu spontanément, avoue des actions hérétiques et des erreurs, et souhaite revenir au sein de l'Église.

On considère enfin comme seulement suspects d'hérésie ceux qui auraient accompli de telles actions soit pour de l'argent, soit pour obéir aux impulsions de la chair, soit en cédant aux pressions des proches et des amis.

Une question se pose à propos des « hérétiques négatifs » : peut-on considérer comme hérétique négatif celui qui, convaincu d'avoir eu dans le passé un langage ou un comportement hérétiques, déclare avoir tout oublié ? La question est de

1. Raccourci montrant d'une façon extrêmement claire combien réduites étaient les chances de sortir absolument indemne du tribunal inquisitorial. Mais Peña est pressé : il faut attendre encore (cf. p. 197 : « Verdicts et sentences ») pour avoir une vision claire de l'aboutissement réel des procès.

taille, car de la façon dont elle sera résolue dépend la décision de livrer ou non le suspect au bras séculier et, en fin de compte, la vie même du suspect.

Il est établi que la mémoire conserve toujours, sans les altérer, les souvenirs des faits particulièrement saillants, ou d'une horreur particulière. Tel qui, à la manière des luthériens, aurait profané des lieux sacrés, prêché des propositions hérétiques, détruit des images, pourrait-il, accusé beaucoup plus tard d'hérésie négative, prétendre avoir tout oublié ? Allons donc ! Il serait « processé ». Et je défendrais la même position envers tous ceux qui prétendraient avoir oublié des faits moins remarquables, car la trace que laisse dans la mémoire la fréquention des hérétiques ne s'efface jamais. Accorderait-on le bénéfice de l'oubli à celui qui prétendrait se tirer d'affaire en prétextant ne plus se souvenir d'avoir été circoncis ?

8. Causes principales d'hérésie

Il y a hérésie s'il y a opposition à un ou à plusieurs articles de la foi, à tel ou tel passage des livres canoniques, à une constitution ou à un canon de l'Église catholique. Par exemple : serait hérétique, pour le premier cas, celui qui ne croirait pas que le Saint-Esprit procède du Père et du Fils ; pour le deuxième cas, le serait celui qui croirait en l'éternité du monde ; et le serait pour le troisième cas celui qui soutiendrait que le Christ et les apôtres ne possédaient rien en commun[1].

1. Allusion évidente aux spirituels et « fraticelli » qui critiquaient sans répit les richesses de l'Église et prêchaient l'absolue pauvreté du Christ et des apôtres. L'argument massue que l'Église leur opposait : la « trésorerie » de Judas. Oui, ils avaient quelques petites monnaies…

9. Hérétiques condamnés dans le droit canon

Certains hérétiques ont été condamnés dans les Décrets ; d'autres, dans les Décrétales, d'autres enfin dans les *extravagantes*[1].

Voici les hérétiques dont la condamnation figure dans les Décrets : Simon le mage et les simoniaques ; Basilide et les basilidiens ; Nicolas le diacre et les nicolaïtes ; les gnostiques ; Carpocrates et les carpocratiens ; Cérinthe et les cérinthiens ; les nazaréens ; les ophites ; Valentin et les valentiniens ; Appelès et les appellites ; les arcontiaques ; les adamiens ; les caïniens ; les séthiens ; les melchisédéchiens ; les angéliques ; les apostoliques ; Cerdon et les cerdoniens ; Marcion le stoïcien et les marcionites ; les artotyrites ; les aquaristes ; Sévère et les sévériens ; Tatien et les tatiniens ; les alogiens ; les cataphrygiens ; les cathares ; Paul de Samosate et les pauliniens ; Hermogènes et les hermogéniens ; Manès et les manichéens ; les anthropomorphites ; Hiérarche et les hiérarchites ; Novatien, prêtre de la ville de Rome, et les novatiens ; les montains ; Hébion et les hébionites ; Photin l'évêque, et les photiniens ; Aérius et les aériens ; Aetius et les aetiens, dont descendent les eunomiens, disciples du dialecticien Eunomius, lui-même disciple d'Aetius ; Origènes et les origénistes ; Noétus et les noétiens ; Sabellius et les sabelliens ; Arius, prêtre d'Alexandrie, et les ariens ; Macédonius l'évêque, et les macédoniens ; Apollinaris et les appolinarites ; les antidicomarites ; les métangismonites ; Patritius et ses disciples ; Colluthus et les colluthiens ; Florin et les florins ou floriniens ; Donatus et les donatistes ; l'évêque Bonosus et les bonosiens ou bonosiaques ; les circoncellions ; Priscillien et les priscillianistes ; Lucifer, évêque de Sardaigne, et les lucifériens ; le moine Juvinien, et les

---

1. Raymond de Penyafort compile les « Décrétales », et la pratique est instaurée de « collectionner » les textes pontificaux. Mais, curieusement, des bulles se promènent longtemps « hors collection » : ce sont des *bulles errantes,* d'où le nom dont on les désigne, *extravagantes.* Leur autorité était encore discutée au XVIe siècle.

juvinianistes ; Helvidius et les helvidiens ; Paternus et les paterniens ; les nommés « arabes », parce qu'ils sont d'Arabie ; Tertullien, prêtre africain, et les tertullianiens ; les tessaresdécatites ; les nyctages ; Pélage et les pélagiens ; Nestor, évêque de Constantinople, et les nestoriens ; Sabbatius ; Céleste ; Eustache ; Julien Celanensis ; Célestin ; Maximin ; Maxime « unicus » ; Lampetius ; Eutyches, abbé constantinopolitain, et les eutychiens ; les acéphales ; Théodose Gaianus, évêque d'Alexandrie, et les gaianites ; les agnoïtes ; les trithéites[1].

On trouve dans les Décrétales la condamnation des cathares, des patarins, des pauvres de Lyon, des passagins, des joséphites, des arnaldistes et des spéronistes.

Michel de Césenne, lui, qui fut général de l'ordre de Mineurs, est expressément condamné dans l'*extravagans « Quia vir reprobus »* du pape Jean XXII.

XVI. Il s'agit là, bien entendu, de la liste des hérétiques nommément condamnés, et non pas des hérétiques condamnés *in genere* dont il est question dans un grand nombre de canons.

10. Hérétiques nommés dans le droit civil

Certains hérétiques, que nomme le droit civil, ne sont mentionnés ni dans les Décrets, ni dans les Décrétales, ni dans les *extravagantes.* Ce sont les pneumatomaches, les papinianistes, les pépuzites, les borborites, les messaliens, les euchytes ou enthousiastes, les audiens, les hydroparastates, les tascodrogites, les batrachites ou brachites, les marcelliens, les encratistes, les apotacites et les saccophores.

XVI. Pneumatomaches ou macédoniens, c'est la même chose. « Pneumatomaches – écrit Jean Damascène des macédoniens – puisqu'ils luttent contre l'esprit. » Les macédoniens, en

1. Dans notre introduction on trouvera, page 46 et suiv., la signification d'un certain nombre de ces hérésies.

effet, proclamaient que seuls le Père et le Fils sont Dieu, mais non pas le Saint-Esprit.

Les papinianistes sont ceux qui, avec Papias l'évêque, condisciple de saint Policarpe et disciple de Jean l'Évangéliste, croyaient que, mille années après sa mort, le Christ réinstaurerait le royaume juif avec les élus.

Les pépuzites, qu'Augustin nomme « pépuziens. », se confondent avec les quintillianiens, les artotyrites et les priscillianiens. On les appelle pépuzites du nom de la ville de Pépuza où vécurent Montanus, et Prisca et Maximilla, les deux femmes à qui Montanus conféra la prêtrise. On connaît leurs horribles et sordides hérésies, et l'on sait notamment que ces hérétiques consacraient du lait – et non du vin – au cours de la messe.

Borborites, c'est un autre nom donné aux manichéens.

Les messalianiens ou massalianiens ne sont autres que les euchytes ou enthousiastes, comme le précisent clairement les canons du premier concile de Constantinople. Saint Augustin les mentionne dans son catalogue des hérésies. Leur hérésie consistait à proclamer qu'il fallait toujours prier, sans interruption, et que la prière suffisait à toutes choses.

Les audiens, ou odiens, se confondent avec les anthropomorphites que l'on nomme aussi vadiens, du nom d'un certain Audius, ou Audeus, contemporain d'Arius qui, prenant dans un sens erroné le mot de la Bible « faisons l'homme à notre image et ressemblance », proclamait que la divinité avait une forme humaine. Les audiens prodamaient aussi que les évêques riches se damnaient, et d'autres hérésies encore.

Les hydroparastates ne sont que les aquaristes, dont on sait qu'ils ne consacraient que de l'eau dans le calice.

Les tascodrogites sont de la famille des phrygastes et des montanistes : ils acceptent l'Ancien et le Nouveau Testament, mais ils vénèrent d'autres prophètes et notamment l'hérétique Montanus et les deux putains Prisca (ou Priscilla) et Maximilla.

Qui étaient les batrachites, que d'autres nomment brachites ? Je l'ignore. Ce terme est certainement le sobriquet – en son temps signifiant – d'un groupe d'hérétiques.

Selon saint Augustin, les marcellianiens auraient été les disciples d'une certaine Marceline, elle-même de la secte des carpocratiens, qui vénérait et encensait ensemble les images de Jésus, de saint Paul, d'Homère et de Pythagoras.

Jean Damascène parle des apotactiques (c'est-à-dire : secrets, choisis), qui abhorraient les gens mariés et ceux qui possédaient quelque chose en propre.

Saccophores, est-ce une bonne lecture ? Ailleurs je trouve sacrophores, voire saccophares ou saccopathes. Ce seraient des manichéens, à en croire Bernard de Luxembourg. Pierre Godefroi tient compte de ces différentes lectures et se demande s'il ne s'agit pas, en réalité, des siphores, mentionnés dans les définitions des dogmes de l'Église et dont on croit qu'ils ne baptisaient pas « au nom du Père et du Fils et du Saint-Esprit » : dans ce cas, ces saccophores ou siphores ne seraient autres que des bonosiens.

11. Hérétiques condamnés par les légats du pape, dans la curie romaine ou ailleurs

Quels sont les hérétiques les plus fameux qui aient été condamnés par les légats du pape, dans la curie romaine ou ailleurs ?

Tout d'abord, au temps du pape Clément V, deux frères mineurs, Pierre de Castillon et Nicho, furent condamnés en tant qu'hérétiques contumax à Avignon, où résidait alors la curie romaine, par le cardinal Albo, délégué aux affaires de la foi. Les deux mineurs furent brûlés.

Plus tard, le même cardinal condamna, sous le pontificat d'Innocent VI, et livra au bras séculier, qui les brûla, deux autres mineurs : frère Maurice et frère Jean de Narbonne.

Et sous le pontificat d'Urbain, à Viterbe, où résidait alors la curie romaine, furent condamnés, livrés au bras séculier et brûlés neuf autres frères de l'ordre de saint François. Les uns étaient des mineurs, les autres des fraticelli. Leurs noms figurent dans les actes de leurs procès.

De nombreuses condamnations ont été prononcées dans notre époque hors de la curie romaine. Citons Segarelli, le fameux hérétique de Parme en Italie, qui, sous le pontificat de Boniface VIII, fut condamné par l'évêque de Parme et par frère Manfrède, inquisiteur dominicain, et brûlé. Rappelons que, sous le pontificat de Clément V, Dolcino de Novara, célèbre hérétique, fut lui aussi condamné et brûlé, avec Marguerite son épouse[1].

L'évêque et l'inquisiteur de Marseille condamnèrent et firent brûler, en tant qu'hérétiques contumax, quatre frères mineurs dont les noms, que je n'ai pas retenus, figurent dans les actes de leur procès. Cela, sous le pontificat de Jean XXII. Après eux, combien de béguins ne furent-ils pas condamnés à Narbonne, à Béziers et ailleurs pour avoir prétendu que les quatre brûlés de Marseille étaient des martyrs du Christ ? Un autre exemple : sous le pontificat de Clément VI, à Béziers, on exhuma, par ordre du pape, le cadavre de frère Pierre Jean de l'ordre des Frères mineurs[2] : on le proclama hérétique, puis ses ossements furent fracturés et brûlés.

En Catalogne aussi on brûla des bégards : Durant de Badauh, de Gérone ; Pierre Olier, de Majorque ; Bonanat, de Barcelone ; Guillaume Gilbert, de Valence ; frère Arnau Montaner, mineur, de Puigcerdà...

De nombreux hérétiques ont été condamnés et livrés au bras séculier un peu partout, et notamment dans les régions de Carcassonne, Toulouse, Seu d'Urgell et Castres.

---

1. En réalité, « ladite Marguerite fut coupée en morceaux sous les yeux de Dolcino ; puis celui-ci fut également taillé en morceaux. Les ossements et les membres des deux suppliciés furent livrés aux flammes et, en même temps, quelques-uns de leurs complices » (Bernard Gui, *Pracitica*, trad. Mollat, vol. II, p. 107).

2. Sur le procès aux cadavres et ses motivations théologico-économiques, cf. les réponses aux questions 19 et 22, dernière partie du *Manuel*.

12. Les hérésiarques

Tout comme le mot « patriarche » signifie le « prince des pères » (d'*archos*, qui signifie : prince), le mot « hérésiarque » signifie « prince des hérétiques » (d'*archos* et d'*haeresis).* L'hérésiarque est un prince d'hérétiques ou d'hérésies. Les hérésiarques ne se limitent pas à se tromper et à s'attacher à leurs erreurs : ce sont eux qui les formulent, eux qui les inventent, eux encore qui les prêchent.

XVI. Faut-il appeler hérésiarques les seuls inventeurs d'hérésies ou aussi ceux qui les propagent, ou qui exhument de vieilles erreurs pour les prêcher de nouveau ou les reprendre en privé ? Il faut étendre le sens du terme d'hérésiarque à ces derniers aussi, car si on s'en tenait au sens étroit, il faudrait en conclure qu'il n'y a plus, ou peu, d'hérésiarques à notre époque, puisqu'il n'y a pas aujourd'hui d'hérésies nouvelles, mais une remise à jour de vieilles hérésies[1]. La question est de taille, car les dispositions juridiques ne sont pas les mêmes pour juger les hérétiques et pour juger les hérésiarques.

Faut-il, par exemple, livrer sans rémission l'hérésiarque, même celui qui désire se convertir, au bras séculier ? Oui, répondent Simancas, Rojas[2] et d'autres, alléguant que, méritant plusieurs fois la mort par la multitude de leurs délits, les hérésiarques ne sauraient bénéficier des lois pontificales édictées au bénéfice des hérétiques pénitents. En droit civil, les circonstances aggravantes accompagnent l'accomplissement d'un délit déterminant le choix d'un remède extrême (par exemple, lorsqu'un adultère se double d'un inceste). Il en est de même en

1. Il a déjà été question dans notre introduction du souci de l'inquisition « moderne » de faire coïncider les hérésies nouvelles avec les anciennes afin de pouvoir leur appliquer en toute tranquillité les arguments contradictoires de la patristique et des premiers conciles, aussi bien que la procédure inquisitoriale.

2. Théoriciens de l'Inquisition en Espagne.

droit inquisitorial concernant le type de sentence applicable à l'hérésiarque. Il ne faudrait pas épargner le dernier supplice à l'hérésiarque, même sincèrement repenti. Mais l'Église est clémente et elle n'a pas prévu que tous les hérésiarques doivent être indistinctement livrés au feu : elle prévoit la prison à vie pour l'hérésiarque qui voudrait se convertir et abjurer.

Il faut prendre mille précautions en manipulant les hérésiarques. S'ils se convertissent, la prudence s'impose. Leurs conversions ne sont que parades pour éviter la torture. S'ils reviennent au sein de l'Église, on leur infligera les pénitences les plus dures et les plus longues. Il leur faudra, avant d'être admis, donner les preuves évidentes de repentir, de conversion et d'humilité. Personnellement, je pense qu'il ne faudrait point recevoir ceux qui, après maintes discussions et exhortations, capables à elles seules de les convertir, n'abjureraient que juste avant d'être livrés au bras séculier. Ce n'est pas l'amour de la vérité qui les pousse, ceux-là, à demander miséricorde, mais bel et bien la peur de la mort. Je me range à l'avis de Simancas, lorsqu'il prétend qu'en aucun cas il ne faut pardonner aux hérésiarques qui ont entraîné ou fait entraîner à l'hérésie des rois, des princes ou des reines, ou leurs héritiers, car ceux-là ont commis, en même temps qu'un crime d'hérésie, un crime de lèse-majesté. Celui qui tente de dépraver ou de corrompre les princes manigance tout le royaume, car tels sont les princes, tels à l'avenir seront les sujets.

13. Les hérétiques impénitents, les pénitents et les relaps

On appelle hérétiques tenaces et impénitents ceux qui, sollicités par les juges, convaincus d'erreur contre la foi, sommés d'avouer et d'abjurer, ne veulent point obtempérer et préfèrent s'en tenir opiniâtrement à leurs erreurs. Ceux-là doivent être livrés au bras séculier pour être exécutés.

On appelle hérétiques pénitents ceux qui, ayant adhéré intellectuellement et de cœur à l'hérésie, sont revenus à eux-mêmes, ont eu pitié d'eux-mêmes, ont écouté la voix de la sagesse et, leurs erreurs et leurs agissements antérieurs abjurés, ont supporté les peines qui leur ont été infligées par l'évêque ou par l'inquisiteur.

On appelle hérétiques relaps ceux qui, ayant abjuré l'hérésie et étant devenus par là même pénitents, sont retombés dans l'hérésie. Ceux-là, du moment que leur rechute est pleinement et clairement établie, sont livrés au bras séculier pour être exécutés, sans que l'on ait à les juger de nouveau. Toutefois, s'ils se repentent et confessent la foi catholique, l'Église leur concède les sacrements de la pénitence et de l'Eucharistie.

On distingue trois sortes de relaps :

a) Est relaps celui qui avait déjà été considéré fortement suspect d'hérésie sans que l'on ait pu établir pleinement son crime et qui, après abjuration, est retombé dans l'hérésie ;

b) Est relaps celui qui, coupable d'un type d'hérésie et ayant abjuré toute hérésie, tombe après cela dans n'importe quelle hérésie ;

c) Est relaps celui qui, après abjuration, accueille les hérétiques, ou les accompagne, ou les favorise de quelque manière que ce soit, ou sollicite leur aide.

XVI. 1. Les auteurs s'interrogent sur le type d'exécution qu'il faut appliquer aux relaps. Doivent-ils mourir par le fer ou par le feu ? L'opinion générale, confirmée par la pratique générale de tout l'univers chrétien, veut qu'ils périssent par le feu, conformément à la loi qui précise : « Que les patarins et tous les hérétiques, quels que soient leurs noms, soient condamnés à mort. Ils seront publiquement brûlés vifs, publiquement livrés au jugement des flammes[1]. »

Il est de capitale importance de leur ligoter la langue ou de les bâillonner avant d'allumer le feu car, s'ils gardent la possibi-

1. Dispositions de l'empereur Frédéric et des papes Innocent IV, Alexandre IV et Clément IV. En réalité, pratique devançant sa propre codification.

lité de parler, ils peuvent blesser par leurs blasphèmes la piété de ceux qui assistent à l'exécution.

2. Il faut distinguer deux types d'hérétiques pénitents : ceux qui se présentent spontanément pour abjurer ou ceux qui abjurent pendant le temps de grâce[1] sans avoir été nommément convoqués par l'inquisiteur, et ceux qui abjurent après avoir été appréhendés, ou simplement cités une ou plusieurs fois par l'inquisiteur. Ceux qui se présentent spontanément pendant le temps de grâce seront traités avec bienveillance ; et si leur faute était cachée, la pénitence qui leur sera infligée ne sera pas publique ; mais leur abjuration le sera. Les autres pénitents seront traités avec plus de rigueur. Et il appartient à l'inquisiteur seul, conformément aux canons du concile de Narbonne, de déterminer les peines. Le concile de Narbonne établit aussi que les hérétiques pénitents se voient interdire l'accès à la religion[2] et à la prêtrise, sauf permission expresse du pape ou de son légat. L'inquisiteur révoquera ou dégradera le pénitent qui aurait accédé, après abjuration, à la religion ou à la prêtrise. Enfin, après l'absolution canonique octroyée par l'inquisiteur, le pénitent doit solliciter de son curé l'absolution sacramentelle, conformément aux instructions madrilènes de 1561.

3. Il sera beaucoup plus longuement question des relaps à la dernière question de cette partie.

14. Les blasphémateurs

À propos des blasphémateurs doit être posée préalablement la question de la juridiction inquisitoriale : leur cas relève-t-il du tribunal de l'Inquisition ? Dans l'affirmative, les blasphémateurs doivent-ils être condamnés comme des hérétiques, ou comme des suspects d'hérésie ?

1. Distinguons, sur le premier point, deux sortes de blasphémateurs. Il y a ceux qui ne s'opposent pas aux articles de la foi,

---

1. Sur le temps de grâce, cf. pp. 148-151.
2. Entendez : à un ordre religieux.

mais qui, agités par l'ingratitude, maudissent le Seigneur, ou la Vierge Marie, ou négligent de leur rendre grâces. Ce sont des blasphémateurs simples, dont l'inquisiteur ne doit avoir cure : qu'il les abandonne aux punitions de leurs propres juges.

2. D'autres profèrent des attaques directes contre les articles de la foi. Ils disent, par exemple, que Dieu ne peut faire que le temps s'éclaircisse ou qu'il pleuve : ils s'opposent par là directement au dogme de l'omnipuissance de Dieu, proclamé dans le premier article du credo. Ou ils déshonorent la Sainte Vierge Marie, la traitant de putain, ce qui est une atteinte directe au dogme de la maternité virginale de Marie. Ceux qui profèrent de tels blasphèmes ne sont pas des blasphémateurs simples, mais hérétisants : ils seront considérés comme hérétiques ou comme suspects d'hérésie par l'inquisiteur et jugés comme tels. Une fois entre les mains de l'Inquisition, s'ils maintiennent le bien-fondé de leurs vomissures, ils sont traités en hérétiques et livrés comme tels au bras séculier. Si, en revanche, ils se rétractent et veulent bien accepter la pénitence que leur imposera l'inquisiteur, ils ne seront pas traités en hérétiques et auront droit au pardon.

La suspicion d'hérésie sera plus ou moins forte selon que le blasphémateur vomit à temps et à contretemps, ou seulement dans certaines occasions (pendant le jeu, par exemple). Mais l'inquisiteur s'attachera à étudier de très près cette question. Les blasphémateurs disent souvent qu'ils sont bien catholiques dans leur cœur… si leur bouche profère des hérésies, et qu'ils ne blasphèment que sous l'effet de la colère. La fureur et le trouble ne sauraient tout justifier ! Par exemple : le trouble occasionné dans l'esprit par la peur de la torture ou de la mort est bien plus grand que celui occasionné par la perte d'un florin ou de tout un tas d'argent. Or, ceux qui en viennent à adorer Mahomet, ou une idole, ou un démon, de peur d'être torturés, réduits à famine ou tués s'ils résistaient, ne le font pas sans commettre un péché en leur for intérieur (saint Augustin n'a-t-il pas dit qu'« il vaut mieux mourir de faim que se nourrir d'idolâtrie » ?) ; et dans le for extérieur ceux-là n'en sont pas moins tombés ainsi dans l'idolâtrie et dans l'apostasie, donc dans l'hérésie ! Si ce trouble et cette peur de la mort ne justifient pas l'hérésie, ni l'adoration des idoles, ni des diables – car il y a là atteinte évidente au premier article de la foi –, pourquoi la crainte de la perte de quelque argent ou la rage de l'avoir perdu, ou d'autres affaires aussi banales, devrait-elle justifier l'hérésie de celui qui les vomit contre le même article ? Ce serait absurde ! N'est-ce pas plus troublant de se trouver à deux doigts de la mort qu'au seuil d'une adversité ? N'est-ce pas plus triste de perdre sa vie que son argent ? Et le trouble que provoque dans l'esprit la soudaineté du trépas n'est-il pas supérieur à celui que procure le jeu ? Si personne n'est excusé du crime d'hérésie dans l'un de ces cas, pourquoi en serait-il différemment dans l'autre ?

Revenons à saint Augustin, et voyons ce qu'il affirme.

Noé, dit-il, en se saoulant après le déluge, n'a péché ni totalement ni partiellement. Il ne connaissait ni le vin ni sa force : comment pouvait-il s'en protéger ? Mais Loth, saoulé par sa fille aînée et couchant avec elle, a péché partiellement, non dans le tout : il connaissait le vin, il en savait la force, et il aurait dû s'en protéger. Il a péché en se saoulant. Mais il n'avait pas fait l'expérience de l'ivresse et ne savait pas que celle-ci le conduirait à la luxure ! Il est donc partiellement excusé de son inceste. Mais lorsque, saoulé par sa seconde fille, il couche avec elle, il est impardonnable, car il connaissait et les effets du vin et le lien entre l'ivresse et la luxure : il lui fallait donc veiller beaucoup à lui ! Il se comporte dans ce deuxième cas comme un véritable incestueux. Et pourtant, on ne peut excuser Loth ni de son premier ni de son deuxième enivrement, car il savait ce qu'est le vin et n'en prit garde. On ne l'excuse pas davantage du second inceste, car il savait à quoi s'en tenir, après le premier.

Le blasphémateur sait à quelles fureurs le conduit le jeu ou autre chose, et quelles vomissures hérétiques il dégueule. Qu'il se surveille, s'il veut éviter la justice inquisitoriale !

XVI. La pratique inquisitoriale coïncide jusqu'aujourd'hui avec l'exposé eymericien : l'Inquisition se considère compétente pour le jugement de tout blasphémateur ayant quelque parenté ou connexion avec l'hérésie.

Rojas établit même une liste de blasphèmes hérétiques. Il faut signaler aussi que le blasphème est plus ou moins grave selon la qualité du blasphémateur, la formulation même du blasphème, les circonstances dans lesquelles il est proféré, etc.

En ce qui concerne les peines, il faut rappeler que le Lévitique (c. 24) condamne à mort le blasphémateur, qu'il soit citoyen ou étranger. Le droit civil prévoit, lui aussi, la peine de mort pour les blasphémateurs. En Espagne, *Las Siete Partidas* (partida 7, título 28) et les lois municipales prévoient la répression du blasphème[1]. En droit pontifical, le blasphémateur se voit infliger des peines publiques, et, si le blasphémateur est laïc, il est en outre condamné à une amende. Enfin Jules III et Pie V ont étendu aux clercs les peines frappant les blasphémateurs.

Voici une solution à ce problème en cours dans certaines régions.

Si le blasphème est grave, et le blasphémateur roturier, on le bâillonne, on le coiffe de la mitre de diffamation[2] et, nu jusqu'à la ceinture, on l'offre en spectacle au public. Publiquement, on le flagelle, puis on l'exile. Si le blasphémateur est un noble ou quelqu'un d'important, il est conduit, sans mitre, et enfermé quelque temps dans un monastère et condamné à verser une forte somme d'argent. On le presse d'abjurer. Si le blasphème n'est pas de grande importance l'affaire est laissée au jugement de l'inquisiteur. Toutefois, il sera bon de procéder comme ceci : l'inquisiteur condamnera le blasphémateur à se rendre à l'église un jour de fête pendant la messe, tête nue, torse nu, nu-pieds, une corde au cou et un cierge à la main. À la fin de la messe, on lira une sentence de condamnation qui comportera toujours une peine de jeûne et le paiement d'une amende.

---

1. Signalons, à titre de curiosité, que ces lois municipales de répression du blasphème furent remises en usage, en Espagne, dès les lendemains de la guerre civile…

2. Il sera longuement question, en son temps (cf. p. 214), des vêtements spéciaux que doivent porter les pénitents de l'Inquisition.

15. Les voyants et les devins

Faut-il considérer les magiciens, les devins et les voyants comme des hérétiques et, comme tels, relevant de la juridiction inquisitoriale ? C'est la question préalable, à leur propos.

S'il fallait y répondre affirmativement, il faudrait encore préciser s'ils seraient traités en hérétiques ou en simplement suspects d'hérésie.

Comme pour les blasphémateurs, on distinguera deux types de devins et de voyants.

a) Les simples devins, ou simples voyants : ceux qui pratiquent uniquement la chiromancie (c'est-à-dire, ceux qui prévoient, par l'examen des lignes de la main, les effets naturels et les circonstances de la vie humaine ; ou encore ceux qui indiquent ou décèlent quelque chose de présent, mais caché, par la comparaison de la longueur de deux pailles, et que sais-je encore). Leurs activités ne relèvent pas de l'Inquisition.

b) Les devins ou voyants hérétisants (ceux qui, pour prédire le futur, ou pour pénétrer le secret des cœurs, rendent au diable un culte de latrie ou de dulie[1], rebaptisent des enfants, etc.). Ceux-là sont évidemment hérétiques et doivent être traités comme tels par l'Inquisition.

On rangera dans cette catégorie de devins et de voyants hérétisants ceux dont on saurait – par leurs propres aveux ou par les dépositions de tiers, ou parce qu'ils auraient été pris en flagrant délit – qu'ils mêlent des pratiques hérétisantes à leurs prophéties ou à leurs divinations.

Baptiser des images, rebaptiser des enfants, s'enduire de saint chrême, enfumer la tête des défunts et ainsi de suite : autant de pratiques hérétisantes. Ceux qui s'y livrent doivent être tenus

1. On distingue, en langage théologique, le culte de latrie que l'on rend à la divinité et à elle seule, du culte de dulie, que l'on rend aux saints. Latrie, ou adoration ; dulie, ou vénération.

pour hérétiques. Et, comme tels, ils bénéficieront du pardon des juges s'ils se repentent, abjurent et acceptent les peines qui leur seront infligées. Dans le cas contraire, ils seront livrés, en tant qu'hérétiques impénitents, au bras séculier pour subir le supplice du feu.

Lorsqu'on ne dispose pas d'une certitude absolue sur l'accomplissement de ce genre de pratiques (soit que le devin suspect n'avoue pas, soit qu'il ne se laisse pas convaincre d'erreur) mais que l'on a des indices, il faut bien examiner ces indices. Et s'ils sont tels qu'ils justifient une très forte suspicion d'hérésie, il faut obtenir le type d'abjuration prévue en cas de suspicion violente ; on sollicitera une abjuration de suspicion faible, lorsque les indices s'avéreront faibles.

Si les indices n'étaient pas clairs et si l'on ne pouvait retenir que le témoignage clair de la rumeur publique, on se contenterait d'infliger à celui qui serait l'objet de cette rumeur une peine canonique.

En cas de doute sur le caractère hérétisant des pratiques utilisées par tel devin (par exemple : si le devin se tourne vers l'orient, ou s'il prononce des mots inusités et incompréhensibles), l'inquisiteur ne s'en mêlera pas : il laissera aux juges[1] le soin de punir ce devin conformément à la pratique canonique,

XVI. Sont hérétisants :

a) Tous les sortilèges qui comportent des actions ou des paroles hérétiques (par exemple : négation du précepte d'aimer Dieu, critique ou utilisation indue des sacrements de l'Église) ;

b) Tous les sortilèges dans lesquels on utilise des sacramentaux[2]. Et ceci est évident : on n'utiliserait pas les sacramentaux si on ignorait leur valeur sacrée et si, partant, on n'escomptait

---

1. Séculiers, de toute évidence.

2. On entend par paroles ou objets sacramentaux celles ou ceux que l'on utilise soit dans la « confection » du sacrement, soit dans la célébration d'un rite ou, tout simplement, dans la préparation d'un culte. L'eau bénite, par exemple, est sacramentale. Et l'eau bénite entre dans la recette de bien des sortilèges !

pas quelque résultat maléfique de leur mauvaise utilisation. L'inquisiteur interrogera donc à ce propos le suspect, il le torturera s'il feint d'ignorer la valeur des sacramentaux. Et s'il n'obtient pas des aveux, il exigera une abjuration de suspicion violente.

Le sortilège est hérétique de toute évidence lorsqu'il comporte une invocation du diable.

Il y a hérésie – et conséquemment nécessité d'intervention de l'inquisiteur – dans tous ces sortilèges que l'on utilise communément pour retrouver des choses disparues, et qui comportent l'utilisation de chandelles bénies ou d'eau bénite, ou la prononciation de versets de l'Écriture, ou du Credo, ou du Notre Père, etc. Cela découle du fait même que, s'il s'agissait de divination pure et simple, point ne serait nécessaire de recourir au sacré.

c) Sont enfin hérétiques toutes les pratiques qui comportent, en elles-mêmes, des actions hérétiques, comme le baptême des images, ou l'invocation et le culte des diables ou des idoles.

Si Eymerich indique les peines qu'il convient d'appliquer aux devins et autres magiciens, l'inquisiteur tiendra grand compte de la qualité de la suspicion et de l'infamie pour imposer l'abjuration ou la peine canonique. Les châtiments sont proportionnels à la qualité du coupable, et ils vont de l'anathème et la perte des dignités au fouet, à l'exil et à l'internement dans un monastère. Les diffamés de pratiques magiques hérétisantes seront présentés au public, mitre en tête, ligotés aux marches de leur église, puis exilés de leur diocèse.

16. Les démonolâtres ou invocateurs du diable

Ceux qui invoquent le diable doivent-ils être considérés – et jugés comme des « magiciens », comme des hérétiques ou comme des suspects d'hérésie ?

La question est complexe et il faut sérier les réponses selon les différents types d'invocation.

Il faut distinguer trois types d'invocation du diable, si l'on croit ce livre qui s'intitule *La Table de Salomon,* sur lequel les démons invoqués prêtent serment de dire la vérité (tout comme nous prêtons serment sur les Évangiles, et les juifs sur les Tables de la Loi que Dieu donna à Moïse), livre qui ose affirmer la puissance de Lucifer et des autres diables et qui contient d'abominables prières révélées par Lucifer lui-même et par d'autres diables. Trois manières – et les mêmes ! – d'invoquer les diables figurent aussi dans le livre attribué au nécromancien Honorius, intitulé *Trésor de la nécromancie.* Ces livres, je les ai pris à des nécromanciens que j'ai moi-même capturés. Je les ai lus et faits brûler publiquement. On retrouve enfin cette triple invocation dans les confessions de plusieurs invocateurs du diable ; et ma pratique inquisitoriale, comme celle de bien d'autres inquisiteurs, en porte témoignage.

a) Dans ces livres – et dans beaucoup d'autres, comme la pratique inquisitoriale le prouve –, il apparaît que certains, en invoquant les diables, leur rendent un véritable culte de latrie, c'est-à-dire qu'ils leur offrent des sacrifices, les adorent, leur adressent des prières exécrables, se vouent aux diables, leur font vœu d'obéissance, leur promettent de faire telle ou telle chose pour se lier à eux jurant par tel ou tel diable qu'ils nomment en l'invoquant, ils chantent leurs louanges, leur font des génuflexions, se prosternent, font vœu de chasteté en leur honneur, jeûnent ou se flagellent, ou s'habillent de blanc ou de noir pour leur rendre culte, sollicitent leur aide en faisant des signes ou en écrivant des lettres ou en prononçant des noms ; allument des candélabres, les encensent, brûlent de l'ambre en leur honneur, et de l'aloès et d'autres arômes de ce genre ; ils leur immolent des oiseaux et d'autres animaux, leur offrent leur propre sang ; ils projettent du sel sur le feu, leur offrent des holocaustes de tout genre. Toutes ces pratiques, et mille autres que les diables ont inspirées et qu'ils. convoitent, comportent des actes de latrie : il apparaît en effet que toutes ces pratiques étaient prévues dans l'Ancien ou le Nouveau Testament pour le seul culte de Dieu, et non pour le culte des démons. Voilà donc la première manière d'invoquer les démons. C'est ainsi que les prêtres de Baal invoquaient leur dieu : en lui offrant leur propre sang et le sang des animaux, comme il est écrit dans le Livre des Rois (4, 18) !

b) D'autres invoquent le démon en lui rendant un culte de dulie : ils entremêlent, par exemple, des noms de démons à ceux des bienheureux dans des prières exécrables, considérant par là même les esprits impurs comme des médiateurs entre l'homme et Dieu, Dieu qu'ils implorent, candélabres allumés, par leur intercession ! C'est de cette façon, par exemple, que les Mahométans invoquent Dieu : ils l'invoquent par l'intercession de Mahomet. Et les bégards le font par l'intercession de frère Pierre Jean et d'autres hérétiques condamnés par l'Église.

c) D'autres enfin se livrent à de bien curieuses pratiques en invoquant les démons, dont on ne peut dire à coup sûr si elles constituent un culte de latrie, ou de dulie. Par exemple : il en est qui invoquent le démon en traçant un cercle sur le sol, au milieu duquel ils placent un enfant ; ils disposent face à lui un miroir, ou une épée, ou un récipient, ou un autre objet brillant, et c'est alors que le nécromancien, son livre à la main, lit les invocations du diable. Une forme, parmi les innombrables qu'apprend la pratique inquisitoriale. Ce type d'invocation est celui qu'utilisa Saül en se servant de la pythonisse pour invoquer l'esprit pythonique ; et on ne trouve pas de traces en vérité, dans l'invocation de Saül, ni de culte de dulie, ni de culte de latrie.

Selon ces trois types d'invocation, il faut apporter trois réponses à la question initiale.

1. Celui qui invoque le démon en lui rendant un culte de latrie, et qui l'avoue ou qui en est judiciairement convaincu, sera traité non pas en devin ni en magicien, mais en hérétique. Par conséquent, s'il se repent, il abjurera et sera emmuré à vie ; s'il ne se repent pas – ou s'il dit se repentir mais ne pas vouloir faire pénitence ni abjurer, ou encore s'il abjure mais retombe peu après dans ses pratiques –, il sera abandonné au bras séculier comme hérétique impénitent.

2. Celui qui invoque le démon sans toutefois lui rendre culte de latrie, mais d'hyperdulie ou de dulie comme il a été précisé

plus haut, et qu'il l'avoue ou qu'il en est judiciairement convaincu, celui-là ne sera pas traité comme devin, mais comme hérétique, et, s'il se repent après abjuration, il sera emmuré à vie en tant qu'hérétique pénitent. S'il ne se repent pas, qu'il soit frappé à mort comme hérétique impénitent. Que le soit également celui qui abjure, puis retombe. Ce genre d'invocateurs doivent être traités à tous points de vue comme les autres hérétiques.

3. Celui qui invoque les démons en utilisant des pratiques dont le caractère latrique ou dulique n'est pas évident sera néanmoins considéré comme hérétique et traité comme tel, en vertu de la gravité de l'invocation. Invoquer, en effet, a, dans l'Écriture sainte, le sens d'accomplir un acte de latrie : on ne peut donc pas invoquer le diable et rendre culte à Dieu. L'inquisiteur examinera avec beaucoup d'attention le but de ce troisième type d'invocation, car si l'invocateur attend du diable quelque chose qui va au-delà des perfections propres à la nature de l'invoqué (connaître le futur, ressusciter des morts, prolonger la vie, contraindre quelqu'un à pécher, etc.), il avoue par là même son hérésie, puisqu'il fait du diable une divinité.

Appartient enfin au chapitre de la démonolâtrie la suspicion d'hérésie qui pèse sur celui qui administre à une femme des philtres d'amour : il est fréquent, en effet, que ces philtres soient préparés par des démonolâtres allant jusqu'à faire vœu de chasteté en l'honneur du diable.

XVI. Cette question des philtres d'amour est de la plus grande importance et de la plus grande actualité, car on administre de nos jours quantité de ces philtres. Ceux qui se laissent prendre dans de troubles amours en viennent fréquemment à proposer à leurs amants des potions d'amour (que les Grecs appelaient « philtres ») pour les échauffer : celui que le désir gouverne pense réduire ainsi à sa volonté la chasteté de la personne désirée. Il faut signaler en tout premier lieu que l'on ne trouve rien, dans la composition de ces potions, qui soit capable de forcer à l'amour la libre volonté de l'homme. De l'avis des docteurs, ces philtres ne déclenchent pas l'amour, mais parfois la folie. Ovide ne dit pas autre chose : « Les pâles breuvages ne profitent pas aux jeunes filles / Les philtres nuisent à l'esprit et provoquent la folie » (*Art d'aimer,* 2). Mais l'inquisiteur tâchera de savoir, lui, si des sacrements – l'hostie sacrée ou le sang du Christ – ou des sacramentaux comme des « Agnus Dei » ou des reliques de martyrs – n'ont pas été mélangés au philtre. Il est aussi très fréquent que les amants, agités par la force du désir, enjoignent le démon de plier la volonté de celui qu'ils aiment pour l'accomplissement de l'œuvre de chair. L'opinion courante veut que, dans la plupart de ces cas, cette invocation ne soit pas réellement hérétique, puisque le diable est alors invoqué pour qu'il fasse ce qu'il a justement à faire : pour qu'il tente. Toutefois, on examinera de très près dans quels termes une telle invocation a été faite. Elle aura été faite en des termes impératifs (comme : je t'ordonne, je te contrains, je te somme, etc.) ou déprécatifs (comme : je t'en supplie, je t'en prie, etc.) : il n'y a pas d'hérésie manifeste s'il n'y a pas d'utilisation de formule impérative, mais il y en a dans l'utilisation des termes déprécatifs, car la prière implique adoration.

Il ne faut pas davantage enfermer les diables dans des fioles, si l'on veut échapper au bras séculier. Saint Augustin, Luis Vives, et d'autres encore se sont très clairement exprimés à ce propos. Ne lit-on pas : « Tu n'enfermeras pas le diable dans une bague, ni dans un miroir, ni dans une fiole ni ailleurs pour lui arracher une réponse à ton gré », car les très puissants esprits du mal ne sauraient être forcés par nul pacte avec l'homme à pénétrer dans des fioles ni à y demeurer ? On les forcerait moins encore par des signes, ou par des paroles, car, comme le dit Job (41), « il n'est pas sur terre de puissance comparable à la leur ». Ainsi, si on les voyait pénétrer dans des réceptacles de ce genre par l'effet, apparemment, de certains signes ou de certains mots, ce serait que Dieu les y aurait forcés, ou les bons anges, ou alors des diables plus puissants encore. À moins que, comme je le pense, les diables ne s'y précipitent spontanément, feignant d'y être forcés, pour tromper ceux qui croient avoir sur eux quelque pouvoir.

Gerson a traité suffisamment cette question des fioles et des philtres : on se référera donc aux vingt-huit articles condamnés par l'Université de Paris en 1398 pour procéder contre les gens qui se livrent à ces pratiques hérétiques. Car, bien qu'elles ne doivent pas être considérées de foi, les propositions des grandes universités théologiques – Sorbonne, Salamanque et Bologne, notamment – seront scrupuleusement utilisées par les inquisiteurs, conformément à ce qui est ordonné par Leurs Saintetés les papes Sixte IV, Léon X et Adrien VI, dans leurs bulles *Nuntiatum est vobis, Alias ad petitionem, Dudum uti nobis.*

17. Les chrétiens adhérant au judaïsme, les juifs convertis puis rejudaïsants

Faut-il considérer comme hérétiques, et les juger comme tels, les chrétiens passés au judaïsme ou revenus au judaïsme, et ceux qui les ont aidés, accueillis, ou qui ont favorisé ce passage ?

Décomposons cette question afin d'en considérer valablement ses trois volets.

Premièrement : les chrétiens passés au judaïsme et les juifs qui, convertis au christianisme, reviennent après quelque temps à l'exécrable secte judaïque sont des hérétiques et doivent être considérés comme tels. Les uns et les autres ont renié la foi du Christ qu'ils avaient embrassée par le baptême. S'ils veulent abjurer le rite judaïque mais n'acceptent d'abjurer le judaïsme ni de faire pénitence, ils seront poursuivis en tant qu'hérétiques impénitents par les évêques et par les inquisiteurs, qui les livreront au bras séculier pour être brûlés.

Deuxièmement : les chrétiens qui auraient favorisé, conseillé, etc., un chrétien passé au judaïsme ou revenu au judaïsme, seront considérés comme protecteurs de l'hérésie et jugés comme tels, car sont hérétiques et ceux qui passent au judaïsme et ceux qui y reviennent.

Troisièmement : aux termes de la bulle *Turbato corde* de notre seigneur le pape Nicolas IV, les évêques et les inquisiteurs considéreront comme protecteurs de l'hérésie les juifs qui auront favorisé de quelque manière que ce soit le retour au judaïsme de l'un des leurs ou l'adhésion d'un chrétien au judaïsme.

On considérera que quelqu'un est passé – ou revenu – au rite judaïque s'il en observe les cérémonies, les solennités et les fêtes, s'il fait en somme ce que font les juifs habituellement. Mais il y a un rite qui marque pour le juif converti au christianisme et redevenu juif sa réadhésion au judaïsme. Le voici.

Celui qui désire se rejudaïser est interrogé par l'un des juifs présents selon la formule suivante : Veux-tu faire *teuila* ? (ce qui signifie : Veux-tu te baigner dans l'eau pour redevenir juif ?). Le postulant répond : Oui. Alors le juif qui préside lui dit : *Baal tessuva* (ce qui signifie : Sors de l'état de péché). Il est alors intégralement déshabillé et introduit dans l'eau – parfois chaude. Les juifs lui frottent alors tout le corps avec du sable, notamment le front, la poitrine et les mains, c'est-à-dire les endroits qui, lors du baptême chrétien, reçurent le saint chrême. Après cela, on coupe, ras jusqu'au sang, au rejudaïsant les ongles des doigts et des orteils ; on lui rase le crâne et on le submerge dans l'eau d'un fleuve. On lui fait faire trois immersions de la tête et, après chaque immersion, les juifs présents récitent la prière suivante : Béni sois-tu, Dieu, Père des siècles, qui nous as ordonné de nous sanctifier par cette eau et par ce bain (bain, qui se dit *teuila* en hébreu). Ceci accompli, le rejudaïsant sort de l'eau, reçoit de nouveaux vêtements et embrasse tous les juifs présents. Il se donne alors un nouveau nom, généralement celui qu'il avait avant son passage au christianisme.

La cérémonie terminée, le rejudaïsant promet de confesser la loi de Moïse, de la respecter et d'y conformer sa vie ; il renie le baptême du Christ et déclare qu'il ne se conformera plus jamais à la loi chrétienne. Il reçoit alors une charte qui témoigne de sa fidélité, grâce à laquelle il reçoit, dès cet instant et où qu'il aille, accueil et protection de tous les autres juifs. Et dès lors, le rejudaïsant vivra comme un juif, avec les juifs et il retournera à leur école ou synagogue.

C'est par un rite identique à celui-ci qu'est admis dans le judaïsme le chrétien judaïsant. Toutefois, dans ce cas les juifs circoncisent le postulant. Et si les juifs enfants sont circoncis tout autour, les chrétiens judaïsants – adultes ou enfants – ne sont circoncis que de la partie supérieure de la peau : les juifs font ainsi afin qu'il y ait une distinction nette entre les uns et les autres.

XVI. En réalité, c'est en apostats que seront traités et les chrétiens convertis au judaïsme, et les juifs convertis et rejudaïsants. Le délit d'apostasie et d'hérésie est évident – et, partant, légitime l'intervention de l'inquisiteur – quelles que soient les circonstances du passage ou du retour au judaïsme. Le juif rejudaïsant avait-il reçu le baptême sous menace de mort, ou étant enfant ? Le délit de rejudaïsation demeure entier[1]. On traitera toutefois avec moins de rigueur l'enfant rejudaïsant.

Les juifs coupables d'avoir favorisé d'une quelconque façon un passage au judaïsme seront condamnés aux peines suivantes : interdiction de fréquenter les chrétiens, amende, prison et bâton. Mais à un forfait particulièrement grave correspondra une peine plus grave, pouvant aller jusquà l'abandon du coupable au bras séculier : c'est au juge d'en décider à son gré. Telle est, sur ce point, l'opinion commune des inquisiteurs.

Il faut signaler en outre, que, conformément à ce que prévoit le roi Philippe II (Leyes de Castilla, 1.2, c. 8 : Judíos y moros), le juif qui se convertit au christianisme doit changer de nom. Qu'on lui conseille vivement d'en prendre un du martyrologe chrétien, autrement il éveillera toujours chez les autres des suspicions sur ses origines.

Enfin, bien que tous les manuscrits du « Directorium » que j'ai consultés portent ce texte sur la discrimination entre la circoncision rituelle juive ordinaire et le rite de la circoncision

1. Allusion très claire au « choix » proposé au XVe siècle à la communauté juive en Espagne. Mais la légende d'une Église et d'une Inquisition qui protégeaient les juifs a la vie dure (cf., par exemple, G. et J. Testas, *L'Inquisition*, Paris, Presses Universitaires de France, p. 59). Nous verrons un peu plus bas ce qu'il en est réellement de ce régime de faveur.

pratiquée sur les chrétiens judaïsants, je tiens des rabins les plus érudits et des juifs convertis que j'ai pu consulter à ce propos à Rome que cette discrimination n'a jamais eu cours dans la tradition juive. Mes interlocuteurs ajoutent qu'en aucun cas ils ne pourraient considérer comme un des leurs celui dont tout le prépuce n'aurait pas été circoncis.

18. Les chrétiens adhérant à la secte des sarrasins

Le cas des chrétiens passés à l'Islam ou des sarrasins qui, après conversion au christianisme, retournent à l'Islam, et des sarrasins qui, d'une façon ou d'une autre, auraient favorisé ces passages est absolument identique a celui des juifs et rejudaïsants examiné dans la question précédente : identique la gravité du fait, identiques les peines.

19. Juridiction de l'Inquisition sur les infidèles et sur tous ceux qui s'opposent à la foi chrétienne

D'une façon générale, considérera-t-on comme hérétiques – et passibles, en tant que tels, des rigueurs inquisitoriales – les juifs et les infidèles, les démonolâtres, les semeurs d'hérésies, les coupables de n'importe quel délit contre la foi chrétienne ?

Pour répondre d'une façon précise à cette question, il faut rappeler que l'Ancien Testament contient des vérités que les juifs considèrent de foi et qu'ils disent respecter. Ce sont des vérités d'ordre moral ou légal, judiciaire ou liturgique, prophétique ou symbolique. Elles peuvent être regroupées en deux grandes catégories :

a) Celles qui sont spécifiques aux juifs – et, par là même, différentielles –, en vertu desquelles ils se distinguent de nous et nous les reconnaissons comme juifs et, en vérité, comme des infidèles. Les juifs qui contreviendraient à ces vérités différentielles, bien qu'hérétiques dans leur perfidie, ne le seraient pas eu égard à la foi chrétienne car, en s'opposant à ces vérités, ils nous rejoindraient, justement. Il nous appartient donc, à nous chrétiens, de ne pas entraver, dans ce cas, leur hérésie et leur désobéissance, mais au contraire de les éclairer davantage et de les encourager dans ce type d'infidélité.

b) D'autres vérités de l'Ancien Testament nous sont communes, a eux et à nous. Par celles-là, les juifs ne se distinguent pas de nous et nous ne devons pas les considérer ni les tenir pour des juifs. Par exemple, la foi en un seul Dieu et la foi en un Dieu créateur de toutes choses. Les juifs qui s'opposent à des vérités de ce type seront considérés comme hérétiques, et traités comme tels eu égard à leur propre théologie.

Mais puisque c'est justement en ce type de vérités qu'ils conviennent avec nous, ils attaquent directement la loi chrétienne, ceux qui les nient ! Ils doivent donc être forcés par les juges de la foi chrétienne – évêques et inquisiteurs – à respecter ces vérités, qui sont leurs aussi, et à les observer scrupuleusement ! Et seront condamnés par l'évêque et l'inquisiteur comme hérétiques contre leur propre loi ceux d'entre eux qui auraient commis ce genre de délit. Quoi ! Les enfants juifs ou les juifs adultes, baptisés sous la menace de la confiscation ou des châtiments corporels ou de n'importe quelle coaction, voire sous peine de mort, sont bien obligés d'observer ce qu'ils ont promis lors du baptême ! Alors, ne va-t-on pas poursuivre et châtier les juifs qui, ayant librement cru aux vérités qui nous sont communes à eux et à nous, s'écarteraient de leur propre croyance ? Ceux-là ne seraient-ils donc pas coupables, alors que, comme le dit saint Thomas (2.2., q. 10, art. 5 et 6), ils ont reçu les symboles de la foi chrétienne ? Et l'histoire ancienne et moderne n'enseigne-t-elle pas qu'ils ont contrevenu au précepte de l'adoration d'un seul Dieu, se livrant à l'idolâtrie et à la démonolâtrie, sacrifiant sur l'autel des idoles, vénérant les diables, les invoquant, leur sollicitant des réponses et les obtenant[1], et donnant continuellement aux chrétiens l'exemple le plus

1. Et les obtenant. À verser, de toute urgence, au dossier de l'esthétique de l'aveu !

néfaste ? Par tous ces délits, les juifs n'échapperont pas au jugement de l'évêque et de l'inquisiteur ni à leurs justes châtiments.

Mais dira-t-on que cela ne concerne en rien les infidèles proprement dits et que la question reste entière de la juridiction papale (donc, inquisitoriale) sur les délits relevant du domaine de la pure infidélité ? Nous croyons que le pape, vicaire de Jésus-Christ, n'a pas de pouvoir seulement sur les chrétiens, mais aussi sur tous les infidèles. Le pouvoir universel du Christ est affirmé clairement au psaume 71 (« Ô Dieu, donne au Roi ton jugement, au Fils du Roi ta justice »). Le Christ n'aurait pas été un bon *pater familias* s'il n'avait pas légué à son vicaire sur terre son pouvoir absolu sur tous les hommes. N'a-t-il pas donné à Pierre et à ses successeurs le pouvoir de lier et de délier, et l'ordre de paître les ouailles ? Or tous les hommes, les fidèles comme les infidèles, sont, par le seul fait d'avoir été créés, les ouailles du Christ, quand bien même toutes les ouailles ne soient pas du troupeau de l'Église. Il découle nécessairement de ces raisons que, de droit sinon de fait, le pape étend son pouvoir sur tous les hommes.

En vertu de ce pouvoir, je ne vois pas pourquoi le pape devrait s'abstenir de punir le gentil qui s'oppose à la loi naturelle, puisqu'il n'en connaît point d'autre ! La preuve ? Dieu a bien puni les sodomites qui péchaient contre la loi naturelle (Gen. 19) ! Or, les jugements de Dieu, voilà nos exemples ! Dès lors, pourquoi le pape ne procéderait-il pas, s'il en avait les moyens, comme Dieu procède ? Il est conforme, en effet, à la loi naturelle d'adorer un seul Dieu créateur, et non des créatures.

Le pape doit juger aussi les juifs, s'ils s'opposent à leur propre foi. Ne tolère-t-on pas la survivance du rite judaïque parce qu'il constitue un argument en faveur de la foi chrétienne ? Les juifs peuvent donc s'en détacher pour embrasser le christianisme, mais il ne leur est aucunement licite d'altérer le rite judaïque, car en l'altérant ils profanent un témoignage valable de la foi chrétienne. Ainsi, il appartient au pape et aux inquisiteurs de juger toute entorse au rite judaïque, si les « prélats » juifs se montrent défaillants. On condamnera donc les juifs coupables d'hérésie contre leur propre foi. Voilà quelles raisons décidèrent les papes Grégoire XI et Innocent III à faire brûler des livres juifs contenant un grand nombre d'hérésies et d'erreurs contre le judaïsme, et à châtier ceux qui les propageaient et les enseignaient.

Le pouvoir du pape sur les chrétiens ne fait aucun doute. Il peut punir lorsqu'il y a infraction à la loi évangélique. Il se peut qu'il sursoie à l'application de peines justes et méritées, soit qu'il n'ait la possibilité physique ou juridique de les faire appliquer, soit que leur application comporte un danger ou prête à scandale : toutefois, son pouvoir juridique n'en demeure pas moins intact. Et que l'on ne vienne pas nous dire que nous n'avons pas a juger de ce qui nous est étranger, ou que nous ne pouvons pas forcer les infidèles à croire, ni par les procès ni par les excommunications, car Dieu seul appelle par sa seule grâce : ceux qui prétendent nous déposséder ainsi de nos pouvoirs juridiques se trompent. Thomas d'Aquin ne précise-t-il pas que, si l'Église ne peut infliger de peines spirituelles aux infidèles, elle peut leur en infliger de temporelles ? Ne dit-il pas qu'il appartient à l'Église, si elle le juge utile, d'isoler les infidèles en leur interdisant tout contact avec les chrétiens ? Et Thomas précise encore (2.2., q. 10, a. 8) : « Il y a des infidèles qui n'ont jamais reçu le don de la foi, comme les gentils et les juifs. Ceux-là ne doivent en aucune façon être forcés à devenir croyants ; c'est à leur volonté d'en décider. Mais ils doivent être éloignés de l'Église – si on a la possibilité de les isoler – afin qu'ils ne mettent pas des entraves à la foi avec des blasphèmes, de mauvais arguments, voire de véritables persécutions. C'est pour cela que les fidèles du Christ font fréquemment la guerre aux infidèles ; ils ne la leur font pas pour les réduire à croire (car, même vaincus, même prisonniers, ils garderaient leur liberté de croire ou de ne pas croire), mais pour qu'ils ne mettent pas des entraves à la véritable foi. »

Mais il y a une autre sorte d'infidèles : ceux qui ont reçu déjà le don de la foi, qui en ont tiré profit (comme les hérétiques et les apostats). Ceux-là, l'Église doit physiquement les poursuivre et les forcer à tenir « ce qu'ils avaient promis et à garder le don qu'ils avaient reçu ».

Bien des ennemis de la vérité l'attaquent de plusieurs façons, essayant, par exemple, de prouver qu'il appartient aux seigneurs temporels, et non aux prélats et aux inquisiteurs, de juger et de condamner les juifs, les musulmans et tous les autres délinquants en matière de foi. Ces ennemis de la vérité allèguent, à leur bénéfice, deux types d'arguments : canoniques, et de droit civil, Les arguments tirés du droit canon se réfutent par des arguments canoniques. Quant aux arguments juridiques ou de droit civil, allégués par ceux qui prétendent déposséder l'Inquisition de ses pouvoirs, les voici :

a) Ils se réfèrent tout d'abord au droit romain, en vertu duquel les juifs doivent être jugés selon le droit commun romain, ce qui veut dire qu'il ne saurait y avoir des tribunaux d'exception réservés à leur secte.

Il faut répondre à cet argument que cela ne constitue nullement une gentillesse du droit romain envers les juifs : cette disposition signifie uniquement que le droit romain ignorait le Sanhédrin, et qu'il entendait soustraire les juifs à la juridiction de leur propre tribunal.

b) Les gouvernants interdisent aux juifs de ponctuer, par des évocations insultantes des mystères de la foi chrétienne et par des mascarades sacrilèges, leurs propres fêtes rituelles. C'est donc qu'il appartient aux gouvernements temporels d'enquêter sur ces pratiques, et de sévir.

Certes ! Mais il appartient à l'inquisiteur, et non aux gouvernements temporels, d'éloigner de la communauté chrétienne les infidèles, de les en chasser et, au préalable, de les juger.

c) On fait valoir que tel ou tel prince condamne à mort les juifs : ce n'est donc pas là une affaire d'Église, dit-on, mais de gouvernement civil.

Qu'ils soient condamnés à mort par les princes n'excuse pas l'Église d'en faire autant, si elle le juge utile après procès. D'autre part, l'Église doit intervenir pour condamner là où, justement, les rois et les princes ont le front de protéger les juifs. Sans l'Église, sous prétexte qu'il appartient au pouvoir civil de condamner, ces hérétiques seraient en fait des protégés.

d) Les civilistes rappellent ce principe que « personne ne doit jeter le trouble dans la province sous prétexte d'enquêter sur l'hérésie : au gouvernement donc d'y songer ». Ils en concluent : si les juifs attaquent la foi, c'est l'affaire des juifs et du gouverneur, sans que personne d'autre ait à s'en mêler.

Cet argument ne vaut rien. Par cette maxime de droit civil il faut entendre que l'inquisiteur n'a pas à se mêler d'affaires civiles au cours de ses enquêtes (qui sont, en effet, du ressort du gouverneur), mais elle ne signifie pas qu'il appartienne au gouverneur de préciser quand et comment l'inquisiteur doit entreprendre des procès. Il se peut que cette maxime soit interprétée dans le sens évoqué à l'instant dans telle ou telle région : mais alors, les lois qui en découlent doivent être considérées comme des obstacles à l'exercice de l'inquisition, et elles doivent être abrogées en conséquence.

e) Les civilistes disent enfin que, à la rigueur, il appartient au gouverneur et à l'évêque ensemble, et certes pas à l'inquisiteur, de juger le délit canonique. Que le délit soit commis par des juifs ou par des chrétiens, c'est un délit : l'affaire est donc du ressort du gouverneur aussi, et non de celui de l'évêque exclusivement.

Tenons-nous-en aux textes conciliaires et pontificaux : aux évêques et aux inquisiteurs, ensemble, il appartient de convoquer, de juger et de condamner. Aux civils d'exécuter les sentences inquisitoriales, surtout lorsque le châtiment comporte versement de sang.

Rien n'est plus néfaste que ce genre d'arguments. Voici par exemple, ce qu'il arriva, sous le pontificat d'Urbain V, à l'auteur de ce *Manuel.*

Il eut affaire, lui et l'évêque de Barcelone, aux adversaires de la vérité. L'évêque et l'inquisiteur tenaient en prison un juif de Barcelone, nommé Astruch de Biena. Ce juif avait été convaincu – et il avait avoué – de démonolâtrie : il invoquait le diable, lui rendait culte, sollicitait ses réponses et les obtenait[1].

1. Encore ! Cf. p. 107, note 1.

Le juif disait ne pas reconnaître la juridiction de l'évêque et de l'inquisiteur, mais seulement celle du seigneur temporel. Il fut séquestré et mis sous la garde de l'évêque de Lérida. La cause fut présentée à la curie romaine, par devant le pape Grégoire XI. Les deux parties furent entendues, et le pape ordonna à deux cardinaux de mander à l'évêque de Lérida de rendre, dans un délai précis, le juif Astruch à l'évêque et à l'inquisiteur de Barcelone. Les cardinaux s'acquittèrent de leur mandat et sommèrent l'évêque de Lérida de rendre dans les seize jours le juif à l'évêque et à l'inquisiteur de Barcelone. Ayant récupéré le juif, ceux-ci lui imposèrent d'abjurer publiquement le jour de l'an (fête de la circoncision du Seigneur) dans la cathédrale de Barcelone, et le condamnèrent, après abjuration, à la prison à vie.

XVI. C'est en 1230 que Grégoire IX, ayant appris que le Talmud était plein d'affirmations impies et blasphématoires à l'égard de la religion chrétienne, fit brûler ce livre. La sentence pontificale fut exécutée par la chancellerie de l'Université de Paris. Innocent IV, qui succéda à Grégoire IX, confirma cette sentence et l'étendit à tous les livres au style et au contenu semblables à ceux du Talmud. Le livre figure par ailleurs dans l'index des livres prohibés.

20. Les excommuniés tenaces, demeurant une année sous l'excommunication

Ils nous faut étudier à présent le problème suivant : doit-on considérer comme des hérétiques ou comme des suspects d'hérésie – et dans ce cas doit-on traduire devant le tribunal de l'inquisiteur – les excommuniés qui demeurent toute une année sous la peine de l'excommunication ?

Rappelons d'abord que la sentence d'excommunication constitue une peine spirituelle que l'Église inflige en punition d'un péché mortel de contumace et de désobéissance au droit et au juge. Il peut y avoir contumace en matière de foi ou en toute autre matière, et par voie de conséquence excommunication par contumace en matière de foi ou par contumace en toute autre manière. Il y a contumace contre la foi dans les trois cas suivants :

a) Cité à comparaître pour témoigner de sa propre foi, un tel ne comparaît pas. Il n'est pas excommunié de plein droit, mais par décision du juge.

b) Celui qui, directement ou indirectement, a mis des entraves à l'exercice de l'Inquisition ou a contribué à l'entraver est frappé de plein droit de l'aiguillon de l'excommunication.

c) Sont aussi excommuniés de plein droit ceux qui crurent, favorisèrent ou défendirent les hérétiques.

Dans ces trois cas, les excommuniés sont jugés comme des hérétiques s'ils demeurent une année pleine sous l'excommunication. Ceux qui favorisent, écoutent ou hébergent les hérétiques ne le sont peut-être pas eux-mêmes ; mais ils furent cités et, par crainte, ne comparurent pas ; peut-être entravèrent-ils l'exercice de l'Inquisition ou protégèrent-ils les hérétiques par amour de l'argent ? Ils seront, malgré tout, jugés comme hérétiques. Et pour cause : celui qui demeure toute une année sous le poids de l'excommunication peut ne pas être réellement hérétique, mais l'Église, qui juge du for externe, peut légitimement le considérer hérétique.

Voyons à présent comment on condamne les hérétiques, et nous verrons ensuite comment on doit condamner les excommuniés.

L'hérétique abjure ses erreurs et accepte de les expier à l'arbitre de l'évêque et de l'inquisiteur ; ou il n'abjure pas. S'il abjure, il est condamné à la prison à vie, et ce sera là son expiation. S'il n'abjure pas, il est livré comme impénitent au bras séculier pour être exécuté. Il en est de même pour les excommuniés d'un an, quel que soit le motif de l'excommunication : s'ils se rétractent, ils sont déliés de l'excommunication et condamnés à la prison perpétuelle ; ils seront livrés au bras séculier pour être châtiés à mort s'ils ne se rétractent, tout comme les hérétiques.

Dans d'autres cas, il y a excommunication par contumace, mais pour une cause autre que la foi.

C'est le cas de celui qui fut cité à comparaître pour répondre de certains articles, qui ne sont pas de foi, et ne comparut point ; ou de celui qui ne restitue pas ceci ou cela à un tel dans un laps de temps préalablement établi, que sais-je encore. Il y a de nombreux cas méritant l'excommunication à l'arbitre du juge, ou de plein droit (comme par exemple lorsqu'on lève la main sur un clerc). Celui qui est demeuré une année pleine sous une excommunication de ce type ne sera pas jugé comme hérétique, mais comme suspect d'hérésie. Tous les auteurs concordent en ceci, que tous ces excommuniés doivent être cités au tribunal de l'Inquisition après être demeurés une année entière sous l'excommunication.

Et comment procéder contre eux ? En l'absence d'une législation précise a ce propos, l'auteur de ce *Manuel* convoqua, avec l'évêque de Gérone, en 1368, un conseil solennel de juristes et d'experts religieux. Ce conseil mit au point la procédure suivante, qui fut intégrée aux actes de la curie gérondine.

L'excommunié d'un an ou plus est considéré suspect d'hérésie par contumace. Le suspect sera convoqué pour témoigner de sa foi, afin que l'on voie s'il marche dans la lumière ou s'il se fourvoie dans les ténèbres. Ce sont l'évêque, et l'inquisiteur, ou leurs lieutenants, qui se chargent de le convoquer, le sommant de se présenter dans un laps de temps déterminé, au-delà duquel il sera excommunié s'il ne se présente pas. S'il ne comparaît pas, il aggrave son cas, et la suspicion d'hérésie devient alors, légitimement, véhémente. Encore une année à compter de cette convocation sans que le suspect se présente, et il sera condamné comme hérétique, car la suspicion sera alors devenue violente[1].

---

1. En droit inquisitorial, la distinction de trois types de suspicion (faible, forte ou véhémente, et violente) est de toute première importance. Elle constitue l'axe autour duquel s'organisent, à la fin du *Manuel,* les différentes formes de sentence. Il est à remarquer par ailleurs que, par l'intervention des décrets d'excommunication, les suspicions s'aggravent et le moindre délit peut fonder, en fin de procé-

S'il revient à l'Église disposé à expier, il sera pardonné et jeté en prison à vie, comme hérétique pénitent. Impénitent, il sera considéré comme tel ; et comme tel abandonné au bras séculier pour subir la peine capitale. S'il comparaît en cours d'année, il devra abjurer comme gravement suspect d'hérésie. Après abjuration, il sera interrogé sur les articles de la foi ou sur les thèmes à propos desquels il avait été cité tout d'abord à comparaître. Là, il répondra en catholique, ou non. Si oui, on lui dira : « Mon très cher fils, tu parles comme un bon catholique, puisque tu prétends croire ce qu'ordonne l'Église. Mais tu te contredis dans les faits, puisque tu lui résistes par contumace. Nous voulions voir clair dans ta foi. Nous voulions savoir si tu marchais dans la lumière ou dans les ténèbres : voilà pourquoi nous t'avons cité. » Après quoi, il bénéficiera d'un délai de trois ou quatre mois – selon la condition ou le rang du suspect – pour prouver par les œuvres la solidité de sa foi catholique. Il sera convoqué de nouveau après ce délai, et selon qu'il se présente ou qu'il demeure contumax, qu'il réponde en abjurant ou sans abjurer, il sera pardonné, condamné à une peine temporelle, emprisonné à vie comme hérétique pénitent, ou abandonné au bras séculier pour être brûlé.

21. Les schismatiques

Les schismatiques, s'ils sont hérétiques, tombent sous la juridiction de l'inquisiteur. Toutefois, il faut établir une distinction entre le schisme et l'hérésie. Le schisme suppose division, et l'hérésie erreur. On appelle schismatiques ceux qui se sont séparés de l'Église. Ceux qui se trouvent séparés de l'Église par désobéissance seulement ne sont pas des hérétiques en soi et ne doivent pas être considérés comme tels, s'ils n'adhèrent pas rationnellement et volontairement à l'erreur que constitue cette

dure, le plus fort degré de suspicion et légitimer en conséquence l'emprisonnement à vie ou l'abandon au bras séculier. Cf. *infra,* p. 124 et suiv., au titre « Les suspects d'hérésie ».

désobéissance, et s'il apparaît qu'ils ne se séparent pas par ailleurs de l'Église dans les articles de la foi, dans la doctrine des sacrements ou dans celle de l'autorité, et qu'ils refusent seulement d'obéir à l'Église par méchanceté, par orgueil ou par avarice, etc. Toutefois, si ceux-là ne sont pas hérétiques, ils penchent dangereusement vers l'hérésie : s'ils se détachent de l'Église dans l'obéissance, ils ne sont pas loin de s'en détacher dans la croyance.

D'autres se détachent de l'Église dans l'obéissance et dans la croyance. C'est le cas, par exemple, de ceux qui refusent de croire que le Saint-Esprit procède du Père et du Fils[1]. Ceux-là doivent être considérés comme des hérétiques, car ils se trompent sur ce qu'il faut croire et s'attachent de cœur à leurs erreurs. Ils seront donc traités en hérétiques.

XVI. Torquemada et Palacio Rubio traitent avec prolixité la question du schisme. Je demande que l'on prête une attention particulière au cas d'un prébendé de l'Église qui tomberait dans le schisme et reviendrait ensuite au sein de l'Église : retrouverait-il sa prébende ? Certes, non : l'Église peut lui pardonner, mais elle ne saurait aller jusqu'à le nourrir.

22. Les apostats

Distinguons trois types d'apostasie avant de déterminer quand l'apostat doit être considéré comme hérétique et jugé comme tel par le tribunal inquisitorial : *a)* le clerc qui se défroque, *b)* le moine qui s'excloître, *c)* le chrétien qui nie une vérité de foi.

Dans les deux premiers cas, il n'y a pas d'opposition à la foi elle-même et, par voie de conséquence, pas d'intervention possible de l'inquisiteur. Toutefois, les deux types d'apostasie font, naturellement, l'objet d'une sentence d'excommunica-

1. Les fidèles de l'Église orthodoxe.

tion : les défroqués et les excloîtrés qui auraient l'audace de demeurer une année pleine sous l'excommunication seraient, tout aussi naturellement, considérés comme suspects d'hérésie, et c'est par cette voie qu'ils se trouveraient dans l'obligation d'affronter le jugement de l'évêque et de l'inquisiteur, qui pourraient procéder séparément ou de concert.

Quant au troisième cas, il va de soi que ce type d'apostasie retranche totalement de l'Église et de la foi catholique celui qu'il concerne. On traitera cet apostat en hérétique et en infidèle, et comme tel il sera processé.

Impénitent, il sera livré au bras séculier. Repenti, il abjurera et sera traité en hérétique pénitent.

Ceux qui ont apostasié par peur de la mort, mais qui sont restés fidèles dans leur cœur, ne sont pas à proprement parler des hérétiques. Mais l'Église doit juger du for extérieur, elle doit donc en conséquence les considérer comme tels. Comme tels ils seront jugés et, s'ils abjurent, ils seront pardonnés et condamnés à la réclusion perpétuelle, comme des hérétiques pénitents. N'ont-ils pas craint la mort davantage que l'inimitié constante de la foi du Christ ? Ne vaut-il pas mieux mourir qu'apostasier, « mourir de faim que se nourrir d'idolâtrie », selon le mot de saint Augustin ?

XVI. Dans les deux premiers cas d'apostasie, la suspicion d'hérésie est très grande si le défroqué ou l'excloîtré prend femme : il y a dans ce cas hérésie de fait, puisqu'il y a opposition formelle au contenu de la doctrine des sacrements. L'inquisiteur doit alors intervenir et châtier, sans attendre qu'une année se soit écoulée après le décret d'excommunication.

Il y a, entre apostasie et infidélité, une distinction de degré, de l'avis même de saint Thomas (2.2., q. 12, art. 1).

Enfin, à propos de la réclusion perpétuelle qui châtie ceux dont l'apostasie fut la conséquence de la peur de la mort, il faut rappeler que l'autorité pontificale avait déjà prévu la pénitence à vie. Il a semblé très indiqué de transformer cette pénitence en prison à vie, et de ne pas songer à la peine de mort car, dit le

Seigneur, « nous ne voulons pas que le pécheur meure, mais qu'il se convertisse » (Ezéchiel, 18).

23. Les fidèles des hérétiques

On ne rangera pas tous les fidèles des hérétiques sous le titre d'« hérétiques ». Il faut distinguer au préalable entre ceux qui croient en leurs erreurs et hérésies, et les autres.

Ceux qui croient en leurs erreurs et hérésies sont excommuniés et hérétiques. Ils doivent être traités et jugés comme tels. Et cela sans attendre qu'ils avouent. Pour la plupart d'entre eux on déduit parfaitement de leurs paroles et de leur comportement leur attachement à l'hérésie.

Mais il y a aussi ceux qui disent spontanément croire en leurs erreurs, défendre les hérésies d'un tel, être solidaires de tel hérétique : leur pratique confirme leurs dires, car ils se comportent à l'égard des hérétiques comme s'ils les adoraient. Ils les révèrent. Ils reçoivent d'eux le « consolament » – pour utiliser leur langage – ou la communion, que sais-je encore, conformément à leurs rites. Ils écoutent leurs sermons.

Il est d'autres fidèles aussi dont on ne peut dire en toute propriété qu'ils adhèrent aux croyances des hérétiques, mais dont on est sûr qu'ils ne tiennent pas pour rien leurs paroles, leurs injonctions, leurs œuvres. Ce sont des gens qui vacillent dans leur attachement ; ils écoutent les sermons des hérétiques, transmettent leurs courriers, les servent, en reçoivent des livres – qu'ils se gardent bien de jeter au feu –, leur font l'aumône, leur rendent visite. Autant d'actions n'ayant pas des liens directs avec les rites des hérétiques. Ceux-là ne seront pas considérés comme de véritables « fidèles » des hérétiques, et ils ne seront pas traités en hérétiques. Toutefois, on prendra bien garde à l'importance des indices et, en conséquence de cela, ils seront traités en faiblement ou gravement suspects d'hérésie, et on exigera d'eux expiation ou abjuration, selon les cas.

La procédure à appliquer est connue. Dans le cas de suspicion grave doublée de contumace, on applique la procédure réservée aux excommuniés contumax, aboutissant à la prison à vie si l'on obtient une abjuration, à la peine capitale dans le cas contraire.

XVI. Ces suspects peuvent légitimement être torturés pour être amenés à avouer, puis à abjurer.

24. Ceux qui hébergent, logent ou accueillent les hérétiques

Distinguons, à leur propos, ceux qui auraient accueilli une ou deux fois des hérétiques, de ceux qui les accueillent fréquemment.

Les premiers peuvent être innocents. Ils peuvent ne pas savoir à qui ils ont affaire. Mais ils peuvent aussi savoir parfaitement à quoi s'en tenir et, dans ce cas, ils sont coupables. Coupables, s'ils savent quelles sont les hérésies de leurs hôtes. Coupables, car ils savent alors que l'Église poursuit leurs hôtes ; coupables, car ils les accueillent justement pour qu'ils ne tombent pas entre les mains de l'Église.

Ces « accueillants » sont excommuniés. Ils sont hérétiques s'ils croient ce que croient leurs hôtes. Diraient-ils qu'ils sont croyants ? On leur rétorquerait que, dans ce cas, ils savaient parfaitement à quoi s'en tenir sur leurs hôtes.

Dans le cas contraire – si l'accueil est coutumier, etc. –, ils sont suspects d'hérésie et doivent être processés comme tels : ils abjureront ou ils accepteront une punition.

XVI. Les hôtes des hérétiques, s'ils ont demeuré toute une année sous l'excommunication, seront exilés à vie et leurs biens seront confisqués.

Tous les inquisiteurs ne sont pas d'accord sur le sort qu'il faut réserver aux proches des « accueillants ». Faut-il les bannir aussi ? Pas de législation précise à ce propos. Si les accueillants sont des juifs ou d'autres infidèles, ils seront processés sans plus d'enquête, et condamnés aux peines prévues habituellement : prison à vie, abandon au bras séculier, confiscation des biens.

25. Les protecteurs des hérétiques

Que dire des protecteurs des hérétiques ? Sont-ils des hérétiques eux-mêmes ?

Distinguons deux types de protecteurs des hérétiques :

a) Il y a d'abord ceux qui protègent l'erreur des hérétiques : ceux-là sont bien plus coupables que les simples « fidèles » des hérétiques, et méritent en vérité d'être traités en hérésiarques ;

b) Il en est qui ne protègent pas les erreurs (les hérésies), mais les personnes. Par exemple, ceux qui déploient forces et richesses pour que tel hérétique ne tombe pas entre les mains de l'inquisiteur. Ceux-là seront excommuniés. Non hérétiques, mais fortement ou faiblement suspects de l'hérésie dont ils protègent les adeptes, ils seront tenus d'abjurer.

XVI. La loi inquisitoriale prévoit la démolition totale de la maison dans laquelle des hérétiques ont trouvé un gîte, et l'exil du propriétaire aussi bien que l'interdiction de reconstruction et la confiscation des biens. Il faut comprendre que l'idée de protection des hérétiques s'applique à des cas très différents.

On peut défendre les hérétiques avec les armes, ou sans armes. Avertir l'hérétique en criant ou en sifflant pour qu'il se sauve lorsqu'on vient le chercher, c'est le défendre. On peut le défendre pendant le jugement et hors jugement. En un mot, celui qui s'oppose de n'importe quelle façon à l'exercice de le Très Sainte Inquisition doit être considéré de plein droit comme un défenseur des hérétiques. Sera aussi considéré comme tel celui qui, innocent, orienterait sur lui-même une enquête afin de favoriser la fuite ou la liberté d'un hérétique.

26. Les bienfaiteurs des hérétiques

Les bienfaiteurs des hérétiques (seigneurs, gouverneurs, baillis) peuvent l'être par action ou par omission.

Par omission : ne se pliant pas aux ordres édictés par les évêques et les inquisiteurs d'arrêter les hérétiques ou ceux qui les suivent ou les accueillent, négligeant de les tenir en prison, ne les conduisant pas au lieu indiqué par l'autorité inquisitoriale, etc.

Par action : en libérant les prisonniers sans l'ordre exprès de l'évêque ou de l'inquisiteur, en empêchant directement ou indirectement la célébration d'un procès ou l'exécution d'une sentence.

Ceux qui procèdent de la sorte sont excommuniés *ipso facto* et suspects d'hérésie. Au bout d'un an, contumax, ils seront « processés » et condamnés comme hérétiques.

Quant aux personnes privées, on n'appliquera pas le terme de bienfaiteur de l'hérésie à celui qui n'arrête pas les hérétiques ou ne les met pas sous bonne garde, car les particuliers n'y sont pas tenus. Le terme s'appliquera, en revanche, à ceux qui se hasardent de leur propre initiative à libérer des prisonniers de l'Inquisition ou à favoriser leur évasion ; à ceux qui prêtent main-forte à des évadés pour qu'ils ne soient pas repris, ou qui mettent des obstacles à leur capture, ou qui osent s'opposer de quelque façon que ce soit à l'exercice de l'Inquisition, à la bonne marche d'un procès, à l'exécution d'une sentence. Tous ceux-là sont excommuniés de plein droit. Ils sont passibles de peines très importantes, allant jusqu'à l'abandon au bras séculier.

XVI. Que l'inquisiteur s'entoure de mille précautions avant de sévir contre un magistrat bienfaiteur d'hérétiques. Le magistrat pourrait bien, en effet, monter le peuple contre l'inquisiteur. S'il faut en passer par là, il vaut mieux en référer au pape.

Quant à la dénonciation ou à l'arrestation des hérétiques, personne privée ou non, chacun est tenu, sous peine d'excommunication, de dénoncer les hérétiques. Toutefois, si tu es la seule à savoir que ton mari mange de la viande le vendredi, et la seule à savoir qu'il te battra si tu le dénonces à l'Inquisition, et si tu ne le dénonces pas, je ne te considérerai pas comme « bienfaitrice ». Mais cela n'enlève rien de la haine que nous portons, nous les inquisiteurs, aux hérétiques. Nous voulons seulement, en soulevant ce cas, préciser qu'il y a lieu de pondérer les raisons d'une omission à l'obligation générale de dénoncer l'hérétique, quel qu'il soit. Il est en outre facile de surprendre les bienfaiteurs des hérétiques à l'aide des cinq indications suivantes :

1. Celui qui rend souvent visite à l'hérétique emprisonné, qui chuchote avec lui, et lui apporte des victuailles, celui-là est suspect d'être son bienfaiteur ou son disciple ;
2. Celui qui se lamente beaucoup de la capture ou de la mort d'un hérétique a dû être son ami, a dû lui être bien proche : à qui ferait-il croire, le pleureur, qu'il ait ignoré les secrets du défunt ?
3. Celui qui déclare que tel hérétique a été injustement condamné, alors qu'il avait été convaincu d'hérésie ou qu'il avait avoué, montre par là même qu'il approuve la secte du condamné et qu'il désapprouve l'Église qui la condamne ;
4. Celui qui fait grise mine aux persécuteurs des hérétiques ou à ceux qui prêchent efficacement contre eux, celui-là est des leurs. Autrement, il n'aurait pas tant d'amertume au cœur – et par conséquent au visage – au contact de ceux qui haïssent ce qu'il aime ;
5. Celui qui serait surpris, la nuit, en train de voler les ossements brûlés des hérétiques pour en faire des reliques, celui-là les vénère sans aucun doute comme des saints. Il est des leurs. Seuls les hérétiques vénèrent les hérétiques comme des saints.

27. Ceux qui s'opposent à l'Inquisition

Qui s'oppose directement à l'exercice de l'Inquisition ?

Ceux qui osent libérer, de leur propre chef, les prisonniers de l'Inquisition, ceux qui déchirent les sentences ou molestent les témoins, les seigneurs temporels qui statuent être seuls juges en matière d'hérésie et prétendent, en conséquence, être seuls habilités à entendre des accusations et à « procéder » en ce domaine ; ceux, enfin, qui collaborent, prêtent main-forte ou favorisent de quelque manière que ce soit de telles initiatives et de tels agissements.

Tous ceux-là, bien qu'extrêmement coupables, ne sauraient être considérés immédiatement comme des hérétiques (sauf s'il apparaissait par ailleurs qu'ils le fussent) : ils sont toutefois frappés de plein droit par l'aiguillon de l'excommunication. Demeurés une année pleine sous cette peine, ils sont alors, *ipso facto*, jugés comme hérétiques.

Qui s'oppose indirectement à l'exercice de l'Inquisition ?

Ceux qui interdisent le port d'armes à tout autre qu'aux officiers des seigneurs temporels, car ils interdisent par là même aux inquisiteurs et à leurs collaborateurs l'usage des armes ; ceux qui statuent que seul le seigneur temporel a le pouvoir d'emprisonner.

Ceux-là sont moins coupables que les précédents. Il faut pourtant les excommunier, comme ceux qui collaborent à ce type de limitations ou qui les approuvent. Demeurés un an sous l'excommunication, ils doivent être jugés comme les précédents.

Ainsi, les uns et les autres, s'ils veulent se rétracter, ils abjurent leurs erreurs tout comme les hérétiques, et comme eux ils sont sacramentellement pardonnés après abjuration. Autrement, ils sont livrés, impénitents, au bras séculier.

Qu'ils demeurent une année pleine ou non sous l'excommunication, tous ceux-là peuvent néanmoins être jugés comme bienfaiteurs des hérétiques en vertu des privilèges accordés à ce propos aux inquisiteurs par le pape Clément IV.

XVI. Outre les formes d'opposition à l'Inquisition énumérées ici par Eymerich, il faut ranger dans cette catégorie ceux qui profèrent des menaces contre l'institution.

Que faire, lorsqu'on se trouve en face de quelqu'un qui s'oppose de fait à l'exercice de l'Inquisition, mais qui proclame n'être attaché à aucune forme particulière d'hérésie ? En ce cas, l'inquisiteur s'imposera pour tâche de découvrir, à l'aide de la torture s'il le faut, s'il y a véritablement complicité entre l'opposant et l'hérétique (sinon avec l'hérésie) ; il demandera au suspect une abjuration générale de toutes les hérésies et sollicitera ensuite, si cela s'avère nécessaire pour élucider davantage la question, l'abjuration particulière des hérésies professées par ceux-là qu'il a protégés en s'opposant à l'exercice de l'Inquisition.

Dans les temps modernes, Leurs Saintetés Pie V et Jules III ont promulgué les peines les plus sévères contre les opposants et contre les juges civils qui s'avisent de légiférer en matière d'hérésie. La constitution de Sa Sainteté Jules III *Licet a diversis* excommunie toute personne, publique ou privée, qui se mêlerait de légiférer en matière d'hérésie sans y avoir été préalablement autorisée par les inquisiteurs. Et Sa Sainteté Pie V, dans la constitution *Si de protegendis*, prévoit pour toute personne s'étant opposée en quoi que ce soit à la personne de l'inquisiteur, ou à ses biens, ou à l'institution inquisitoriale ou à l'exécution des sentences inquisitoriales, les peines suivantes : privation de tous biens, offices et dignités par crime de lèse-majesté ; dégradation – si le coupable est un clerc – et abandon au bras séculier. Le texte pontifical prévoit en outre que sera considéré comme protecteur de l'hérésie et condamné aux mêmes peines celui qui intercéderait pour un opposant.

28. Les suspects d'hérésie

Que faut-il entendre par « suspect d'hérésie » ?

Il y a trois types de suspicion : faible, forte ou véhémente, grave ou violente.

Il y a suspicion faible lorsque celle-ci peut être levée par une faible défense ou qu'elle naît de faibles conjectures. Par exemple, sont faiblement suspects d'hérésie ceux qui se réunissent en secret, ceux qui ont un comportement divers de celui de tout le monde. Ils sont suspects, car les hérétiques agissent souvent de la sorte.

On parle de suspicion forte à propos de celle dont on ne vient à bout que par une défense forte ou qui naît d'indices, d'arguments ou de conjectures solides. Par exemple, est fortement suspect celui qui cache des hérétiques ou qui leur rend visite, etc. Nul doute que celui-là procède de la sorte pour favoriser la perversité hérétique.

On parle de suspicion grave ou violente lorsque la suspicion naît de conjectures gravement convaincantes. Par exemple, sont violemment suspects ceux qui rendent culte aux hérétiques, ceux qui leur témoignent quelque révérence, ceux qui leur demandent le « consolament » ou la communion, ceux qui accomplissent des actes correspondant aux rites des hérétiques.

Comment procéder avec les suspects ?

Les faiblement suspects ne sont pas des hérétiques, et ne doivent pas être considérés comme tels. Toutefois, ils subissent des peines canoniques et sont astreints à l'abjuration. En vertu de la bulle *Excommunicamus*, les faiblement suspects sont frappés du glaive de l'anathème (on tiendra compte, néanmoins, avant de décider de l'application de cette sentence, du rang du suspect, ou de l'expiation qu'il aurait déjà faite) ; tant qu'ils seront anathèmes et qu'ils n'auront pas pleinement expié, ils seront tenus à l'écart de tout le monde.

Demeurés une année pleine sous l'excommunication, ils seront condamnés comme hérétiques. L'abjuration sera demandée au faiblement et au fortement suspect. Si, après abjuration, le faiblement suspect récidive, on tiendra compte de son parjure, sans pour autant le considérer comme relaps s'il ne vient pas à tomber sous une plus grave suspicion.

Les fortement suspects ne doivent pas être considérés comme des hérétiques. Mais comment procéder à leur égard ? On exigera d'eux une abjuration de toutes les hérésies, et notamment de celles dont ils apparaissent fortement suspects. Ainsi, s'ils récidivent dans ces hérésies ou dans n'importe quelle autre hérésie (s'ils recommencent à fréquenter les hérétiques, à leur rendre visite, etc., sans aller nécessairement jusqu'à les vénérer), ils ne pourront pas échapper aux peines prévues pour les relaps. Après cette abjuration générale, le suspect sera relaps s'il tombe dans l'hérésie dont il fut fortement suspect, s'il tombe dans n'importe quelle autre hérésie au sujet de laquelle il n'aurait jamais été ni suspecté ni dénoncé, s'il favorise de nouveau des hérétiques ou s'il les accueille. Ces trois grands points en recouvrent d'innombrables.

Le fortement suspect qui ne voudrait pas abjurer devant le juge inquisitorial sera livré au bras séculier pour être brûlé.

Restent les violemment suspects. Ceux-là doivent être considérés comme hérétiques et doivent subir les mêmes peines que ces derniers. Le violemment suspect avoue son crime, ou non. S'il l'avoue et abjure, il aura la vie sauve, sera pardonné et condamné. Si non, il sera livré au bras séculier. Si, convaincu de son crime, il ne veut pas abjurer, il sera livré au bras séculier comme hérétique impénitent. La suspicion grave suffit pour la condamnation, et on n'admettra contre elle la moindre défense.

XVI. Ce chapitre et le suivant sont fondamentaux. À tel point que l'inquisiteur qui en ignorerait le contenu ignorerait tout de son rôle propre en tant qu'enquêteur *(inquisitor)* et en tant que juge.

Une précision : bien qu'Eymerich ait raison sur le fond et sur l'issue du procès par suspicion grave, on admettra, pour la forme, la présence d'une défense.

29. Les dix cas de suspicion forte ou véhémente

Le droit retient expressément dix cas de suspicion forte ou véhémente. Les voici :

1. Celui qui, appelé à comparaître pour répondre de sa foi, refuse de se présenter et demeure contumax pendant toute la période qui lui a été assignée pour comparaître, celui-là sera considéré comme fortement suspect.

2. Celui qui entrave directement ou indirectement et de quelque façon que ce soit, mais consciemment, l'office de l'Inquisition, est fortement suspect. En effet, le coupable de ce délit est, par là même, frappé d'excommunication et, s'il demeure contumax une année, de fortement suspect qu'il était il devient violemment suspect et sera condamné comme hérétique. Notez toutefois que l'on parlera de suspicion violente seulement lorsqu'on pourra légitimement fonder une suspicion forte. Le coupable du délit dont il est ici question sera donc

considéré comme fortement suspect tant qu'une année pleine d'excommunication ne se sera pas écoulée.

3. Aider, conseiller, favoriser sciemment ceux qui, directement ou indirectement, entravent la fonction inquisitoriale constitue une suspicion forte d'hérésie. En effet, ce type d'action est passible de l'excommunication et, partant, le cas de celui qui l'accomplit ne diffère en rien de celui qui a été précédemment examiné.

4. Celui qui montrerait à un hérétique ou à un sympathisant de l'hérésie appelé à comparaître devant l'inquisiteur comment mentir ou comment tergiverser, celui-là est fortement suspect.

5. Est fortement suspect d'hérésie tout excommunié *causa fidei* qui demeurerait une année pleine sous l'excommunication. Et cela, quelle que soit la nature particulière de son délit : qu'il ait entravé la pratique inquisitoriale ou que, cité à comparaître, il ait été contumax ; qu'il ait appris à un appelé à comparaître comment mentir ou comment dissimuler la vérité, ou qu'il ait fait évader des prisonniers de l'Inquisition ; qu'il se soit opposé à ce qui est utile à la foi ou qu'il ait favorisé les hérétiques en les défendant ou en les recelant, etc. Ce suspect sera *ipso iure* condamné comme fortement suspect d'hérésie. Cela découle nécessairement des cas évoqués aux paragraphes précédents. Ajoutons néanmoins deux autres arguments :

a) En matière de foi, il n'y a excommunication que lorsqu'il y a contumace. Or, la contumace en matière de foi fonde d'elle-même une forte suspicion d'hérésie. Donc.

b) La suspicion violente naît de la suspicion forte ou véhémente et la suppose, comme le superlatif suppose le comparatif. Si les excommuniés par un délit ne touchant pas directement la foi, demeurés une année pleine sous l'excommunication, peuvent être cités par l'inquisiteur afin de répondre de leur foi en tant que faiblement suspects, ne devrait-on considérer comme fortement suspects les excommuniés *causa fidei*, et contumaces, sans attendre qu'ils aient supporté l'excommunication toute une année ? Et cela d'autant plus qu'ils doivent, on le sait, être considérés comme violemment suspects et condamnés comme hérétiques au bout d'une année d'excommunication.

6. Quiconque favorise ou accueille des hérétiques est lui-même fortement suspect d'hérésie, conformément à ce qui a été établi précédemment.

7. Celui que l'on tient pour hérétique à cause de ses familiarités avec des hérétiques connus, est fortement suspect. Citons un cas qui fait jurisprudence. Un doyen qui fréquentait des hérétiques connus se vit infliger les peines canoniques suivantes : pour purger ces familiarités, il dut abjurer publiquement ; et, pour expier le scandale, il fut privé de tout bénéfice.

8. Celui qui reçoit des hérétiques – sachant qu'ils le sont – ou qui les accompagne, ou leur rend visite, ou les traite en amis, celui qui leur offre des biens ou qui accepte leurs largesses, celui-là est fortement suspect d'hérésie, car il ne pourra pas prétendre désapprouver leurs erreurs. En effet : est relaps et considéré comme tel celui qui retombe dans une hérésie dont il avait déjà été considéré fortement suspect et qu'il avait abjurée. Si, dans ce cas, on parle de « rechute », on parlera légitimement de forte suspicion de « chute » avant l'abjuration.

9. Celui qui revient, en cours de procès, sur ses propres aveux, qui nie ce qu'il avait affirmé, qui porte un faux témoignage, celui-là est fortement suspect d'hérésie. C'est le cas de ce Guillaume qui avoua avoir été tenté lui-même et aussi son frère par l'hérésie. Il se rétracta ensuite et dit que lui seul, Guillaume, était hérétique, et pas son frère. La peine qui aurait été infligée au frère fut alors réservée à Guillaume car, comme le dit notre seigneur le pape, « ce Guillaume s'est parjuré devant Dieu en innocentant son frère après avoir dit qu'il le savait hérétique ». Guillaume subit les peines réservées aux fortement suspects d'hérésie.

10. Le dixième cas ne relève pas du droit commun, mais du droit particulier. Le voici. Celui qui dit ou fait quelque chose contre la foi une seule fois *(semel)* est faiblement suspect d'hérésie ; est fortement suspect celui qui dit ou fait quelque chose contre la foi deux ou trois fois ; au-delà de trois fois, il y a suspi-

cion très forte *(vehementissima).* Cela fut établi au Concile de Tarragone qui réunissait, vers 1230, autour de l'archevêque de Tarragone et de Raymond de Penyafort, pénitencier du pape, les évêques et les inquisiteurs de l'archidiocèse.

XVI. N'y a-t-il pas lieu de modérer un peu la portée de ces règles de suspicion véhémente ? D'après leur lettre, chacun devrait chasser de chez soi le frère, le père, le fils ou le conjoint hérétique... Il y a lieu de faire quelque réserve, tenant compte toutefois que la consanguinité ne saurait tout justifier. Le fils ne livrant pas son père hérétique et le gardant sous son toit, ou l'époux l'épouse, etc., seront punis un peu moins gravement. À moins que le frère, ou le fils, ou le père de l'hérétique ne pratiquent avec lui l'hérésie : dans ce cas, la suspicion sera aussi forte pour l'accueillant que pour l'accueilli. Par ailleurs, la clémence de l'inquisiteur sera proportionnelle à la proximité du degré de parenté.

Et que faire lorsque celui qui reçoit ou protège l'hérétique est son ami, même intime, ou son amant ? Certains théoriciens de droit inquisitorial font valoir que le lien de l'amitié doit être considéré comme équivalent au lien de sang et que, par conséquent, l'ami de l'hérétique doit bénéficier à ce titre d'une certaine indulgence. Les mêmes théoriciens prétendent que cette clémence doit être étendue à l'amant de l'hérétique et ils allèguent au bénéfice de leur opinion l'« irrationalité » de la force de l'amour. Soit ! Mais que les tenants de cette théorie examinent alors avec la plus grande diligence la qualité de cette amitié ou de cet amour, car ce qui serait soutenable dans le cas d'une amitié intime ne le serait pas pour n'importe quelle amitié, et tout amour ne saurait justifier un geste de clémence.

La liste de dix cas de suspicion forte dressée par Eymerich est très bien élaborée, certes, et elle couvre un nombre infini de cas. Toutefois, elle en laisse de nombreux dans l'ombre, dont quelques-uns doivent être expressément dégagés. Il fallait mentionner au chapitre des suspicions fortes ou véhémentes : ceux qui ne dénoncent pas les hérétiques, ceux qui gardent par devers eux des livres défendus, les bigames (la bigamie n'est-elle pas une négation de fait de la doctrine du sacrement du mariage ?) ; les prêtres qui, en cours de confession, sollicitent leurs pénitents ou pénitentes à l'œuvre de la chair ou à tout autre péché ; les religieux qui, installés sans la permission de leurs supérieurs dans les régions d'outre-mer, s'écartent du dogme dans leurs sermons et dans leur pratique. Il faut encore classer parmi les fortement suspects tous ceux qui accomplissent des actes dont le rapport avec l'hérésie est évident (et ce paragraphe concernerait de toute évidence celui ou celle qui épouse un hérétique, qui a des amis hérétiques, etc.).

30. Les diffamés d'hérésie

On appelle diffamés d'hérésie ceux que la rumeur publique – notamment parmi les gens simples – tient pour des prédicateurs, bienfaiteurs ou membres d'une hérésie.

À ceux-là, on imposera des peines canoniques. On ne tiendra pas compte, à propos de diffamation, des seules délations faites par des témoins braves et honnêtes, mais aussi de celles émanant de témoins vils ou infâmes (hérétiques, parjures, criminels, etc.) ; il est prévu, en effet, que l'on accepte à ce propos n'importe quel témoignage. Est-ce à dire que l'on procédera différemment selon que la diffamation ait cours auprès des honnêtes gens ou auprès des vils et des hérétiques ? Certes pas, en ce qui concerne les peines et les condamnations à prévoir. Mais alors, la renommée d'hérésie serait-elle plus grave que l'hérésie elle-même ? Non pas quant à la peine qui lui convient : il est certes plus grave d'être convaincu d'hérésie que d'en avoir la renommée. Et si l'on croit aux accusations des honnêtes gens, il faut croire davantage à celles des autres ? Sans aucun doute. La preuve ? Les textes pontificaux ne font aucune distinction à ce propos entre la valeur des accusations des uns et des autres, et si l'accusation vient des amis de l'accusé, ou de ses ennemis. L'accusation est suffisante dans tous les cas : il suffit qu'un tel soit publiquement diffamé pour qu'il subisse une peine canonique, et pour qu'il soit frappé d'excommunication s'il la refuse. Qu'il demeure un an sous excommunication, et il sera condamné comme hérétique.

XVI. Il y a diffamation et, partant, procédure, dès que l'on compte avec les accusations ou les délations de deux témoins[1]. Toutefois, l'inquisiteur ne se précipitera pas et il aura la sagesse de verser au dossier quelque indice capable de prouver la véracité des délations. Dans la pratique, il tiendra compte aussi de la qualité des délateurs.

Il est de capital intérêt, à notre époque, de considérer si la diffamation se fonde sur le fait que le diffamé ait séjourné dans telle ou telle région infestée d'hérésie. C'est pourquoi le synode de Salzbourg ordonne aux curés d'examiner attentivement la vie, les mœurs, les opinions de ceux qui proviennent de contrées hérétiques et d'avertir l'évêque s'ils découvrent quoi que ce soit de suspect.

Il faut enfin ajouter à ce chapitre l'interdiction faite par le concile de Toulouse à tout diffamé d'hérésie de siéger parmi les conseillers ou les magistrats, ou d'assumer n'importe quelle charge publique.

31. Les relaps

Les relaps (ceux qui sont « re-tombés » : *re-lapsi*) peuvent l'être par rechute dans l'hérésie ou par récidive dans la protection de l'hérésie.

Sont relaps dans l'hérésie ceux qui sont surpris en pleine rechute, ou dont les actes dénoncent à l'évidence leur rechute. On parle d'« évidence » en toute propriété si le relaps passe aux aveux ou s'il est régulièrement dénoncé.

---

1. Constante essentielle pour comprendre les ravages du tribunal inquisitorial : deux témoignages à charge suffisent à la condamnation. Eymerich et Peña disserteront longuement sur cette question dans la dernière partie du *Manuel* (question 29 et suivantes).

Sont relaps dans la protection de l'hérésie ceux qui récidivent dans les pratiques exposées aux chapitres consacrés aux différents types de protection, hébergement, etc., des hérétiques.

Il faut signaler quatre cas différents de rechute dans l'hérésie :

1. Est relaps celui qui retombe dans l'hérésie qu'il avait abjurée lors d'une précédente capture. Exemple : un tel niait que le Christ fût le fils de la Vierge Marie, il fut pris et abjura. Mais il s'en tint ensuite à la même hérésie et fut repris. Celui-là est relaps et comme tel il doit être condamné.

2. Est relaps celui qui, non arrêté, était fortement suspect de telle hérésie ou de telle erreur, l'abjura et fut repris ensuite après être retombé dans l'hérésie ou dans l'erreur abjurée.

3. Est relaps celui qui, ayant abjuré en tant que suspect d'hérésie non un seul article, mais l'hérésie en général, tombe dans n'importe quelle hérésie en particulier. Exemple : un tel, suspect d'hérésie, est accusé de ne pas croire en la résurrection du Christ. Il abjure cette erreur et toutes les erreurs. Plus tard, il met en doute que le Christ soit monté aux cieux : c'est un relaps.

4. Un tel abjure l'hérésie dans laquelle on savait par un précédent procès qu'il était tombé. Il apparaît après qu'il avait déjà abjuré en tant que fortement suspect et qu'il était tombé dans l'hérésie avant d'avoir abjuré par suspicion. Si, après cette abjuration, il favorise les hérétiques de quelque façon que ce soit et maintient des rapports avec eux, il est relaps.

Tous ces relaps, qu'ils sollicitent ou non le pardon sacramental, doivent être livrés au bras séculier sans aucune sorte de procès. S'ils ne montrent pas de repentir, ils sont livrés comme hérétiques impénitents ; s'ils se repentent, on ne leur niera pas les sacrements de la confession et de l'eucharistie.

Reste le cas des relaps par récidive dans la protection des hérétiques. C'est le concile de Tarragone qui en fait des relaps. Mais les textes canoniques ne sont pas assez explicites dans la gradation des responsabilités et des peines.

Lesquels, de ces relaps, doivent être tués, lesquels doivent avoir la vie sauve ? Si on s'en tient aux bulles *Ab abolendam* et *Excommunicamus,* il faut livrer tous ces relaps au bras séculier sans aucune forme de procès. Mais dans ces deux bulles, la gravité des cas n'est pas détaillée. Je crois donc que le mieux, en cas de doute, c'est d'en référer au pape.

XVI. Conformément à la bulle *Cum quorumdam hominum* du pape Paul IV, datée 1555, on considérera comme relaps – et, comme tels, on les livrera immédiatement au bras séculier – dès leur première chute ceux qui croiraient ou enseigneraient l'une quelconque des hérésies mentionnées dans la bulle, et dont voici la teneur :

a) Ne pas croire à la trinité divine dans l'absolue unité de substance et l'absolue simplicité d'essence ;

b) Ne pas croire à la véritable divinité de Jésus-Christ ;

c) Nier que le Christ ait été conçu selon la chair dans le ventre de la Bienheureuse Toujours Vierge Marie par l'œuvre du Saint-Esprit, et prétendre qu'il l'ait été par la semence de Joseph ;

d) Nier que le Christ ait souffert une mort atroce sur la croix pour nous rédimer du péché et nous réconcilier avec le Père ;

e) Nier la maternité divine de la Vierge Marie ou nier que la Mère de Dieu ait été toujours vierge avant, pendant et après l'enfantement.

Plus tard, en 1558, et par la bulle *Cum ex apostolatus officio*, le pape Paul IV ajoute à cette liste d'hérésies un autre cas particulier : est relaps dès la première chute tout magistrat, ecclésiastique ou civil, qui tomberait dans le schisme ou dans l'hérésie, ou qui favoriserait l'un ou l'autre.

II

Pratique inquisitoriale

Cette partie du *Manuel* concerne la pratique inquisitoriale et se subdivise elle-même en trois parties. On examine dans la première partie la façon dont il convient de commencer un procès. La deuxième partie est consacrée au procès proprement dit, et la troisième, enfin, à la façon de le terminer.

A. Avant le procès. Autorité de l'inquisiteur

1. Instructions à l'inquisiteur prenant possession de sa charge

Examinons en tout premier lieu ce que doit faire l'inquisiteur nouvellement nommé par le pape ou par son légat dans un royaume ou dans un État précis. L'inquisiteur nouvellement nommé par le pape, ou par tout autre agissant au nom de celui-ci, dans un royaume ou dans un pays doit procéder ainsi.

a) Il doit, en tout premier lieu, se présenter au roi ou au seigneur du royaume ou du pays dans lequel le Siège apostolique l'envoie en qualité d'inquisiteur, et il doit lui présenter ses lettres de créance. Aussitôt, l'inquisiteur supplie et exhorte le prince à le considérer comme son serviteur, à lui prêter – le cas échéant – son conseil, son aide, son secours. L'inquisiteur rappelle au prince ou au seigneur que, en vertu de certaines dispositions canoniques, il est tenu de faire de la sorte, s'il tient à être considéré comme un fidèle et à éviter les nombreuses sanctions juridiques prévues dans les textes pontificaux.

b) Ceci accompli, l'inquisiteur doit demander des sauf-conduits pour lui-même, pour son commissaire, pour son notaire et pour son escorte. Il demande que ces sauf-conduits soient adressés à tous les officiers du roi, et que ces officiers se soumettent à l'inquisiteur dans sa tâche d'arrêter les hérétiques, ceux qui croient en eux, qui les cachent, les protègent, les défendent, ceux qui sont accusés d'hérésie ; qu'ils fassent tout ce qui est en leur pouvoir et conformément à leurs fonctions pour arracher la perversité hérétique et exalter la foi catholique toutes les fois qu'ils y seront requis par l'inquisiteur ou par ses lieutenants. Et l'inquisiteur obtiendra en outre, dans la mesure du possible, du seigneur ou du roi un document qui sera, à la lettre ou du moins dans son esprit, conforme à celui-ci :

« N., par la grâce de Dieu Roi de tel Royaume, à tous ses sujets et à chacun de ses officiers, salut et dilection !

Notre cher frère N., dominicain, inquisiteur, a été spécialement envoyé par le Saint-Siège apostolique dans nos terres et possessions pour le service de Dieu et pour son culte, pour l'exaltation de la foi catholique, pour arracher le détestable crime de l'hérésie de notre royaume s'il y fleurissait ou s'y enracinait. Il se dirige vers les terres qui vous sont confiées. Nous, en prince catholique conscient d'avoir reçu de la main du Très-Haut beaucoup de bien et d'innombrables honneurs, désirons par-dessus tout plaire en toute chose, et singulièrement en ce qui concerne son culte, à Dieu, le Créateur. Nous voulons donc protéger en tout l'inquisiteur, comme un envoyé spécial de Dieu, et nous entendons le favoriser constamment. Ainsi, nous vous disons à chacun de vous, et à chacun de vous nous ordonnons, sous peine de nos rigueurs, de prêter main-forte à l'inquisiteur toutes les fois que, pour exercer sa mission, il se dirigerait vers vos terres et qu'il y demanderait l'aide du bras séculier. Nous vous ordonnons d'accueillir favorablement l'inquisiteur ; d'arrêter ou de faire arrêter tous ceux que l'inquisiteur vous désignera comme suspects du crime d'hérésie, comme diffamés d'hérésie ou comme hérétiques, et de les conduire, sous votre garde, au lieu que l'inquisiteur vous préciserait ; de leur appliquer les peines méritées selon son jugement et conformément aux coutumes[1]. Nous vous ordonnons de seconder l'inquisiteur toutes les fois qu'il vous sollicitera et quels que soient ses motifs. Et, pour que l'inquisiteur puisse remplir sa fonction en toute sécurité et en toute liberté, nous le prenons par le présent document, lui, son commissaire, son notaire, son escorte et ses biens, sous la protection de notre royale clémence. Nous vous ordonnons d'observer d'une façon inviolable cette royale protection de l'inquisiteur, sur les siens et sur ses biens, de prendre garde que personne ne les attaque de quelque façon que ce soit dans leurs personnes ni dans leurs biens. Assurez leurs déplacements et leurs passages chaque fois que l'inquisiteur vous requerra pour cela. Donné en tel lieu, sous notre sceau, le jour tel de tel mois de telle année. »

c) Ces lettres obtenues, l'inquisiteur se rendra auprès de l'archevêque ou du métropolite, ou des archevêques et des métropolites des lieux où il est envoyé et il leur présentera son mandat apostolique. Il fera de même avec chaque évêque ou vicaire général avant d'entreprendre dans leurs diocèses l'exercice de sa mission ; car s'il exerçait avant même d'avoir présenté ses titres, il pourrait être gêné dans sa mission autant par les évêques que par les seigneurs temporels : les uns et les autres pourraient lui faire cesser toute activité avant qu'il n'eût présenté ses franchises.

Ainsi, ayant présenté les documents pontificaux à l'évêque intéressé, l'inquisiteur lui présentera aussi ses lettres royales. Il les présentera ensuite aux seigneurs temporels et aux officiels du diocèse, les sommant d'arrêter ou de faire arrêter ceux qui seraient dénoncés comme hérétiques, sympathisants, etc., et d'obéir aux ordres de l'inquisiteur ou de son lieutenant, conformément au rôle et aux fonctions de chacun d'eux.

d) Une fois tout cela accompli, l'inquisiteur peut, s'il le désire, exiger des seigneurs temporels le serment de défendre

1. Cf. prologue, p. 29 : l'intégration des coutumes au droit inquisitorial.

l'Église contre la perversité hérétique, et de protéger l'inquisiteur dans ses fonctions. Il les citera à comparaître devant lui par une lettre dont voici le modèle :

« Frère N., dominicain, inquisiteur de la perversité hérétique dans le royaume de N., délégué du Saint-Siège apostolique, aux vénérables vicaires, baillis et conseillers de telle ville, salut et obéissance rapide à mes ordres, qui sont des ordres apostoliques ! Parce que nous avons une affaire à traiter en commun, nous en fonction de notre rôle d'inquisiteur et vous en fonction de vos propres charges ; en vertu de l'autorité de notre seigneur le pape dont nous sommes investis en ces lieux et en vertu de nos propres fonctions, nous vous prions et requerrons chacun de vous – habilités comme nous le sommes à commander et ordonner et bien que nous ne doutions un seul instant de votre zèle pour la cause de la foi – que, toutes affaires cessantes, vous vous présentiez personnellement à nous, tel jour à telle heure et en tel lieu du couvent des frères dominicains de tel endroit. Donné en tel lieu, tel jour, etc. »

S'ils comparaissent, l'inquisiteur les exhortera à prêter serment de défendre l'Église contre les hérétiques selon leurs pouvoirs et fonctions. Le notaire leur lira en langue vulgaire les décrets pontificaux les concernant. Après cela, pour mieux les obliger, l'inquisiteur leur ordonnera, en présence de témoins probes et notamment d'ecclésiastiques, d'accomplir ce qui leur a été demandé au moyen d'un document dont voici la teneur :

« Frère N., dominicain, inquisiteur de la perversité hérétique dans le royaume de N., délégué du Saint-Siège apostolique, aux vénérables vicaires, baillis et conseillers de telle ville, salut et obéissance rapide à mes ordres, qui sont des ordres apostoliques ! Attendu que nul véritable catholique ne doit s'écarter des lois de la sacro-sainte Église romaine et singulièrement en ce qui touche aux affaires de la foi, dans laquelle se reconnaissent les fondements de la Mère Église établis par N.S.J.C., et sur lesquels elle est solidement établie.

Attendu que chaque catholique doit accomplir et promouvoir de toutes ses forces ces saintes lois, Nous, Frère N., dominicain de la province de N., délégué spécial du Siège apostolique, par l'autorité apostolique dont nous sommes investis et que nous exécutons en ces lieux, et en vertu de notre propre fonction, nous vous requerrons, vous, vénérables jurés, baillis, conseillers, etc., de tel lieu, et chacun de vous que nous nommons singulièrement dans les présentes, de jurer publiquement sur les divins évangiles d'observer les lois de l'empereur Frédéric et les statuts pontificaux promulgués concernant la protection de la foi, selon la forme et la manière que nous déciderons en accord avec les lois ecclésiastiques. Si vous n'en tenez pas compte, ou si vous refusez d'obéir aux commandements apostoliques et aux nôtres dans cette affaire, nous vous frappons d'anathème, nous vous destituons et privons de vos charges publiques, conformément aux lois canoniques et apostoliques. Fait en tel lieu, etc. »

Après lecture de ce document, si les officiels consentent et se déclarent prêts à jurer, ils jureront sur place ou publiquement dans une église ou dans le lieu dont on aura convenu. Ils proclameront leur serment à genoux, devant le livre des quatre évangiles qu'ils toucheront de leur main, et conformément à la formule suivante :

« Nous, un tel, vicaire (ou bailli, ou conseiller, etc.) de la ville de N., à la requête et à la demande du vénérable seigneur inquisiteur frère N., dominicain, en tant que vrai fidèle de la Sainte Église de Dieu et lui obéissant, promettons et jurons par les quatre évangiles qui sont devant nous et que nous touchons, que nous croyons et ferons croire à la foi de N.S.J.C. et de la Sainte Église romaine, que nous l'observerons et la ferons observer, et que nous la défendrons de toutes nos forces contre quiconque. Nous jurons de poursuivre, arrêter ou faire arrêter, toutes les fois que nous le pourrons, tout hérétique, tout protecteur, défenseur ou fidèle des hérétiques. Nous accuserons et dénoncerons à l'Église et aux inquisiteurs quiconque nous saurions appartenir aux catégories désignées, notamment si nous y étions expressément sollicités. Nous ne conferrons la charge de bailli ou de syndic – ou toute autre charge – à aucun de ces pestiférés, à aucun suspect, à aucun diffamé d'hérésie, à quiconque se trouverait, par décision de l'inquisiteur, sous l'interdiction d'occuper n'importe quelle charge publique. Nous jurons de n'accepter aucun de ceux-là ni dans notre famille ni dans notre communauté, ni dans notre service ni dans notre conseil. Et si nous devions apprendre que l'un des nôtres fût hérétique, ou sympathisant, nous jurons de l'éloigner immédiatement de parmi nous. Nous promettons enfin d'obéir en cela et en tout ce qui concerne l'hérésie à Dieu, à l'Église romaine et aux inquisiteurs, de toutes nos forces et en tout ce qui dépend de nous. Que Dieu nous vienne en aide, et ainsi nous le jurons en touchant de nos mains les divins évangiles. »

XVI. Le modèle eymericien est conforme en tous points aux prescriptions du concile de Béziers. Les inquisiteurs modernes en modifieront telle ou telle formule en fonction des hérésies modernes (luthéranisme, calvinisme, etc.), mais en tenant bien compte de n'altérer en rien l'esprit des définitions du concile de Béziers à ce propos.

2. Comment requérir des autorités temporelles qu'elles prêtent serment sous peine d'excommunication

Si, ayant pris connaissance des termes du serment qui leur est demandé, les intéressés (baillis, consuls, etc.) demandent un délai de réflexion, et si, après délibération, ils se récusent à prêter serment, ils seront requis par l'inquisiteur au bout d'un très bref délai (trois ou quatre jours) par une lettre dont voici le modèle

« Frère N., dominicain, etc.

Considéré qu'il appartient à tous ceux qui sont nés à la vie véritable par les eaux du baptême, et singulièrement aux seigneurs temporels, princes, nobles, conseillers, etc., d'aider selon leurs pouvoirs l'Église catholique à extirper l'hérésie, et qu'il leur appartient de prêter serment s'ils sont requis pour le faire par l'évêque ou l'inquisiteur, s'ils veulent éviter de subir les multiples et graves peines qui ont été prévues en cas de refus ;

Considéré que nous nous trouvons dans cette ville de N., pour y mener à bien la défense de la foi et l'extirpation de l'hérésie, ce que nous ne pourrons faire sans le concours de votre bras séculier ;

De par l'autorité apostolique que nous détenons en ce lieu, nous vous requérons, vous tous ici nommés, et vous exhortons en vertu de la sainte obéissance et, sous les peines prévues par le droit, vous ordonnons de vous présenter dans les trois jours qui suivent à compter d'aujourd'hui, chaque jour comptant pour une sommation, personnellement dans un tel lieu, devant nous, afin de prêter serment, la main sur les Saints Évangiles et de promettre d'assister en toutes choses l'inquisiteur, d'appliquer toute règle canonique contre les hérétiques, leurs défenseurs, leurs enfants et leurs petits-enfants.

Si vous ne comparaissez pas dans ce délai, vous êtes excommuniés en tant que rebelles, contumax et désobéissants à nos ordres, qui sont les ordres du pape. Et sachez que, si vous vous opposez de quelque façon que ce soit à cette peine, nous vous en infligerons de plus graves. Donné en tel lieu, à telle date, sous notre sceau. »

S'ils comparaissent, ils jureront comme prévu plus haut. Dans le cas contraire, ils seront excommuniés et leur peine sera rendue publique dans l'église cathédrale.

S'ils se décident à prêter serment après publication de la sentence d'excommunication, ils jureront sous la forme prévue plus haut, puis ils seront absous de l'excommunication. Toutefois, on leur imposera une pénitence salutaire, à l'arbitre de l'inquisiteur. Par exemple, ils seront obligés de se tenir aux marches de l'autel dans les grandes fêtes et pendant la grande messe, tête nue, pieds nus et tenant à la main un cierge dont on déterminera le poids et qu'ils offriront au célébrant à la fin de la messe.

XVI. Il faut châtier durement le péché de désobéissance à l'inquisiteur. Toutefois, quand il s'agit de conseillers et de notables, il vaut toujours mieux leur imposer des peines moins dures. On leur imposera, par exemple, le versement d'une somme importante pour l'édification d'un lieu sacré, ou pour une autre fin, de sorte que le délit ne reste pas impuni et que les autres apprennent à craindre. Mais l'inquisiteur fera bien attention avant de pénaliser : il aura constamment besoin des puissants temporels, dont l'amitié et la bienveillance lui seront indispensables. Que les inquisiteurs consultent donc à temps les grands inquisiteurs et que l'on laisse de préférence à l'inquisiteur général, voire au pape, le soin de trancher dans ces cas.

D'autre part, comment l'inquisiteur se fera-t-il obéir dans les villes libres, dont les conseillers et les princes ne reconnaissent d'autorité supérieure à la leur ? Les pénitences prévues par Eymerich seront appliquées en revanche sans inconvénient aux magistrats des lieux dont les autorités supérieures défendent la foi avec zèle, avec ardeur.

3. L'excommunication et l'interdit

Si les autorités civiles prêtent serment après sommation, elles sont absoutes de l'excommunication et officiellement réintégrées dans leurs fonctions et dans leurs rangs. L'excommunication des autorités déliait les sujets de tout lien d'obéissance : l'excommunication levée, elles retrouvent l'obéissance de leurs sujets.

Mais si les notables demeurent deux ou trois mois sous l'excommunication méritée par non-comparution, la procédure sera plus dure : les excommuniés seront dénoncés dans les églises cathédrales, et cela avec jet à terre de chandelles allumées[1] et avec sonnerie de cloches plusieurs fois par semaine ou par jour.

Qu'ils se décident à prêter serment, ils seront absous de l'excommunication mais on leur infligera des peines encore plus dures. Au bout de deux ou trois mois, s'ils demeurent dans leur refus, on compliquera la procédure et on étendra l'excommunication à leurs proches et à tous ceux qui entretiennent des rapports avec eux. S'ils jurent après cela, ils sont absous, mais condamnés à une pénitence plus dure. Sinon, on aggrave encore la procédure en jetant l'interdit[2] – par exemple – sur les terres et

1. Signe de deuil toujours en usage dans certaines contrées catholiques au cours des messes de funérailles.

2. Jeter l'interdit équivaut à priver la ville ou la région ainsi pénalisée de toute vie sacramentelle (pas de baptême, pas d'enterrement, pas de mariage, etc.) et,

les villes régentées par ces récalcitrants. L'interdit sera levé s'ils prêtent, enfin, serment. Mais à ce stade, s'ils ne réagissent même pas à l'interdit, ils seront traités en protecteurs des hérétiques et en suspects d'hérésie ; ils seront dépouillés de leurs dignités et éloignés à jamais de toute fonction et dignité, de sorte que tout acte public qu'ils accompliraient à l'avenir serait considéré par quiconque comme nul et non avenu.

XVI. Ceux qui auront subi ce type de condamnation ne pourront pas, à l'avenir, exercer la médecine. S'ils revenaient à l'Église, ils ne pourraient tout de même pas exercer de fonction publique, d'aucune sorte – ni eux, ni leurs fils, ni leurs petits-fils ; il leur serait interdit de porter le moindre vêtement de prix, le moindre ornement d'or ou d'argent. Ils n'auront ni baillies ni administrations ; ils ne seront ni du conseil ni de la famille des puissants ; ils n'exerceront ni la médecine ni le droit ; ils n'accéderont à aucune fonction publique ni n'accompliront d'acte public ; ils ne porteront ni bijoux, ni vêtements de soie, ni de choses semblables : pas de ceintures dorées, pas de courroies dorées ou argentées, pas de souliers incisés ni peints. Et là où il sera possible de le faire, ils seront expulsés de la cité et confinés quelque temps dans une autre ville.

4. Pouvoir inquisitorial après l'interdit

La cité se donnera alors de nouveaux conseillers ou de nouveaux magistrats qui, eux, prêteront serment avant d'accéder à leurs nouvelles dignités. Mais si la population reste attachée aux contumax, l'inquisiteur prend toutes mesures pour isoler des autres cités la cité interdite, allant, s'il le faut, jusqu'à la

---

compte tenu des liens entre la vie sacramentelle et la vie tout court, à rendre inefficace tout acte juridique, toute transaction comportant habituellement l'intervention d'un notaire. L'interdit annule le lien de fidélité et bloque, par là même, non seulement la vie politique de la cité, mais aussi son activité économique. Au point de vue canonique et juridique, une région interdite est une région morte.

priver de siège épiscopal. Toutefois, il sera bon que l'inquisiteur laisse au pape l'initiative de ces dernières peines.

XVI. Cela vaut infiniment mieux : il vaut toujours mieux différer et consulter le chef que se précipiter et provoquer ainsi le tumulte.

En Espagne, ceux qui commettraient ce type de délit seraient poursuivis par l'inquisiteur, et ils seraient arrêtés et punis par l'autorité royale.

5. *Institution du commissaire inquisitorial*

Obtenu – ou non obtenu – le serment dont il est question ici, l'inquisisiteur doit nommer un commissaire inquisitorial dans chaque évêché. Il sera âgé de quarante ans au moins et il appartiendra au clergé séculier ou régulier. Ce sera un homme prévoyant, sage, exemplaire dans son savoir et dans ses mœurs, plein de zèle pour la sainte foi.

Ses pouvoirs ? Recevoir toutes délations, informations et accusations de qui que ce soit, contre qui que ce soit (dans les limites du diocèse) ; « procéder contre » qui il croirait opportun de le faire ; citer aussi bien les délinquants que les témoins ; arrêter ; retenir recevoir témoignages et aveux, les examiner, appeler à témoigner ; torturer – avec Monseigneur l'évêque – pour obtenir des aveux ; incarcérer, convoquer des experts et faire, d'une façon générale, tout ce que l'inquisiteur pourrait faire s'il était physiquement présent. Toutefois, conformément à la coutume, l'inquisiteur se réserve dans tous les cas, et dans chaque cas, l'application de la sentence définitive. Pour ce cas particulier, l'inquisiteur peut, s'il le veut, déléguer ses pouvoirs au commissaire ; mais il vaut mieux qu'il se réserve à lui personnellement les relaps et les impénitents, car on craint généralement davantage l'inquisiteur que son commissaire, et l'inquisiteur est plus expert que son second.

S'il le juge utile, l'inquisiteur peut nommer aussi deux autres commissaires, ou un vicaire général inquisitorial pour toute une province ecclésiastique. Les pouvoirs du vicaire inquisitorial seront ceux-là mêmes que l'on délègue au commissaire inquisitorial diocésain.

B. Débuts publics et solennels des travaux inquisitoriaux

6. Le sermon général

Tout ceci accompli, les commissaires inquisitoriaux ayant – ou n'ayant pas – été nommés, l'inquisiteur détermine, d'accord avec l'ordinaire du lieu où il a établi son siège et sa délégation apostolique, la date du sermon général. Ce sermon ne sera pas prononcé le jour d'une grande fête afin de ne pas gêner le fonctionnement normal de la vie paroissiale, mais un dimanche quelconque en dehors des périodes de Carême et d'Avent[1]. Les curés de toutes les paroisses du lieu recevront à temps une lettre dont voici la teneur :

> « Frère un tel, dominicain, à un tel, curé de telle paroisse dans la ville de N., salut et obéissance rapide à mes ordres apostoliques. Nous avons l'intention, conformément à ce qu'il nous appartient de faire en tant qu'inquisiteur, de parler de certaines questions intéressant la foi à l'ensemble du clergé et des fidèles. C'est pourquoi, de par l'autorité du pape dont nous sommes investis dans ces lieux, nous vous prions, requérons et ordonnons d'annoncer au peuple dimanche prochain (le tel de tel mois) au cours de la grande messe et à haute et intelligible voix, qu'il aura à se rendre le dimanche d'après (le tel de tel mois) en l'église cathédrale à l'heure habituelle de la grande messe afin de voir et d'entendre des choses

1. Les grandes pompes liturgiques sont interdites tout au long de ces deux périodes de pénitence. Interdiction aussi de célébrer des événements joyeux pendant ces périodes. Faut-il en conclure que la mise en route de la procédure inquisitoriale est envisagée comme une fête ? Très certainement. La suite est, à ce propos, parfaitement convaincante.

> qui concernent l'orthodoxie de la foi. Vous avertirez le peuple que nous supprimons pour ce dimanche-là tout autre sermon et que nous concédons, par l'autorité apostolique, quarante jours d'indulgence à tous ceux qui assisteront à notre sermon. Donné en tel lieu, etc. »

Si l'inquisiteur le croit opportun, il rappellera en outre ces mêmes ordres aux curés par un billet (cédule) qu'il leur fera parvenir la veille du dimanche où doit être faite l'annonce du sermon général. Le billet dira à peu près :

> « Nous vous rappelons que nous avons décidé de prononcer demain en huit un sermon général dans la cathédrale et que nous vous prions et vous ordonnons d'en prévenir le peuple afin qu'il vienne l'entendre. Nous suspendons pour ce jour-là tous les autres sermons et concédons quarante jours d'indulgence à ceux qui nous écouteront. »

L'inquisiteur avertira de la même façon toutes les maisons religieuses afin que nul ne prépare de sermon pour ce dimanche. Et quelles que soient les familles religieuses auxquelles appartiennent les communautés de la ville, elles seront sommées par l'inquisiteur d'envoyer au minimum deux ou quatre de leurs membres au sermon général.

Le jour venu, l'inquisiteur prononcera un sermon entièrement consacré à la foi, à sa signification, à sa défense, exhortant le peuple à extirper l'hérésie. Le sermon se terminera par la sollicitation des délations :

> « Si quelqu'un sait qu'un tel a dit ou a fait quelque chose contre la foi, qu'un tel fait sienne telle ou telle erreur, il est tenu de le révéler à l'inquisiteur. »

L'inquisiteur ajoutera qu'il sait bien qu'on lui révélera tout, mais qu'il est obligé de faire au peuple fidèle des avertissements solennels afin que l'on ne médise pas des délateurs et qu'on les considère, en revanche, comme très obéissants à la loi divine.

À la fin du sermon, l'inquisiteur fera lire, à haute et intelligible voix et en langue vulgaire – par son notaire ou par un autre clerc ou religieux qui prendra place dans l'ambon à côté de lui – la lettre suivante.

7. Ordre de délation à lire pendant le sermon général

« Nous, Frère un tel, dominicain, inquisiteur spécialement délégué par le Siège apostolique dans les terres de..., etc., ayant appris que les serpents de l'hérésie veulent répandre leur venin dans cette contrée, que les hérétiques veulent y dévaster les âmes comme les renards dévastèrent les vignes du Seigneur Sabaoth, qu'ils blasphèment le Dieu des Dieux et le Seigneur des Seigneurs ;

Nous, dont les entrailles tressaillent de peur et de dégoût à l'idée que le venin de l'hérésie ait déjà empoissonné beaucoup d'âmes ;

Avec l'autorité du pape, dont nous sommes investis ; en vertu de la sainte obéissance et sous peine d'excommunication, nous ordonnons et statuons par trois sommations et d'une façon péremptoire a tous et à chacun, laïques, membres du clergé séculier et du clergé régulier de quelque fonction, grade ou dignité qu'ils soient, vivant dans les termes de cette ville – ou de cette région – et dans un rayon de quatre milles hors les murs, que dans le délai de six jours à compter d'aujourd'hui, chaque deuxième jour constituant le terme d'une sommation, ils nous disent s'ils savent, s'ils ont su ou s'ils ont entendu dire que telle personne est hérétique, connue comme hérétique, suspecte d'hérésie, ou qu'elle parle contre tel ou tel article de la foi, ou contre les sacrements, ou qu'elle ne vit pas comme le commun, ou qu'elle évite le contact des croyants, ou qu'elle invoque les démons et leur rend culte.

Celui qui – Dieu ne le veuille ! – négligeant son propre salut, ne se plierait pas à notre ordre de délation, sache qu'il est lié du lien de l'excommunication, et que cette excommunication le lie dès cet instant, et qu'il n'en serait délié que par notre seigneur le pape ou par nous-même. »

8. Ce que doit faire l'inquisiteur après le sermon général

Après la lecture de cette commination en langue vulgaire, l'inquisiteur doit faire trois choses.

a) Il doit expliquer d'abord le sens de cette commination et le simplifier pour qu'elle soit mieux retenue. Il la résumera ainsi :

« Cette sentence – dira-t-il – comporte trois points. Le premier est d'ordre général : si vous savez qu'un tel est hérétique, suspect d'hérésie ou diffamé d'hérésie, vous devez nous le dénoncer.

Le second est particulier : si vous savez que quelqu'un enseigne telle ou telle erreur, vous devez nous le dire.

Le troisième est singulier : vous nous dénoncez ceux dont vous sauriez qu'ils possèdent des livres hérétiques ou qu'ils invoquent les démons. »

b) L'inquisiteur rappelle ensuite que ceux qui ont entendu le sermon ont gagné quarante jours d'indulgence. Et il ajoute :

« Gagneront trois ans d'indulgence tous ceux qui m'aideront dans l'accomplissement de ma tâche. C'est ainsi que le notaire qui vient de vous lire les sommations vient de gagner trois ans d'indulgence. Tous ceux qui me dénonceront un hérétique ou un suspect en gagneront autant. Soyez donc diligents, et gagnez des indulgences. »

c) Troisièmement, l'inquisiteur déterminera le temps de grâce dans les termes suivants :

« Et nous, par l'autorité apostolique dont nous sommes investis, nous accordons une grâce spéciale à tous les hérétiques, sympathisants des hérétiques, protecteurs, suspects d'hérésie, bienfaiteurs, diffamés, etc., vivant dans ce diocèse qui, pour toute la durée d'un mois à compter daujourd'hui, se présenteront spontanément à nous sans attendre qu'ils soient dénoncés, accusés ou capturés. Pendant ce mois de grâce, nous userons de grande miséricorde envers ceux qui, spontanément, viendront à nous, avoueront leur faute et demanderont pardon. Mais ceux qui, loin de se présenter spontanément, attendront d'être accusés, dénoncés ou cités, ou capturés, ou qui laisseront passer le temps de grâce, ceux-là ne bénéficieront pas de tant de miséricorde ! Nous les conjurons donc tous de se présenter spontanément pendant le temps de grâce ! »

Tout ceci accompli, l'inquisiteur peut faire afficher le texte des sommations aux portes de la cathédrale afin que chacun puisse les lire.

Puis, lorsque l'inquisiteur aura déterminé ces deux périodes (l'une pour les délateurs, l'autre – le temps de grâce – pour les hérétiques, diffamés, etc.), il évitera de se déplacer. Il restera chez lui pour que délateurs et repentis puissent le rencontrer facilement.

9. Ceux qui se livrent spontanément

Ceux qui, pendant le temps de grâce, se dénoncent spontanément, disant avoir cru en telle ou telle hérésie, avoir favorisé les hérétiques, etc., ne sont ni des accusés, ni des dénoncés, ni des cités à comparaître : ils avouent spontanément. L'inquisiteur modérera, à leur égard, sa sévérité. Mais il prendra garde à la façon dont ils veulent effacer leur faute. S'ils veulent s'accuser dans le for pénitentiel, déclarant vouloir être entendus en confession sacramentelle, l'inquisiteur n'accédera pas et n'écoutera pas leur confession : il n'est pas, lui, juge du for intérieur et pénitentiel, mais extérieur et juridique. Qu'ils évitent donc, les inquisiteurs, de leur administrer le sacrement de la confession car, dans le cas contraire, ils éluderaient leur office propre et mépriseraient le sacrement. L'inquisiteur lui-même pécherait de scandale contre le sacrement s'il écoutait ces confessions. Car s'il écoute une confession sacramentelle et apprend ainsi qu'un tel a été hérétique de telle à telle date, et qu'il a entraîné tant de gens, il sera bien embarrassé si, après, procédant par voie juridique, il vient à enquêter sur les faits dont il a eu connaissance par la confession sacramentelle : le prévenu l'accusera à coup sûr de révéler le secret de la confession. Quel scandale contre l'Inquisition ! L'expérience montre que des hérétiques ou des suspects, craignant d'être capturés par l'Inquisition, se présentent spontanément et demandent à être entendus en confession, pensant éluder ainsi procès et punitions. Qu'ils ne soient donc pas entendus et qu'ils avouent leurs crimes à l'inquisiteur dans le for juridique.

Le crime bien établi, l'inquisiteur verra d'abord si l'avouant était déjà prévenu ou s'il était par ailleurs l'objet d'une délation ou d'une accusation. Si c'est le cas, on enregistrera judiciairement – avec le notaire et des témoins – les aveux et on agira en toute conformité avec les règles juridiques, avec toutefois un peu moins de sévérité, car on n'oubliera pas que l'intéressé est venu sans être cité.

Dans le cas contraire, l'interrogatoire portera surtout sur la nature du délit (article de la foi mis en cause, type d'aide accordé aux hérétiques, etc.) ; et, s'il s'avérait que l'hérésie n'était que de for interne et que jamais l'avouant n'avait infecté de ses erreurs qui que ce fût, il n'y aurait pas de confession juridique. L'avouant, dans ce cas, sera absous en secret et l'inquisiteur lui imposera une peine salutaire tout en le conjurant de demeurer ferme dans sa foi. Mais si les faits n'étaient pas tout à fait secrets et s'il y avait eu infection, alors il y aurait enregistrement notarial des aveux : on enquêterait auprès des personnes qui auraient été au courant ou qui auraient subi l'infection et l'on procéderait à l'application des peines prévues selon la nature du délit, avec toutefois cette modération dans la rigueur dont bénéficie celui qui se présente spontanément.

XVI. L'inquisiteur détermine, à sa discrétion, la longueur de la période de grâce. Normalement le temps de grâce dure un mois, une quarantaine à la limite. Et, sauf instructions pontificales contraires, le temps de grâce dont bénéficie une ville ou un diocèse n'est pas renouvelable.

Eymerich parle de clémence envers ceux qui avouent pendant le temps de grâce : toutefois, ils seront pénalisés. L'inquisiteur, tenant compte de la qualité des personnes et de l'importance des délits, leur infligera une contravention, ou leur demandera de verser une aumône, etc. En outre, il serait utile que l'on gardât la vie sauve aux relaps qui, en larmes, viendraient avouer pendant le temps de grâce : mais bien des docteurs sont d'avis contraire. Quant aux autres, les hérétiques qui laisseraient passer le temps de grâce, ils seront condamnés à la prison à vie… à moins qu'ils ne fussent tellement nombreux que leur incarcération posât des problèmes insolubles. Le concile de Narbonne (Actes, C. 9) a envisagé cette éventualité :

> « Les hérétiques qui ont laissé passer le temps de grâce doivent être emprisonnés à vie, conformément au droit pontifical. Mais j'ai appris qu'ils sont chez vous si nombreux que les prisons manqueraient, et le ciment, s'il fallait tous les emmurer. Nous vous conseillons donc de déférer les emmurations si c'est possible et de n'incarcérer pour le moment que les plus dangereux. »

Eymerich semble accorder à l'inquisiteur la possibilité d'écouter en confession le « spontané » dont les délits ne sont pas publics. Il vaudra mieux ne pas le suivre sur ce point car, en procédant comme il le suggère, l'inquisiteur pourrait se trouver plus tard face aux difficultés et aux risques de scandale qu'Eymerich même vient de rappeler. Que l'inquisiteur s'en tienne à son rôle de juge, conformément aux dispositions du pape Clément III *(Cum sicut).*

10. Comment recevoir les délations

Les délateurs seront écoutés judiciairement dans le laps de temps prévu pour cela. Si les délateurs étaient nombreux au point qu'il s'avérerait impossible d'écouter judiciairement toutes leurs dépositions, l'inquisiteur leur ferait écrire dans un petit cahier prévu pour cela – un par diocèse – ce qu'ils dénoncent et qui, leur propre nom, les noms des témoins produits avec le nom de la ville ou du village qu'ils habitent. Ce petit cahier, l'inquisiteur le gardera bien, de peur qu'il ne l'égare et ne cause le dommage que l'on imagine aux délateurs. L'inquisiteur écrit aussi de sa main, dans le petit cahier – comme dans un aide-mémoire – toutes les délations, les noms des délateurs et des dénoncés, les noms des témoins à interroger, comme ceci.

11. Aide-mémoire des délations

Diocèse de X. – Un tel, né à…, domicilié à…, de profession…, a dénoncé un tel domicilié à… rue ou place…, exerçant le métier de… d'avoir prétendu (par exemple) que, dans le sacrement de l'autel, il n'y a pas véritablement le corps du Christ.

À interroger : Un tel, domicilié à…, rue ou place de…, profession…, et un tel.

Diocèse de Y. – Comme le modèle précédent.

12. Après le temps de grâce

Le temps de grâce écoulé, l'inquisiteur compulse son aide-mémoire, soupèse les délations, détecte celles qui sont peu vraisemblables, isole les crimes les plus graves et les plus dangereux pour la foi. Et là où la gravité est plus claire, là il commence d'enquêter, citant celui qui dénonça les faits.

Il lui fait prêter serment de dire la vérité. Si la déposition ne semble pas vraisemblable, l'inquisiteur surseoit, mais sans modifier en rien le contenu de son petit livre, car ce que l'on ne trouve aujourd'hui peut être découvert demain.

S'il apparaît qu'il y a vraisemblance, il faut envisager de commencer le procès selon l'une des trois formes de commencement d'un procès inquisitorial.

C. Enquête et débuts des procès

Le procès peut commencer par accusation. Dans ce cas, l'accusation doit être précédée de l'inscription.

Il peut commencer par dénonciation. Et dans ce cas, la dénonciation elle-même doit être précédée d'une exhortation charitable.

Il peut commencer enfin par l'enquête, que doit précéder une information claire.

L'inquisiteur demande au délateur s'il veut être l'accusateur dans l'affaire, ou s'il veut se limiter à dénoncer. Si le délateur veut être l'accusateur, il apprendra de l'inquisiteur qu'il se trouve ainsi inscrit à la loi du talion. Si, informé de la sorte, il se maintient en qualité d'accusateur et veut que l'on procède par accusation, il en sera comme l'accusateur voudra, et le procès se déroulera par accusation. Si, après information, le délateur ne veut plus assumer le rôle d'accusateur et déclare se contenter d'être le délateur (c'est le cas le plus fréquent) et si, par ailleurs, il ne veut pas être partie dans le procès (c'est aussi le cas le plus fréquent), alors on procédera comme prévu ci-dessous, c'est-à-dire par dénonciation. S'il ne veut ni accuser ni dénoncer, alléguant que ce qu'il dénonce est colporté partout, l'inquisiteur enquêtera sur ces dires publics, et le procès commencera de la façon prévue plus bas. Et voici, comme promis, les trois formes de commencement d'un procès.

13. Début d'un procès par accusation

Il y a procès par accusation lorsque par devant l'inquisiteur, quelqu'un accuse un autre d'hérésie, manifeste sa volonté de prouver son accusation et déclare se conformer à la loi du talion, en vertu de laquelle l'accusateur accepte, s'il échoue, de subir la peine que subirait le dénoncé si l'on prouvait la culpabilité de ce dernier.

Ce n'est pas la meilleure méthode dans la pratique inquisitoriale ; elle est dangereuse, et très discutable. Mais si l'accusateur insiste, l'inquisiteur accède et fait écrire l'accusation. Ceci fait, l'inquisiteur ne « procédera » pas de son propre chef, mais à l'instance dune partie, et il se fera assister d'un notaire public et de deux religieux ou, au moins, de deux personnes honnêtes.

Et le procès commence. Le notaire écrira :

« *In nomine Domini,* Amen. En l'an tel, tel jour de tel mois, en présence du soussigné, notaire à..., et des témoins nommés : un tel de tel lieu, du diocèse de X., comparut personnellement en tel lieu par devant le vénérable frère un tel, dominicain, docteur en théologie, inquisiteur pour le territoire de tel seigneur, à qui il présenta une cédule d'accusation dont voici la teneur (le notaire transcrira intégralement la cédule, et il ajoutera) : fait à telle date, au lieu ci-dessus précise, en présence des témoins ci-dessous nommés, et en présence du soussigné lui-même, notaire public de tel lieu, et en présence des scribes du Saint-Office de l'Inquisition, ou du seigneur inquisiteur. »

XVI. La loi du talion est tombée aujourd'hui en désuétude[1]. La raison la plus souvent alléguée par les docteurs contre son application est évidente : si l'on appliquait cette loi à l'accusateur défaillant, on ne trouverait plus de délateurs et, par conséquent, les crimes resteraient impunis, au grand dommage de l'État *(Reipublicae*[2]*).* Dans le cas extrême où l'accusateur voudrait absolument se plier à la loi du talion et où il s'avérerait, en cours de procès, incapable de prouver ses dires, j'estime qu'il ne faudrait pas lui appliquer la peine qui aurait correspondu à l'importance de l'objet de l'accusation. On ne livrerait pas, en tout cas, l'accusateur défaillant au bras séculier car, dans tous les cas l'accusateur est moins dangereux que l'hérétique.

De nos jours, le rôle de l'accusateur est dévolu à un fonctionnaire que l'on appelle le « Fiscal » : c'est lui qui assume l'accusation.

Après enquête, il formule les accusations en des termes précis et clairs, comme par exemple :

« Moi, Augustin, fiscal de la Sainte Inquisition, j'accuse devant toi, Révérend Inquisiteur, le nommé Martin Luther d'avoir abandonné la foi catholique et adhéré à l'horrible hérésie manichéenne et à telle et telle autre hérésie, alors qu'il a été baptisé dans le catholicisme et que chacun le tient pour catholique. je l'accuse de prêcher, d'écrire, de composer et d'affirmer d'innombrables dogmes hérétiques, faux, scandaleux et très suspects de convenir aux hérésies ci-dessus nommées. »

1. En désuétude, mais non abrogée. On sait, en effet, qu'il n'y a pas d'abrogation dans la législation inquisitoriale. Cf. prologue, p. 26.

2. Il me semble indispensable de noter que Peña parle bien de *Respublica* et non pas de *christianitas* ou de *populus christianus.*

C'est là le style des formules d'accusation utilisées normalement de nos jours. L'acte d'accusation sera suffisamment explicite pour que le prévenu sache de quoi exactement on l'accuse, afin qu'il puisse se défendre. Rien pourtant n'y figurera qui lui permette de deviner qui l'a dénoncé…, et cela, pour des raisons évidentes dont il sera question plus tard, lorsqu'on en viendra aux circonstances dans lesquelles il faut soit éclairer le prévenu, soit le tromper.

14. Début d'un procès par dénonciation

Un délateur dénonce un tel d'hérésie ou de protection de l'hérésie, et déclare le faire pour ne pas encourir l'excommunication qui frappe ceux qui savent et se taisent.

L'inquisiteur fait mettre par écrit les termes exacts de la dénonciation, et il « procède » cette fois-ci selon son office et non en tant que sollicité par une partie.

C'est la procédure habituelle. Le procès commence en présence d'un notaire et de deux témoins religieux ou bons croyants. Le délateur prête serment sur les quatre évangiles et commence sa déposition : d'où il tient les faits ; les tient-il de première main ou non ; qui les lui a révélés. L'inquisiteur l'interrogera pour compléter au maximum la déposition, et tout sera noté dans l'acte qu'établira le notaire. Puis on demande au délateur s'il dénonce poussé par la malveillance, la haine, la rancœur, ou encore sous l'ordre d'un tiers. Le délateur prête ensuite serment de garder le secret sur ce qu'il a dit à l'inquisiteur et sur ce que celui-ci lui a dit. Le tout figure dans l'acte notarial. L'acte de délation sera daté.

15. Début d'un procès par enquête

Il n'y a ni aveu spontané, ni accusation, ni délation, mais le bruit court dans telle ville ou dans telle région qu'un tel a dit ou a fait telle ou telle chose contre la foi ou en faveur des hérétiques. Dans ce cas, l'inquisiteur enquête, non à l'instance d'une partie, mais selon son propre office.

C'est une façon très commune de « processer. » Et si le bruit parvient aux oreilles de l'inquisiteur de la bouche de personnes honnêtes et bien pensantes, le procès commence, toujours devant notaire et deux témoins, par l'établissement d'un acte dans lequel on transcrit la teneur de cette rumeur publique.

XVI. Par « enquête », dans le contexte inquisitorial, il faut entendre l'investigation effectuée canoniquement par un juge bon et équitable sur un acte manifestement criminel.

Il faut distinguer à présent l'enquête générale *(inquisitio generalis)* et l'enquête spéciale *(inquisitio specialis).*

Il y a enquête générale chaque fois que l'inquisiteur visite une province ou une région et qu'il édicte des décrets de recherche des hérétiques en général. L'enquête générale ne suppose pas forcément qu'un crime d'hérésie ait été signalé préalablement.

L'enquête ou inquisition spéciale est le droit de procéder à la condamnation et au châtiment de prévenus diffamés d'hérésie et nommément désignés. Cette inquisition suppose qu'il y ait eu délit effectif.

Toutefois, dans le domaine de l'hérésie, il est légitime de procéder à une enquête spéciale lors même qu'il n'y a pas eu de délit. Mais l'inquisiteur redoublera de prudence, de circonspection et de réserve dans ce dernier cas de peur de ne pas léser inutilement l'honneur de celui sur qui il enquête.

D. Le procès proprement dit

Nous venons de voir comment on débute un procès dans une cause d'hérésie. Il nous faut voir à présent comment le procès se déroule.

Précisons tout de suite que, dans les affaires de foi, la procédure doit être sommaire, simple, sans complications et sans tumultes ni parades d'avocats et juges. On n'y est pas tenu de montrer d'acte d'accusation à l'accusé ni d'y introduire de débat. On n'y admet pas d'appel dilatoire ni d'autres choses de ce genre. Et, puisque nous avons distingué trois façons d'introduire un procès, reprenons maintenant en étudiant le déroulement de chacune des trois formules.

16. Le procès par accusation

Dans le cas d'un procès par accusation, l'inquisiteur ordonne à l'accusateur de produire les noms des témoins : ceux-là seront cités et interrogés sous serment. S'il apparaît qu'ils n'apportent rien à l'accusation, l'inquisiteur conseillera à l'accusateur d'abandonner. S'il apparaît que les dépositions des témoins servent un peu l'accusation, l'inquisiteur conseillera à l'accusateur de se contenter d'être délateur afin que l'inquisiteur puisse « procéder » selon son office et non en tant que sollicité par une partie, et afin que l'accusateur ne s'expose pas à de trop graves dangers. S'il apparaît que les témoignages confirment pleinement l'accusation et que l'accusateur tient à accuser, et non seulement à dénoncer, l'inquisiteur examinera diligemment les témoins, devant notaire et deux témoins, leur faisant auparavant prêter serment, sur les quatre évangiles, de dire la vérité.

S'il s'avérait alors que les délits dont le prévenu est accusé sont d'une gravité telle que l'inquisiteur ne peut ni ne doit les laisser passer en fermant les yeux et qu'il faut rendre justice à l'accusateur, alors l'inquisiteur procédera à l'examen des témoins de la façon suivante.

17. Examen des témoins

On demande au témoin, après lui avoir fait prêter serment, s'il connaît l'accusé ; comment il le connaît (L'a-t-il vu ? Lui a-t-il parlé ? Plusieurs fois ? Etc. Le témoin mentionnera éventuellement ses liens de parenté ou d'amitié avec l'accusé, etc.) ; depuis combien de temps (Longtemps ? Peu de temps ?) ; ce que l'on dit de lui, singulièrement en ce qui concerne la foi (et aussi en ce qui concerne la moralité). Touchant la foi : dit-on de lui qu'il a fait ou dit dans tel endroit ceci ou cela contre la foi catholique ? Le croit-on membre de telle ou telle secte ? Ou le dit-on bienfaiteur ou sympathisant de tels hérétiques ? Ou le tient-on au contraire pour un bon catholique ? À la question : qu'est-ce que la « renommée » ?, le témoin répond que c'est « ce que l'on dit communément ».

On demande au témoin s'il a vu ou entendu l'accusé faire ou dire ceci ou cela contre la foi ; où il a vu ou entendu cela ; qui était présent ; combien de fois cela est arrivé ; de quelle façon il le disait ou le faisait ; on demande au témoin si, à son avis, l'accusé agissait par jeu, ou s'il parlait comme en récitant, ou comme en faisant de l'esprit, ou s'il agissait sérieusement, ou s'il parlait avec pondération ; on lui demandera ce qui lui fait croire quil en était bien ainsi (Parlait-il en riant ? Insistait-il alors même que d'autres lui disaient d'en finir ?), etc.

L'inquisiteur prêtera beaucoup d'attention aux réponses des témoins à cette dernière question, car il est fréquent que des gens tiennent des propos contre la foi en reprenant ce qu'un autre a dit, ou pour rire, ou pour faire rire ; et il convient, bien entendu, de distinguer cela des propos que l'on tient dans une discussion ou sur un ton péremptoire.

On demande enfin au témoin s'il n'a pas déposé par rancune ou par haine. On lui enjoint enfin de garder le secret sur tout. Puis le notaire date la déposition, sur laquelle figureront le nom du témoin et son propre nom.

On examine de la sorte tous les témoins. Si, de tous ces éléments, il résulte qu'il y a hérésie, ou suspicion grave, ou aide à l'hérésie et qu'il y ait à craindre que l'accusé ne s'échappe, l'inquisiteur le fait arrêter. S'il ne semble pas y avoir lieu de craindre sa disparition, l'inquisiteur fera citer l'accusé et l'interrogera de la façon suivante, devant notaire et témoins inquisitoriaux, après lui avoir fait prêter serment sur les quatre évangiles.

XVI. Notez qu'Eymerich donne une définition précise de la renommée. Cela ne veut pas dire qu'il faille s'attendre à ce que le témoin la connaisse telle quelle : il suffit qu'il y ait convergence de fond entre la réponse du témoin et celle que propose Eymerich.

Que dire à propos des hérétiques « par jeu » ? Selon certains docteurs, on devrait se montrer moins sévère envers ceux qui auraient proféré des hérésies « pour faire bien ». Mais il ne faut pas trop se relâcher ! Et les exemples sont nombreux de gens qui s'en tiennent – pour jouer ! – à des opinions idiotes qu'il faut châtier. Tels ces célibataires qui disent à qui veut les entendre qu'ils auront une femme dans l'autre vie parce qu'ils n'en ont point dans celle-ci. Qu'on leur inflige au moins une bonne amende au bénéfice d'un lieu de culte ! Des propos légers sur Dieu, sur les saints, ne sauraient rester impunis ; moins encore s'ils étaient tenus en public ou si c'étaient des religieux qui les tenaient devant des laïques ! Dans tous les cas, ce genre de plaisanteries constitue un indice à creuser, car bien des hérétiques diront, bien sûr, qu'ils n'ont dit ou n'ont fait ceci ou cela que pour « faire de l'esprit ». L'inquisiteur sévira, car c'est un péché contre le Saint-Esprit que d'utiliser les mots de l'Écriture ou les choses de la foi pour amuser la galerie ou proférer des obscénités !

Toutefois on ne punira pas ceux qui auraient proféré des hérésies en rêvant et on ne tiendra pas compte des hérésies qu'aurait pu proférer un enfant, ou un vieillard retombé en enfance.

On aura noté aussi, à propos de suspicions, qu'il n'y a pas d'arrestation si on ne dispose pas d'indices suffisants. C'est à l'inquisiteur et à son conseil, et à eux seuls, de décider de l'opportunité de l'envoi d'une simple citation à comparaître ou d'une citation réelle, c'est-à-dire d'une arrestation *(citatio realis, hoc est, personalis captura).*

18. Comment interroger l'accusé

« Un tel, demeurant à…, ayant été dénoncé et ayant prêté serment sur le livre des quatre évangiles, qu'il touchait de sa main, de dire toute la vérité tant sur lui-même que sur les autres, a été interrogé comme il suit. »

L'inquisiteur interrogera l'accusé sur son lieu de naissance et son lieu d'origine. Sur ses parents (Sont-ils vivants ? Décédés ?). Il lui demandera où il a été élevé, et par qui, et où il a vécu. Il s'inquiétera de ses changements de domicile : a-t-il quitté les lieux de son enfance ? S'est-il rendu dans des contrées infectées d'hérésie, et pourquoi ?

Selon les réponses, l'inquisiteur orientera ses propres questions pour avoir l'air d'en venir tout naturellement à *la* question. On lui demande si dans tel ou tel lieu il n'a pas entendu parler de telle question (celle dont, *sans qu'il le sache*, il est accusé) ; par exemple, n'aurait-il pas entendu parler de la pauvreté du Christ, ou des apôtres, ou de la vision béatifique[1] ?

S'il dit oui, on le pressera de questions et on notera les réponses ; on lui demandera s'il en a parlé lui-même, quel est son avis sur la question. Ainsi, l'inquisiteur avisé *(prudens inquisitor)* cerne de plus en plus près la question fondamentale de l'accusation, pour atteindre la vérité. La confession terminée, on date l'acte.

Si l'inquisiteur voit que l'accusé est pleinement convaincu de culpabilité par les témoins, qu'il se trahit par son propre aveu, ou qu'il nie, bien que convaincu de culpabilité ou de forte suspicion, il le fait arrêter et il l'enferme dans sa propre prison, s'il en dispose, pour qu'il ne s'évade point. S'il n'a pas de prison propre, il le fera enfermer dans le palais épiscopal, ou dans la prison civile s'il le juge opportun. Mais il vaut toujours mieux utiliser les prisons de la curie ecclésiastique, car c'est l'évêque qui est le juge ordinaire, sans qui l'inquisiteur ne peut ni condamner définitivement par hérésie, ni recourir à la question, c'est-à-dire à la torture.

Une fois l'accusé emprisonné, l'inquisiteur l'interrogera et l'examinera très fréquemment sur ce qu'il nie et qui est ou bien prouvé, ou bien très probable. L'inquisiteur insistera de la sorte jusqu'à ce que l'accusé en vienne à sortir quelque chose d'autre :

1. Renvois à des thèmes centraux des hérésies des XIIe-XIVe siècles.

dans ce cas, les renseignement obtenus seront recueillis par le notaire et les témoins inquisitoriaux, et ils rejoindront, dans l'acte, les dénégations ou les aveux précédents.

XVI. L'ordre des questions doit être laissé à l'arbitre de chaque inquisiteur, qui modifiera l'interrogatoire selon les cas. Après les questions générales évoquées par Eymerich et par lesquelles il convient, certes, de commencer, il est utile que l'inquisiteur demande à l'accusé s'il sait pourquoi on l'a arrêté ; s'il soupçonne quelqu'un et qui, dans ce cas – de l'avoir dénoncé ; et selon les réponses obtenues, l'inquisiteur verra comment cerner de plus près la vérité. L'inquisiteur dira à l'accusé qu'il se montrera miséricordieux envers lui s'il avoue clairement et rapidement. Il sera bon que cette promesse de miséricorde soit faite trois fois au cours des dix premiers jours de détention. L'interrogatoire peut légitimement déborder le thème de l'accusation : on demandera par exemple à l'accusé de réciter les prières ordinaires ; on l'interrogera sur la doctrine chrétienne, on lui demandera enfin où, quand et à quels prêtres il avait confessé ses péchés.

Mais que l'inquisiteur soit prudent : qu'il prenne garde de ne pas devenir agaçant, car il ne fera alors qu'éveiller la colère de l'accusé. Qu'il se garde aussi, à l'autre extrême, de ne rien laisser dans l'ombre de ce qui peut intéresser le corps du délit et, si l'accusé commence d'avouer, qu'il ne l'interrompe sous aucun prétexte. Le notaire prendra note de tout et l'accusé signera sa déposition, s'il sait écrire (dans le cas contraire, il apposera à l'acte un signe particulier), avant d'être reconduit en prison.

Pendant l'interrogatoire, il sera bon que l'accusé s'assoie sur une chaise plus basse, plus humble que le fauteuil de l'inquisiteur. L'interrogatoire sera mené de manière à éviter de suggérer à l'accusé ce qu'on lui veut et de lui indiquer par là même comment éluder les questions dangereuses. La bonne méthode, la voici : aller du général au particulier, du spécial au singulier. En droit civil, les jurisconsultes disent : « Ne demandez pas à un tel : As-tu tué un tel ?, mais : Qu'as-tu fait ? » En matière d'hérésie, on procédera de même : il faut que l'accusé ignore la spécificité de ce dont on l'accuse. Il faut en arriver par une dégression constante à poser des questions sur le chef d'inculpation lui-même afin d'amener l'accusé soit à avouer, soit à se souvenir de son crime s'il l'avait oublié. Suggérer à l'accusé le chef d'inculpation afin que celui-ci puisse échapper aux pièges de l'interrogatoire constitue, en matière inquisitoriale, un délit très grave : l'inquisiteur qui s'en rendrait coupable subirait la peine spécialement prévue pour ce cas par le concile de Vienne (Actes, 1, § *Verum quia de haereticis*).

L'inquisiteur examinera très fréquemment l'accusé incarcéré, comme le dit Eymerich. Et cela, nonobstant la promesse de miséricorde dont il a été question plus haut. En conclusion, les interrogatoires seront aussi fréquents que l'inquisiteur le voudra, mais on sauvegardera toujours le principe de taire tout ce qui serait susceptible de mettre l'accusé sur la voie de ses dénonciateurs.

19. Le procès par délation

Dans le cas d'un procès par délation, on cite les témoins indiqués pas le délateur et notamment ceux qui sembleraient devoir en savoir davantage. Sil apparaît, comme dans le cas précédent, que la matière est grave, on procède aux interrogatoires selon la forme décrite plus haut.

20. Le procès par enquête

En cas de procès par enquête, l'inquisiteur fait citer quelques témoins parmi les gens braves et honnêtes. Il leur appartiendra d'attester l'existence de rumeurs publiques. Les questions que l'on posera aux témoins seront de ce style : si le cité à témoigner connaît un tel, de tel lieu ; depuis quand ; que dit-on contre lui ; comment le témoin connaît-il l'existence de telle rumeur ; depuis quand cette rumeur existe-t-elle ; quelle en est l'origine, etc.

S'il semble qu'il y a véritablement une rumeur, l'inquisiteur citera d'autres témoins, les choisissant parmi les proches et les familiers de celui que vise la rumeur publique. L'inquisiteur choisit des témoins dont il peut légitimement espérer qu'ils ne jureront pas en faveur du désigné. Il enquêtera auprès d'eux non pas sur la rumeur, mais sur les faits mêmes, devant notaire et témoins inquisitoriaux. Et l'inquisiteur procédera avec les témoins comme il procédait dans les cas précédents. Les témoins examinés, l'inquisiteur interroge le diffamé comme prévu dans le procès par accusation.

XVI. Deux témoins suffisent pour prouver l'existence d'une rumeur ; ils doivent être intègres et majeurs. Deux témoignages divergents quant aux faits sont suffisamment convaincants pour prouver l'existence d'une rumeur : on peut « procéder. »

E. Les interrogatoires

Pour éloigner tout soupçon d'irrégularité et pour que véritablement on parvienne à établir la vérité, cinq personnes doivent être présentes aux interrogatoires des délateurs et des témoins : le juge inquisitorial, le témoin ou l'accusé, le notaire et deux témoins inquisitoriaux.

Le premier, c'est l'inquisiteur, ou son commissaire. Il lui appartient d'interroger témoins et dénoncés, de formuler les questions et de les faire transcrire. Qu'il soit rusé, qu'il soit prudent en examinant les témoins et les dénoncés, notamment les accusés d'hérésies modernes – bégards et vaudois – qui sont devenus maîtres dans l'art de cacher la vérité.

Le deuxième, c'est le témoin ou le dénoncé que l'on interroge. Celui-ci doit avoir juré, en tout premier lieu, de dire la vérité, autrement sa déposition serait frappée de nullité. Il ne doit pas violer son serment, mais s'en tenir à la stricte vérité, sans en rajouter ni par haine ni par rancœur, sans en retrancher par pitié. Il doit répondre toujours à la question posée, fidèlement, tenant compte des critères du juge plus que de toute autre chose. Il ne doit ni tergiverser ni s'égarer, mais répondre en toute clarté. L'inquisiteur prêtera toute attention à la manière de répondre du prévenu ou du témoin. S'il voit que l'interrogé répond précautionneusement et avec ruse, il lui tendra des pièges et le forcera ainsi à répondre à propos et clairement.

Le troisième – le notaire – est désigné par l'inquisiteur et doit se charger de la rédaction des actes de procès. Il consigne sous ordre du juge les dépositions des témoins, les aveux ou les dénégations des prévenus, etc.

Les deux témoins inquisitoriaux seront deux personnes probes, ou deux clercs. Ils doivent assister à tous les actes du procès. Mais si le juge inquisitorial ne peut en disposer constamment, il s'assurera au moins de leur présence lorsqu'on demandera à l'accusé s'il maintient ses aveux ou ses dénégations.

XVI. La formule habituelle pour prêter serment devant le tribunal de l'Inquisition est la suivante :

> « Je jure par Dieu et par la Croix, et par les Saints Évangiles que je touche de ma main, de dire la vérité. Que Dieu me vienne en aide si je tiens mon serment, et qu'il me condamne si je me parjure. »

21. Observations préalables à l'interrogatoire des hérétiques

Tout inquisiteur tiendra compte, en s'apprêtant à interroger un prévenu, des trois recommandations suivantes :

1. Il adaptera ses questions à l'instruction, à la secte et au rang de l'accusé. La ruse est la meilleure arme de l'inquisiteur : qu'il utilise la partie doctrinale de ce *Manuel* pour convaincre l'accusé d'adhésion à telle ou telle hérésie.

2. Les accusés qui se montrent solides dans leurs raisonnements seront facilement convaincus d'hérésie si on leur oppose des théologiens ou des juristes chevronnés.

3. Il est très difficile d'examiner ceux qui, face à l'inquisiteur, ne proclament pas leurs erreurs, mais les dissimulent plutôt (vaudois et bégards, par exemple). L'inquisiteur redoublera de

ruse et de sagacité pour les suivre dans leurs retranchements et les amener aux aveux. Ce sont des gens qui rusent avec les réponses, car ils n'ont d'autre souci que d'éluder les questions pour ne pas être cernés à la fin et convaincus d'erreur.

XVI. Ajoutez la ruse à la ruse. Faites preuve de sagacité. Voici un exemple des conséquences néfastes du manque de sagacité.

Une putain réussit à tenir tête pendant des jours et des jours, avec des réponses évasives, à plusieurs illustres docteurs qui l'interrogeaient devant le tribunal inquisitorial, au point qu'elle fut relâchée. Mais on la surprit aussitôt après en train de recueillir des ossements d'un hérétique brûlé entre-temps, pour les vénérer comme des reliques d'un martyr ! Tenez donc grand compte de toutes les précautions énoncées, pour éviter que des êtres nuisibles injustement libérés persévèrent dans leurs erreurs, et qu'ils aient ainsi la faculté de corrompre les autres.

22. Les dix astuces des hérétiques pour répondre sans avouer

Les hérétiques sophistiquent les questions – et les éludent – de dix façons.

1. La première consiste à répondre équivoquement. – Interrogés sur le vrai corps du Christ, ils répondent sur son corps mystique. Ainsi, si on leur dit : « Crois-tu que cela soit le corps du Christ ? », ils répondent : « Oui, je crois que cela est le corps du Christ » (entendant par là une pierre qu'ils voient là, ou leur propre corps, en ce sens que tous les corps sont du Christ, parce qu'ils sont de Dieu, qui est le Christ). Vous leur demandez : « Crois tu que le baptême est un sacrement nécessaire au salut » et ils répondent : « je crois » (entendant par là qu'ils ont une croyance, mais pas la vôtre, la leur ; et non à propos de ce qu'on leur demande, mais d'autres choses). Vous demandez à l'accusé : « Crois-tu que le Christ est né d'une vierge ? », et il répond : « Fermement » (sous-entendant qu'il s'en tient fermement à sa perfidie). Demandez-lui : « Crois-tu en une seule sainte Église catholique ? », et il répond : « Je crois

en une sainte Église » (sous-entendant la communauté de ses complices – qu'ils appellent « église » et non pas notre église). Ils tergiversent toujours le sens de la question et de la réponse.

2. La deuxième consiste à répondre par l'addition d'une condition. – Si vous demandez à l'accusé : « Crois-tu que le mariage est un sacrement ? », il répond : « Si Dieu le veut, je le crois bien ! » (sous-entendant que Dieu ne veut pas qu'il le croie). Si vous demandez : « Crois-tu en la résurrection de la chair ? », vous vous entendez répondre : « Certes, s'il plaît à Dieu » (sous-entendant que Dieu ne veut pas qu'il y croie).

3. La troisième consiste à renverser la question. – Vous demandez : « Crois-tu que le Saint-Esprit procède du Père et du Fils ? », et il vous répond : « Qu'en croyez-vous vous-mêmes ? ». Vous lui dites : « Nous croyons que l'Esprit Saint procède du Père et du Fils. » Et il répond alors : « Je le crois aussi » (sous-entendant : je crois bien que vous le croyez, mais moi, je n'y crois pas). Vous demandez : « Crois-tu que l'usure soit un péché ? » et il répond : « Que dites-vous qu'il faut croire à ce propos ? ». Vous dites alors : « Nous croyons que tout catholique doit croire que l'usure est un péché. » Et il répond : « Je le crois aussi » (sous-entendu : je crois que vous le dites).

4. La quatrième consiste à feindre la surprise. – Vous demandez « Crois-tu que Dieu est le créateur de toutes les choses ? », et il répond avec étonnement, presque avec indignation : « Mais que croirais-je d'autre ? Ne dois-je pas croire cela ? » (sous-entendant qu'il ne doit pas y croire). Vous demandez : « Crois-tu que le fils de Dieu se soit incarné dans le ventre virginal de Marie ? », et il répond, étonné : « Mon Dieu, pourquoi me posez-vous cette question ? Croyez-vous donc que je suis juif ? je suis chrétien, moi ! Sachez que je crois tout ce que doit croire un bon chrétien » (sous-entendant que le bon chrétien ne doit pas croire en cela).

5. La cinquième consiste à tergiverser les mots de la question. Vous demandez : « Crois-tu qu'il soit péché de prêter serment dans un jugement ? », et il répond : « Je crois que celui qui dit la vérité ne pèche point. » Il répond ainsi sur la vérité et

non sur le serment, seul objet de la question. Et si vous demandez : « Crois-tu qu'il soit péché de prêter serment ? », vous vous entendez répondre : « Je crois que c'est un grand péché de jurer en vain. »

6. La sixième consiste en un détournement évident des mots. – Vous demandez : « Crois-tu qu'après sa mort le Christ soit descendu aux enfers ? », et il vous répond : « Seigneur inquisiteur, quel thème de méditation que la mort du Christ ! Et moi, pauvre pécheur, je n'y pense guère... Pauvre pour le Christ, je dois quêter pour survivre... » Et ainsi il élude la question et il se met à parler de sa pauvreté et de la pauvreté du Christ. Vous lui demandez : « Crois-tu que le Christ vivait encore lorsqu'il fut transpercé par la lance ? », et il vous répond : « J'ai entendu dire qu'il y eut autrefois une grande controverse à ce propos, tout comme aujourd'hui, sur la vision béatifique. Vous compliquez tout avec vos questions ! Dites-nous une fois pour toutes, pour l'amour de Dieu, ce qu'il faut croire sur cette question des âmes des bienheureux, car je ne veux pas m'écarter de la foi. » Et ainsi, il élude la question qui lui était posée. Vous demandez : « Crois-tu que le Christ ne possédait rien en propre ni en commun ? », et il répond en s'adressant à ceux qui sont là, en les faisant intervenir, afin d'éluder, pour l'instant, la question.

7. La septième consiste en une autojustification. – Vous interrogez l'accusé sur un article de la foi, et il vous répond : « Mais, Seigneur inquisiteur, je suis un homme simple et illettré, et je sers Dieu dans ma simplicité. je ne connais rien à ces questions ni à leurs subtilités ! Ne m'interrogez pas là-dessus car vous ébranleriez ma foi et m'induiriez en erreur. » Ou alors il vous répondra sur un autre ton : « Monseigneur, je pense volontiers à Dieu, volontiers je penserais aussi à ses œuvres admirables, aux articles de la foi, à la Trinité. Mais il m'arrive alors de douter de la foi et de me mettre ainsi en danger..., alors, de grâce, ne me faites pas penser à ces subtilités dont je ne veux même pas entendre parler... Ne me mettez pas ainsi en danger ! Pour rien au monde, je ne veux courir le risque de me tromper ! »

8. La huitième ruse consiste à feindre une faiblesse corporelle soudaine ! – Interrogé et réinterrogé sur la foi, le coupable comprend qu'il n'arrivera pas à éviter tous les pièges de l'interrogatoire ; il sent qu'il en viendra à avouer son hérésie et s'exclame soudain : « J'ai mal à la tête, je ne me tiens plus. je vous en prie, donnez-moi un peu de répit, pour l'amour de Dieu. » Ou bien : « Je me sens mal... Pardonnez-moi pour l'amour de Dieu, mais il faut que je me couche ! » Vous accédez, et il s'en tire pour un temps, qu'il utilise à réfléchir à ce qu'il lui faudra dire pour vous échapper encore, à la reprise des interrogatoires. Les accusés font cela surtout lorsqu'ils voient qu'on va les torturer : ils se disent malades, ils disent qu'ils mourront si on les torture, et les femmes disent qu'elles ont leurs règles.

9. La neuvième consiste à simuler la stupidité ou la folie. – Ils feignent la folie – comme la feignit le roi David devant Achès – pour ne pas être confondus. Ils rient en répondant, et mêlent à leurs réponses quantité de mots impertinents, comiques, idiots. Ils couvrent ainsi leurs erreurs. Ils font cela fréquemment alors qu'ils voient qu'on va les torturer ou qu'on va les livrer au bras séculier. Et cela, pour échapper à la torture ou à la mort. J'ai vu cela mille fois : les accusés feignent ou d'être complètement fous, ou d'avoir seulement des moments de lucidité.

10. La dixième consiste à se donner des airs de sainteté. Les hérétiques diffèrent du commun des mortels dans leurs mœurs, leur habillement, leur manière de parler. Ils vont presque toujours nu-pieds ou avec de simples sandales, et s'habillent avec de pauvres vêtements. Les uns s'habillent de blanc, d'autres en brun ; d'aucuns portent un manteau, d'autres une tunique longue et large ; ils ne se ceignent par les reins avec une courroie mais avec une corde ; il y a ceux qui portent un capuchon, et ceux qui portent les cheveux longs : cela dépend de la secte à laquelle ils appartiennent. Il y a ceux qui marchent la tête baissée en regardant le sol, et ceux qui avancent les yeux au ciel. Ils ont des mots d'humilité plein la bouche, et l'apparence de la sainteté, comme des sépulcres blanchis et dorés renfermant des cadavres. Car en dedans ils sont pleins d'orgueil, de luxure, de

gloutonnerie, d'envie et de vanité : ceux qui les connaissent le savent bien. Avec leurs airs de sainteté ils infectent quantité de gens et éludent ainsi le jugement de l'Inquisition.

Voilà les dix stratagèmes dont usent les hérétiques pour se protéger. Ils en ont encore d'autres que l'on découvre dans la pratique inquisitoriale.

XVI. Le thème de la folie feinte mérite une attention particulière. Et s'il s'agissait, une fois, d'un vrai fou ? Pour en avoir le cœur net, on torturera le fou, vrai ou faux. S'il n'est pas fou, il continuera difficilement sa comédie sous la douleur. S'il y a des doutes et que l'on ne puisse croire qu'il s'agit bien d'un vrai fou, qu'on le torture quand même, car il n'y a pas lieu de craindre que l'accusé meure sous la torture *(cum nullum hic mortis periculum timeatur)*.

Mais si l'hérétique continue de blasphémer comme un fou sous la torture et pendant qu'on le mène à la mort, n'y a-t-il pas lieu de surseoir pour l'amener à se repentir, de sorte que, perdant la vie, il ne perde pas aussi l'âme ? Il le semblerait. Mais il faut rappeler que la finalité première du procès et de la condamnation à mort n'est pas de sauver l'âme de l'accusé, mais de procurer le bien public et de terroriser le peuple *(ut alii terreantur)*. Or le bien public doit être placé bien plus haut que toute considération charitable pour le bien d'un individu.

Et que faire enfin si l'accusé est véritablement fou ? On le gardera en prison en attendant qu'il retrouve la raison : on ne peut pas livrer à la mort un fou, mais on ne peut pas davantage laisser le fou impuni. Quant aux biens du fou, ils seront donnés à un procureur ou aux héritiers : car la folie, après le crime, peut faire retarder le châtiment corporel, mais elle ne libère pas de la perte des biens.

23. Les dix astuces de l'inquisiteur pour déjouer celles des hérétiques

Lorsque l'inquisiteur a affaire à un hérétique retors, audacieux, rusé, qui élude les questions et tergiverse, il doit lui rendre la pareille et user de ruse afin d'acculer l'hérétique à dévoiler ses erreurs et de le réduire à la vérité, pour que l'inquisiteur puisse dire avec l'apôtre : « Rusé, je vous ai pris par la ruse » (Cor. 2, 12).

Les ruses de l'inquisiteur sont au nombre de dix. Et l'inquisiteur se servira de celles qu'il voudra, selon les cas, et selon les besoins.

1. La première consiste à démonter les équivoques, les retorsions, etc., qu'il pourrait déceler dans les réponses de l'hérétique. L'inquisiteur lui demandera à quelle Église il se réfère lorsqu'il dit « Église ». Si l'hérétique mentionne le pape, l'inquisiteur lui demandera de quel pape il parle et où il vit, ce « pape ». L'inquisiteur verra bien comment éclaircir les équivoques.

2. S'agit-il d'un accusé qui vient d'être capturé et qui ne veut pas passer aux aveux (et cela, on le saura facilement soit par les geôliers, soit par les témoins, soit par des émissaires envoyés auprès du captif) ? On le fera prier par un tiers de dire la vérité à l'inquisiteur car, lui dira-t-on, l'inquisiteur est un brave homme. Et lorsque l'accusé sera face à l'inquisiteur et que celui-ci s'apercevra que l'accusé ne veut toujours pas avouer, l'inquisiteur lui parlera calmement, avec douceur, lui faisant comprendre qu'il sait déjà tout. Il lui tiendra ce type de langage : « Tu vois, j'ai pitié de toi. On a abusé de ta simplicité, et tu vas perdre ton âme à cause de la bestialité d'un autre. Bien sûr, tu es un peu coupable ! Mais ceux qui t'ont égaré le sont bien davantage ! Ne te charge pas du péché d'un autre, ne veuille pas passer maître là où tu fus disciple… Dis-moi la vérité. Tu vois bien que je connais toute ton affaire, mais dis-la moi toi-même, pour que ta réputation soit sauve et que tu ne sois pas mal famé… je pourrai alors te libérer aussitôt ! Aussitôt je pourrai te gracier, et tu rentrerais immédiatement chez toi. Dis-moi qui t'a induit en erreur (toi, qui ne faisais aucun mal !), dis-moi où on t'a endoctriné… »

Voilà le langage qu'on lui tiendra. Calmement. Sans énervement. Et tenant toujours pour coupable l'accusé, mais en l'interrogeant seulement sur les circonstances du délit.

3. L'hérétique ne veut pas avouer, et l'inquisiteur est pourtant convaincu de ses erreurs par la force des témoignages. Dans ce cas, l'inquisiteur lira, ou fera lire, les dépositions des témoins, mais il en taira les noms, de sorte que l'hérétique se sache confondu par les dépositions tout en ignorant qui a déposé contre lui. Ou, dans d'autres cas, il fera confronter témoins et accusé pour « cueillir » la vérité dans le trouble de l'accusé. On procédera ainsi surtout si l'accusé s'est fait fort de pouvoir affronter ses délateurs.

4. L'hérétique – ou l'accusé – ne veut pas avouer. L'inquisiteur sait que les dépositions des témoins ne sont pas suffisamment probantes mais que les indices de sa culpabilité ne manquent pas. Dans ce cas, l'inquisiteur déposera contre lui. L'accusé nie ceci ou cela ? L'inquisiteur prendra le dossier de l'accusé, il le feuilletera dans tous les sens, puis il dira : « Il est clair que tu mens et que c'est moi qui ai raison ! Dis donc la vérité sur ton affaire » (la ruse consistant à lui faire entendre que le dossier le confond vraiment et qu'il y apparaît comme véritablement convaincu d'hérésie). Ou alors l'inquisiteur tiendra entre ses mains un papier ; et quand l'accusé ou l'hérétique niera ceci ou cela, l'inquisiteur s'étonnera et dira : « Comment peux-tu le nier : n'est-ce pas assez clair encore ? » Et il lira dans son papier, en changeant ce que bon lui semblera. Puis il dira : « C'est moi qui disais la vérité ! Avoue donc, puisque, comme tu le vois, je suis au courant ! »

Mais que l'inquisiteur prenne garde, en procédant ainsi, de ne pas trop s'attarder sur des détails, de peur que l'hérétique ne puisse deviner que l'inquisiteur ignore les faits, en réalité ! Qu'il s'en tienne à des généralités. Qu'il dise, par exemple : « On sait bien où tu étais et avec qui et quand, et ce que tu disais ! » Et qu'il mêle au tout des choses dont il soit sûr.

5. Si l'hérétique s'en tient à ses dénégations, l'inquisiteur feindra d'avoir à partir pour longtemps, et il dira à peu près : « Vois-tu, j'ai pitié de toi… je voulais vraiment que tu avoues afin de pouvoir expédier ton affaire, et ne pas te laisser ainsi sous les fers. Car tu es très délicat, et tu peux tomber malade ! Il faut

que j'aille là où m'appelle mon devoir et je ne sais pas quand je pourrai revenir. Tu ne veux pas avouer, et voilà que tu m'obliges ainsi à te garder en prison jusqu'à mon retour… Ça me fait de la peine *(disciplicentia),* tu sais, car je ne sais pas quand je reviendrai ! » L'inquisiteur l'interrogera de nouveau après lui avoir parlé ainsi, et il se peut qu'il obtienne alors quelques aveux.

6. Si l'accusé continue de nier et si l'inquisiteur croit qu'il cache ses erreurs – bien qu'elles ne soient pas prouvées –, celui-ci multipliera les interrogatoires en variant les questions. Il obtiendra ainsi ou des aveux ou des réponses divergentes. S'il obtient des réponses variées, l'inquisiteur demandera alors à l'accusé pourquoi il répond tout à coup comme ceci, puis autrement : il le pressera de dire la vérité en lui précisant que s'il ne s'y résigne pas, il lui faudra passer par les tourments.

S'il avoue, c'est parfait. Sinon, cela suffira avec les autres indices, pour le soumettre à la question et lui arracher ainsi les aveux par la torture.

Toutefois, on réservera de préférence ce type d'interrogatoire – favorisant les réponses divergentes – aux accusés dont l'opiniâtreté s'avérera bien claire, car il est facile, en effet, de varier dans les réponses lorsqu'on est interrogé beaucoup de fois et sur plusieurs questions à la fois, toujours les mêmes et en différents temps.

7. Si l'inquisiteur voit que l'hérétique ne veut absolument pas dire la vérité, il ne lui fera pas de promesses et se gardera bien de le libérer sous caution car les promesses ne s'avéreraient pas utiles pour en arriver aux aveux. Libérer sous caution un hérétique n'a comme conséquence que de lui permettre de se pervertir davantage et de retarder seulement, en fin de compte, le dénouement de l'affaire.

8. L'hérétique se maintient dans sa négative ? L'inquisiteur lui parlera avec douceur, il le traitera humainement dans le manger et le boire. Il introduira auprès de l'hérétique quelques braves croyants qui lui parleront de choses et d'autres, fréquemment. Ces bons croyants persuaderont l'accusé de s'ouvrir à eux, de leur parler avec confiance ; ils lui conseilleront d'avouer la

vérité et lui promettront que l'inquisiteur le graciera et qu'ils seront, eux, ses avocats auprès du juge. À la fin, s'il le faut, l'inquisiteur se rendra lui-même avec ces braves croyants auprès de l'hérétique et il promettra lui-même de le gracier – il le graciera en effet, car tout ce qu'on fait pour la conversion des hérétiques, tout est grâce ; et les pénitences sont grâce et remède. Et si l'accusé demande grâce et avoue, on lui répondra qu'on fera pour lui plus qu'il ne demande. Ainsi : avec des termes vagues et généreux, de manière à obtenir des aveux complets et la conversion de l'hérétique, à qui on fera alors la grâce de lui administrer le sacrement de la pénitence.

9. Si l'hérétique s'entête à nier, l'inquisiteur fera introduire auprès de lui un de ses anciens complices qui se soit bien converti et dont on puisse croire qu'il sera bien accepté par l'accusé. L'inquisiteur s'arrangera pour qu'ils se parlent. Le converti pourra raconter qu'il est encore hérétique et qu'il n'a abjuré que par peur, et que par peur il a tout raconté à l'inquisiteur. Lorsque l'accusé sera en confiance, le converti s'arrangera pour prolonger la conversation jusqu'à la tombée de la nuit. Il dira alors qu'il est trop tard pour s'en aller et demandera à l'accusé de lui permettre de passer la nuit en prison avec lui. Ils parleront encore dans la nuit et ils se parleront sûrement de ce qu'ils ont fait l'un et l'autre. On aura posté pour cette nuit des témoins, voire le notaire inquisitorial, en bonne place – avec la complicité des ténèbres – pour les écouter.

10. Si un accusé commence d'avouer, l'inquisiteur n'interrompra sa confession sous aucun prétexte. On sait que l'interruption des aveux est souvent fatale : celui qui avouait, soudain interrompu, revient à son mutisme.

Voilà donc les dix ruses dont disposent les inquisiteurs pour tirer élégamment *(gratiose)* la vérité de la bouche des hérétiques, sans recourir à la torture.

XVI. Un commentaire s'impose : n'alléguera-t-on pas que la ruse est toujours défendue ? Il faut distinguer entre mensonge et mensonge, entre ruse et ruse ! La ruse dont le seul but est de tromper est toujours défendue et n'a rien à faire dans la pratique du droit ; mais le mensonge que l'on fait judiciairement et au bénéfice du droit, du bien commun et de la raison, celui-là est parfaitement louable. À plus forte raison, celui que l'on fait pour détecter les hérésies, déraciner les vices et convertir les pécheurs. Que l'on songe au jugement de Salomon !

Eymerich parle, dans la troisième ruse, de « confrontation des témoins et de l'accusé ». En réalité, on évitera toujours ce genre de procédé dans les causes inquisitoriales, et cela pour des raisons évidentes.

a) S'il y a confrontation, il n'y a plus de secret ; et l'on a déjà dit combien de précautions la loi a prises pour sauvegarder le secret de l'accusation et de tout ce qui touche à l'instruction.

b) En cas d'échec de la confrontation, les témoins confrontés courent un risque bien trop grave. Sans interdire absolument la pratique de la confrontation, l'inquisition madrilène, dans son « instruction » de 1561 (chap. 72), met en garde contre la confrontation, dont elle souligne par ailleurs la fréquente inutilité.

Concluons. On n'aura recours à la confrontation que dans des cas extrêmement graves et notamment dans les cas examinés plus bas, à propos de la douzième manière de terminer un procès.

À la huitième astuce, l'inquisiteur est invité à « faire grâce ». N'est-ce pas là une simple escroquerie ? Et si l'inquisiteur promet de gracier, comment pourra-t-il ne pas tenir parole ? C'est une question sur laquelle se sont penchés les docteurs, et qu'ils sont loin d'avoir résolue unanimement. Je soutiendrai, quant à moi : *a)* que l'inquisiteur ne doit promettre rien qu'il ne puisse tenir, sans pécher ; *b)* qu'en réduisant, même dans une proportion extrêmement faible, la peine méritée par un délit (et il est rarissime que le coupable n'en ait pas commis plusieurs), l'inquisiteur qui aura promis de « gracier » aura tenu parole ; *c)* il découle de ces deux principes qu'en aucun cas on ne pourra promettre de grâce à un relaps. Les docteurs notent enfin que les aveux obtenus par la promesse d'une grâce ne sont pas valables absolument : ils doivent être ratifiés. Bien des accusés, en effet, craignant la rigueur des prisons ou des châtiments, passeraient aussitôt des aveux de complaisance, ce qui serait grave. Il faut considérer en outre que l'accusé qui avouerait ainsi songerait en réalité à raccourcir l'interrogatoire et à cacher plus qu'il n'avouerait.

F. Signes extérieurs par lesquels on reconnaît les hérétiques

Les inquisiteurs doivent être capables de reconnaître les particularités rituelles, vestimentaires, etc., des différents groupes d'hérétiques.

XVI. Si les signes extérieurs de l'hérésie ont beaucoup changé depuis le temps d'Eymerich, il n'en demeure pas moins vrai que l'on peut toujours détecter l'hérésie à quelques signes extérieurs (l'hérésie qui échapperait absolument à cette règle échapperait par définition au contrôle de l'inquisiteur et ne regarderait que le tribunal divin). Par signes extérieurs nous entendrons des paroles, et des faits. Mais puisqu'il est matériellement impossible d'en dresser la liste, nous poserons à cet effet des règles générales.

1. Est hérétique quiconque tient des propos en opposition aux vérités essentielles de la foi.

2. L'est aussi :

a) Quiconque accomplit des actions justifiant une suspicion violente (se faire circoncire, passer à l'Islam...) ;

b) Celui qui, cité à comparaître par l'inquisiteur, ne comparaît pas et demeure excommunié une année entière ;

c) Celui qui n'accomplit pas une peine canonique à laquelle il aurait été condamné par l'inquisiteur ;

d) Celui qui retombe dans une hérésie dont il aurait abjuré, ou dans n'importe quelle hérésie, après abjuration ;

e) Celui qui, malade ou bien portant – peu importe –, aurait demandé le « consolament ».

Il faut ajouter à ces cas d'ordre général : ceux qui sacrifient aux idoles, ceux qui adorent ou vénèrent les diables, ceux qui vénèrent le tonnerre, ceux qui fréquentent les hérétiques, les juifs, les sarrasins, etc., ceux qui évitent le contact des fidèles, qui ne vont pas souvent à la messe comme ils en ont l'obligation ; ceux qui ne reçoivent pas l'eucharistie ni ne se confessent aux périodes établies par l'Église, ceux qui, pouvant le faire, ne jeûnent ni n'observent l'abstinence aux jours et aux périodes prescrites..., etc.

La liste serait longue des signes extérieurs d'hérésie. Se moquer des religieux et, en général, des institutions ecclésiastiques, est un signe d'hérésie. Marco Antonio Colonna Marsilio, archevêque de Salerne, par exemple, traduisit devant le tribunal inquisitorial certaines personnes qui avaient jugé bon d'orner de figures obscènes des bulles d'excommunication. Des agissements de cette sorte relèvent bien évidemment du tribunal du Saint-Office.

Mais résumons d'un mot tout cela : il y a signe extérieur d'hérésie toutes les fois qu'il y a action ou parole en désaccord avec les habitudes communes au peuple catholique[1].

24. À quels signes reconnaître un pseudo-apôtre[2]

On reconnaît les pseudo-apôtres aux caractéristiques suivantes.

---

1. On remarquera un curieux glissement : l'édition romaine transforme globalement en preuves d'hérésie ce que l'inquisiteur du XIVe siècle considérait comme des indices de suspicion forte ou violente.

2. La secte des pseudo-apôtres fut fondée en 1260 par Gerardo Segarelli, de la ville de Parme. Les pseudo-apôtres furent condamnés en 1286 par le pape Honorius IV *(Olim felicis recordationis)*, et de nouveau encore en 1290 par le pape Nicolas IV *(Dudum felicis recordationis)*. Gerardo Segarelli fut condamné et brûlé sous le pontificat de Boniface VIII.

Ils portent une tunique longue, toute blanche, et sur leur tunique un manteau blanc. Ils ne se ceignent pas avec une ceinture de cuir, mais avec une corde. Ils ont les cheveux longs et vont tête nue. Ils chaussent des sandales ou vont nu-pieds. Ils vont d'un lieu à l'autre et mangent sur les places publiques aux tables que l'on dresse pour eux. En se mettant à table, ils bénissent en chantant et rendent grâce en chantant. Après leurs repas publics, ils n'emportent aucun reste : ils laissent tout sur la table, et s'en vont dans les rues en chantant et en criant : « Faites pénitence, car le Royaume de Dieu est proche. » Ils chantent parfois le *Salve Regina*. Ils prétendent vivre de la mendicité comme les apôtres. Ils n'obéissent à personne : ils s'appellent eux-mêmes « apôtres ».

25. À quels signes reconnaître un manichéen[1]

Les manichéens ne prêtent jamais serment. Ils observent trois carêmes par an (de la Saint-Benoît à Noël ; du premier dimanche de Carême à Pâques ; de la Pentecôte à la fête de Pierre et Paul). Ils appellent Semaine sainte la dernière de chacun des trois carêmes. Pendant ces trois semaines saintes, ils se nourrissent de pain et d'eau ; le reste des carêmes, ils jeûnent à pain et eau trois jours par semaine. Ils ne mangent jamais de viande ; ils n'y touchent même pas. Ils ne mangent ni fromage, ni œufs, ni rien qui naisse de la chair, par génération ou coït. Ils ne tuent aucun animal qui marche ou qui vole, car ils croient que dans les animaux capables de voler ou de marcher se trouvent les âmes de ceux qui sont morts en dehors de leur secte. Ils ne couchent jamais avec les femmes. Ils prétendent vivre comme les apôtres.

1. Il s'agit, en réalité, des cathares, dont l'histoire est trop connue pour qu'il faille compléter – et corriger ! – les quelques lignes que leur consacre Eymerich.

26. Les vaudois

Les vaudois, ou pauvres de Lyon, ou « ensavatés », reçoivent leur nom de leur fondateur, un Lyonnais nommé Valdès. On les appelle « ensavatés » parce que les plus parfaits d'entre eux portent comme un écusson sur les chaussures (savates) par lequel on les reconnaît. Ils ne prêtent jamais serment. Ils se disent imitateurs des apôtres. Ils tiennent pour rien les décrétales et les statuts du souverain pontife. Ils n'ont d'autre prière que le *Notre Père*. Ils récusent tout jugement humain. Ils mangent tous les jours de la viande. Ils se donnent totalement aux délices de la chair. Les lundis et les mercredis ils jeûnent, mais sans s'abstenir de manger de la viande. Ils déclarent qu'il vaut mieux accomplir n'importe quelle turpitude que d'être intérieurement tenté. Ils se donnent un Majoral et lui prêtent obéissance : ils n'obéissent qu'à lui. En se mettant à table, ils bénissent ainsi : « Bénisse cette table celui qui bénit les cinq pains d'orge et les deux poissons pour ses disciples dans le désert. » Et, en se levant de table, ils disent ces mots de l'Apocalypse : « Bénédiction, clarté, sagesse, action de grâces, vertu et pouvoir à notre Dieu pour les siècles des siècles. Amen. » Ils disent cela les mains et le regard élevé vers les cieux.

27. Les béguins, ou béguards, ou fraticelli[1]

On les reconnaît à ceci.

Ils prétendent suivre la troisième règle de saint François. Ils s'habillent de bure et portent, parfois, un manteau. Ils portent un capuchon qui leur cache presque toute la figure. Ils ont des couleurs très pâles, bien que généralement ils soient assez gras. Ils mangent et boivent somptueusement. Ils adorent les banquets. Ils n'évitent point la compagnie des femmes : ils la cherchent au contraire ! En se saluant et en se rendant le salut,

1. Disciples de Pierre-Jean Olieu, de Sérignan (Hérault).

ils disent : « Béni soit Jésus-Christ (ou bien : Béni soit le nom de N. S. Jésus-Christ). » Ils le disent aussi en rentrant chez eux. Dans l'Église, au lieu de s'agenouiller et de joindre les mains comme tout le monde, ils se tiennent debout. S'ils s'asseoient, c'est par terre et face aux murs. Ils ne lèvent pas les yeux au ciel. Les uns demandent la charité dans les rues, d'autres vivent chez eux. Ils attirent à leur congrégation de nombreuses putains, et ils vivent avec elles. Le soir, ils leur lisent en secret des passages du commentaire à l'Apocalypse de Pierre Jean (condamné par l'Église) et d'autres opuscules : tout cela en langue vulgaire. Ce sont des hérétiques très venimeux qui se sont opposés beaucoup – et s'opposent encore – à l'Église.

28. *Les rejudaïsants*

Les juifs officiellement convertis mais restés en réalité fidèles au judaïsme se reconnaissent à ceci.

Ils vont rarement à l'église. Ils fréquentent la juiverie. Ils lient des amitiés avec les juifs et évitent le contact des chrétiens. Aux fêtes juives, ils mangent avec les juifs. Ils ne touchent pas à la viande de porc. Ils mangent de la viande le vendredi. Ils observent le samedi. Et, secrètement, ils travaillent dans leurs maisons les jours de fête.

XVI. Voilà donc des signes auxquels on reconnaîtra ceux qui descendent du judaïsme, surtout dans les contrées où l'on permettait aux juifs de cohabiter avec les chrétiens et dans lesquelles – à Rome par exemple – il arrive fréquemment que des juifs se convertissent au catholicisme. L'inquisiteur « procédera contre » tout chrétien qui manifesterait par tel ou tel des signes énoncés un attachement de fait à la secte judaïque.

Aux signes énoncés par Eymerich il faut encore en ajouter un autre : le changement de nom. Les juifs convertis au catholicisme, puis redevenus juifs, abandonnent le nom chrétien qu'ils avaient reçu à leur baptême, et reprennent leur ancien nom.

Rappelons aussi que, dans le *Placitum* daté de l'an 653 et figurant dans le *Fuero Juzgo*, les convertis de Tolède s'obligent eux-mêmes à faire justice – par le feu ou par lapidation – à ceux d'entre eux dont les actes (ne pas manger du porc, épouser des juives ou quelqu'un ayant un ancêtre juif – en remontant jusqu'au sixième degré) pourraient légitimement faire croire qu'ils ne se sont convertis que de nom.

Sur cette question de la nourriture, Simancas proclame que le fait de ne pas manger de la viande de porc ou celui de ne pas boire de vin sont des indices suffisamment clairs de l'appartenance au judaïsme ou à l'islam. N'exagérons rien ! Tous les estomacs ne supportent pas toutes les nourritures, ni toutes les boissons. Et ces signes, à eux seuls, ne sauraient être concluants. Sans compter que tel juif converti, n'ayant auparavant jamais goûté à certaines viandes, puisse avoir du mal à s'habituer à un autre type de nourriture ! En revanche, il y aurait suspicion très grave si les fils ou les descendants du converti continuaient de s'abstenir de certaines viandes : pourquoi s'en abstiendraient-ils, sinon par respect et révérence envers cette satanée secte judaïque ?

Des considérations semblables sont à faire à propos des chrétiens provenant dautres sectes et religions que le judaïsme et l'islam.

29. Les nécromanciens

Les magiciens hérétisants, ou nécromanciens ou invocateurs du diable – c'est tout du pareil au même – ont des signes extérieurs communs.

En général, par l'effet des visions, des apparitions et des conversations avec les esprits du mal, ils ont le visage retors et le regard oblique. Ils se mettent à deviner le futur, même sur les choses qui dépendent de la seule volonté de Dieu ou des hommes. La plupart font dans l'alchimie ou dans l'astrologie. Si on amène à l'inquisiteur quelqu'un avec l'accusation de nécromancie et que l'inquisiteur voit qu'il est astrologue ou alchimiste, ou devin, celui-ci dispose là d'un indice certain : tous les devins sont, manifestement ou en cachette, des adorateurs du diable. Les astrologues aussi, et les alchimistes de même, car lorsqu'ils n'aboutissent pas à leurs fins, ils demandent conseil au diable, l'implorent et l'invoquent. Et, en l'implorant, ils le vénèrent, évidemment.

XVI. Notez qu'Eymerich parle de « magiciens hérétisants », et non pas de magiciens en général. Et à juste titre, car il faut bien distinguer deux catégories de magie : la magie mathématique et la magie naturelle ou élémentaire. En réalité, l'une et l'autre sont naturelles, l'une et l'autre peuvent être pratiquées sans recours au diable : la mathématique, au moyen des règles arithmétiques et géométriques, l'élémentaire par d'autres moyens dont je parlerai plus bas.

La magie naturelle consiste à produire des effets merveilleux par la composition ou l'union de certaines choses. Quelques exemples : on produit par magie naturelle une mixture qui brûle sous l'eau ou qui s'enflamme aux rayons du soleil ; ou bien on éteint avec de l'huile une matière enflammée selon certaine méthode.

Par la magie mathématique, c'est-à-dire par l'application des principes de la géométrie et de l'arithmétique, on fabrique des objets merveilleux. Il suffit de rappeler le cas d'Architas qui construisit ainsi une colombe qui volait dans les airs (le grand philosophe Boèce en porte témoignage) ; celui de Giorgio Capobianco, Vicentino qui, par les mêmes procédés, construisit un petit bateau d'argent qui se déplaçait tout seul : les rameurs ramaient, une femme jouait en même temps de la lyre à la poupe et, sur la proue, un chien aboyait. Le secret de cet automatisme (dont je laisse aux curieux le soin d'approfondir le détail) ? L'utilisation savante de la force des eaux.

Rien de répréhensible dans l'exercice de ces deux types de magie. Mais de ces deux magies est née une troisième : la magie de sorcellerie *(venefica)* ou magie maléfique, qui utilise abondamment des incantations et des invocations des esprits impurs.

À son origine, une curiosité perverse ; tel qui admire les prodiges de l'automatisme, incapable de les réaliser, invoque le démon et le supplie de lui venir en aide pour qu'il puisse accomplir, lui aussi, de semblables merveilles. C'est de ceux-là que parle Eymerich lorsqu'il dit « magiciens hérétisants » : ce sont en réalité les partisans de ce type de magie que les Grecs nommaient γοητείαν, ou κακώγιαν, magie par laquelle on réalisait (à en croire le témoignage des poètes grecs) des incantations, des empoisonnements, etc., avec l'aide du diable.

Qu'entendre par cette « fréquentation du diable » dont parle Eymerich ? Selon leurs propres aveux, ces magiciens utilisent les choses sacrées pour leurs incantations. Ils élèvent des autels aux diables, ils leur allument des cierges et leur disent des prières. Eymerich a donc raison de les considérer comme hérétiques. Avec Simancas, je rappelle ici que l'invocateur du démon qui récidiverait dans cette pratique, après abjuration, est relaps, et subit la peine réservée aux relaps. À moins que, après abjuration, l'invocation au démon soit faite pour accomplir le mal (par exemple, pour réussir à plier aux propres désirs la volonté d'une femme et la faire succomber dans le péché). Dans ce cas, il n'y a pas d'hérésie puisqu'on invoque le démon pour qu'il fasse ce qui correspond à sa nature : tenter. En conclusion : il y a hérésie si, dans l'invocation, on traite l'invoqué (le démon) en créateur ; dans le cas contraire, on parlera de péché, non d'hérésie. Voilà ce qui est en tous points conforme à ce qui avait été dit précédemment.

Et les alchimistes ? Le jugement qu'Eymerich porte sur eux n'étonnera personne. Les exemples de collusion entre hérésie, invocation de diables et alchimie sont trop nombreux pour qu'il faille s'y attarder. Il suffit de rappeler le cas d'Arnau de Vilanova dont on sait pertinemment qu'il était alchimiste, mais aussi, outre un grand médecin, un grand hérétique et un démonolâtre.

Je sais bien que l'on critiquera âprement le jugement qu'Eymerich porte sur les alchimistes. Mais les reproches qu'on lui fera à ce propos seront bien injustes, car ils sont trop nombreux, les arguments que nous avons pour conclure que les alchimistes sont des imposteurs. Il ne manque pas d'auteurs qui, sans craindre de se contredire dans leurs argumentations, défendent l'alchimie. Mais il est bien plus sage, bien plus prudent, de s'en tenir à l'opinion de ceux qui la considèrent inutile et, plus encore, néfaste pour la société. Quoi qu'il en soit, en attendant de savoir un jour en toute certitude s'il est possible ou non de produire, par alchimie, de l'or, de l'argent ou des pierres précieuses (et cela, au fond, n'intéresse pas directement l'inquisiteur), l'inquisiteur prêtera grande attention à la condition de ceux qui pratiquent l'alchimie : il se montrera plus souple envers l'alchimiste fortuné qu'envers l'alchimiste pauvre. Le riche ne risque pas de se ruiner en faisant de l'alchimie, et il peut facilement ne pas aller jusqu'à invoquer le diable en cas d'échec : or l'échec est certain. On ne saurait en dire autant de l'alchimiste pauvre.

Je vois déjà d'ici la levée de boucliers que provoquera cette opinion parmi les « maîtres » de cet art. Je leur dirai tout simplement de se référer à l'*extravagans « spondent quas non exhibent divitias pauperes alchimistae »* du pape Jean XXII, dans laquelle sont prévues les peines les plus graves pour les alchimistes qui vendent pour de l'or vrai l'or alchimique – ou l'argent, ou les monnaies – qu'ils ont falsifié.

G. Obstacles à la rapidité d'un procès

Il faut observer à présent les causes du prolongement d'un procès et du retard dans la promulgation d'une sentence. Elles sont au nombre de cinq :

1) le trop grand nombre de témoins ; 2) l'admission d'une défense ; 3) la révocation de l'inquisiteur ; 4) l'appel ; 5) la fugue de l'accusé.

30. Le nombre excessif de témoins

Le trop grand nombre de témoins est la première des causes de prolongement inutile du procès inquisitorial et du retardement dans la proclamation de la sentence. La multiplication des témoins est parfois nécessaire, parfois elle est superflue.

Elle est superflue lorsqu'un accusé convaincu de culpabilité par trois, quatre ou cinq témoins valables, passe des aveux conformes aux termes de la délation, et cela, que l'accusé admette ou n'admette pas d'avoir avoué[1]. Dans ce cas, il n'y a pas lieu d'écouter la défense, ni d'interroger d'autres témoins. On déclare la sentence et on impose les peines.

Le dénoncé n'a pas été tout à fait convaincu de son crime ; il est confondu par peu de témoins (entre deux et cinq) et il ne passe des aveux ni totaux ni partiels, donnant davantage l'impression d'opiniâtreté et de malice que d'obéissance et de repentir : dans ce cas, bien que, de droit, peu de témoins suffisent, on en entendra d'autres, car il sera plus difficile de s'opposer à dix, quinze ou vingt témoins qu'à trois ou quatre seulement. Pour convaincre l'accusé de son crime, l'inquisiteur procédera avec le maximum d'adresse à l'audition de plusieurs témoins fermement croyants.

XVI. Deux témoins doivent suffire, telle est la loi inquisitoriale. Toutefois, je me dois de transmettre tel quel le texte du *Manuel.* L'intention évidente d'Eymerich est ici de favoriser une pratique prudente dans le cas où l'accusé demeure dans la négative.

31. Admission d'un défenseur

Le fait de concéder une défense à l'accusé est aussi une cause de lenteurs dans le procès et de retard dans la proclamation de la sentence. Cette concession est parfois nécessaire, parfois superflue.

---

1. Passage tout à fait clair si l'on se souvient que l'accusé ne sait pas pourquoi il a été dénoncé, de quoi il est accusé. Un accusé peut donc parfaitement ignorer qu'il a avoué.

Lorsque l'accusé avoue le crime – qu'il ait été convaincu ou non par des témoins – par qui il a été dénoncé, et que ses aveux correspondent bien aux délations, il est superflu de lui concéder un défenseur pour parler contre les témoins. En effet, ses aveux sont bien plus probants que les dépositions des témoins.

Lorsqu'il nie son crime, qu'il y a des témoins favorables à l'accusé et que celui-ci demande à être défendu, qu'on le croie innocent ou opiniâtre, impénitent ou méchant, il doit pouvoir se défendre : on lui concédera une défense juridique.

On lui désignera un avocat probe, non suspect, expert en droit civil et en droit canon, et très croyant. On nommera également un procureur. Les noms de l'un et de l'autre ne figureront pas dans les actes du procès ; pas davantage, on le sait, ceux des délateurs – cela afin d'éviter qu'ils aient à craindre des représailles de la part des forces dont puissent disposer les dénoncés (si aucun danger ne semblait devoir s'ensuivre, l'inquisiteur consignerait tous ces noms dans les actes).

Nous entendons ici par « pouvoir » surtout celui de l'argent et de la méchanceté. On devine sans peine ce qu'il pourrait arriver aux témoins et au procureur si leurs noms figuraient sur l'acte public, dans le cas où les complices de l'accusé seraient des sacrilèges ou des pervers qui n'auraient rien à perdre ; dans le cas aussi où l'accusé serait un puissant – soldat, riche, marchand – qui aurait quelque chose a perdre… plutôt que sa personne. Ce sont des choses dont l'inquisiteur fait tous les jours l'expérience.

On fera donc bien attention, avant d'envisager la publication du nom des délateurs et de la défense, à la condition personnelle de l'accusé : que l'on tienne compte de sa méchanceté, que l'on considère s'il s'agit d'un pauvre diable *(simplex pauper)* ou d'un riche, s'il appartient à un groupe de brigands, ou de probes gens, etc.

Que l'accusé d'hérésie n'aille pas croire qu'il peut facilement récuser les témoins, car on ne récuse jamais les témoins dans la procédure inquisitoriale, hormis le cas d'inimitié mortelle. Tout le monde est admis à témoigner en faveur de la foi. Tout le monde, même les infâmes, les criminels de droit commun et leurs complices, les parjures, les excommuniés, tous les coupables de n'importe quel délit. On ne récuse que le témoignage d'un ennemi mortel, de celui, je veux dire, qui a *déjà* attenté à la vie de l'accusé, qui lui a juré la mort, qui l'a *déjà* blessé. Dans ce cas, en effet, et dans ce cas seulement, il faudrait présumer que le témoin, qui avait déjà cherché à ôter la vie physique de l'accusé en le blessant, demeure dans le même projet en imposant à son ennemi le crime d'hérésie.

Les autres inimitiés, même graves, affaiblissent un peu le témoignage, certes, et on ne leur accorderait peut-être pas une valeur absolue : mais un témoignage d'inimitié, joint à d'autres petits indices et à d'autres dépositions, peut être parfaitement probant.

Une enquête supplémentaire sera menée par l'ordinaire lorsque l'accusé prétendra faire récuser un témoin à charge sous prétexte qu'il est ou qu'il a été son ennemi mortel. Il appartient à l'ordinaire ou à l'inquisiteur d'établir la vérité ou l'erreur de cette inimitié et d'en déterminer la gravité.

XVI. Des aveux plus probants que tout témoignage ? Dans les autres tribunaux, le seul aveu ne constitue pas une preuve suffisante du délit (toutefois, dans un cas d'homicide, l'aveu du criminel suffit, si on dispose du cadavre de la victime). Devant le tribunal de l'Inquisition, l'aveu de l'accusé suffit à le faire condamner. Le crime d'hérésie se conçoit dans l'entendement et se cache dans l'âme : il est donc évident que rien ne le prouve mieux que l'aveu de l'accusé. Eymerich a donc parfaitement raison de parler d'inutilité absolue d'une défense.

Si avocat il y a, il faut qu'il soit très croyant, dit Eymerich. On exclura de l'Église, a fortiori du tribunal inquisitorial, tout avocat hérétique ou suspect d'hérésie, ou diffamé. On s'assurera que l'avocat soit d'un bon lignage, de très vieille souche chrétienne[1].

---

1. C'est des *cristianos viejos* qu'entend parler l'éditeur romain. Il est remarquable que la glose romaine ayant vocation universelle n'évoque jamais qu'en

Si l'accusé avoue, il n'a pas besoin d'avocat défenseur. S'il ne veut avouer, il sera trois fois sommé de le faire. Après quoi, s'il maintient ses dénégations, l'inquisiteur lui attribuera d'office un avocat assermenté à son tribunal. L'accusé communiquera avec lui en présence de l'inquisiteur. L'avocat, quant à lui, prêtera serment – bien que déjà assermenté – à l'inquisiteur de bien défendre l'accusé, de garder le secret sur ce qu'il verra et entendra. Le rôle de l'avocat est de presser l'accusé d'avouer et de se repentir, et de solliciter une pénitence pour le crime qu'il a commis.

Eymerich précise que l'on nomme aussi un procureur. Dans les instructions de 1561, le Sénat inquisitorial madrilène constate que, dans l'affaire inquisitoriale, le rôle du procureur est devenu insignifiant et il suggère que l'on ne procède plus, sauf dans des cas extraordinaires, à sa nomination. Les avocats inquisitoriaux se chargent aussi des procurations.

En revanche on nommera toujours un curateur pour tout accusé âgé de moins de vingt-cinq ans. Il assistera le mineur afin qu'il dise ou qu'il taise ce qu'il dirait certainement ou ce qu'il tairait certainement s'il était d'un âge plus mûr, et par conséquent plus capable de songer à son propre intérêt[1]. Le curateur ne sera pas un officiel du Saint-Office : mais il peut être l'avocat de l'accusé et, dans tous les cas, ce sera une personne probe, grave, fidèle, de bonne conduite.

Rappelons une fois de plus, à propos de la consignation des noms des délateurs et de la défense dans les actes, que la question ne se pose plus actuellement. Mais il faut souligner que, jusqu'à présent, tous ceux qui ont écrit à ce propos ont observé scrupuleusement la doctrine d'Eymerich.

---

passant cette distinction espagnole entre *cristiano viejo* et simple fidèle. Par ailleurs, Peña ne propose pas, dans l'édition d'Eymerich, la moindre théorisation de cette discrimination typiquement péninsulaire.

1. À son propre intérêt « spirituel » certainement, puisque le curateur peut être l'avocat et que l'on vient d'apprendre en quoi consiste le rôle de l'avocat dans les procès inquisitoriaux.

Ajoutons enfin qu'à la liste des témoignages à récuser, les conciles de Narbonne et de Béziers ajoutent ceux des conspirateurs[1].

Les six façons de cacher à l'accusé les noms de ses délateurs. Comment éviter la récusation par inimitié mortelle

L'évêque et l'inquisiteur considéreront avec grand soin chacune des six manières suivantes de présenter l'acte d'accusation sans dévoiler pour autant les noms des accusateurs ou des délateurs.

1. On établit pour l'accusé une copie de l'acte d'accusation complètement manipulée, de sorte qu'elle attribue au premier délateur les délations du sixième, à l'avant-dernier celles du troisième, etc. Ainsi l'accusé ne saura pas qui dépose comme ceci, qui l'accuse de cela.

C'est une méthode qui ne semble pas favoriser beaucoup le dénoncé, mais qui porte, certes, un préjudice au délateur. En outre, le dénoncé ne saura pas qui dépose pour lui, qui contre lui, ni de quoi : et il risque de réunir tous les noms sous la même inimitié et de considérer chacun d'eux comme son ennemi.

2. Dans la copie soumise à l'accusé, on mélangera aux noms des vrais délateurs des noms, choisis au hasard, de personnes qui n'ont jamais témoigné contre lui. Le dénoncé peut alors protester et s'élever contre les uns et les autres sans savoir toutefois véritablement qui a déposé contre lui.

C'est une méthode autant ou plus dangereuse que la précédente, car la colère de l'accusé peut se tourner contre ceux qui déposèrent en sa faveur ou contre lui, mais véridiquement.

3. À la fin de l'interrogatoire de l'accusé et avant de lui donner une copie de l'acte d'accusation, on lui demandera s'il se connaît des ennemis mortels qui, sans craindre Dieu, n'hésiteraient pas à l'accuser du crime d'hérésie. Surpris, à l'improviste,

1. Il a été question dans le prologue du rôle politico-social de l'institution inquisitoriale dès ses débuts.

sans savoir qu'on a déjà déposé contre lui, il répond qu'il ne se connaît pas de tels ennemis ou, s'il dit en avoir, il ne nomme pas ceux qui, justement, l'ont dénoncé.

C'est une bonne méthode, très prudente. Sans qu'il ait demandé à être défendu, sans connaître ses délateurs, l'accusé répond sans être sur ses gardes et sans danger pour les délateurs. Toutefois, on admettra que cette méthode nuit à l'accusé.

4. À la fin de l'interrogatoire, avant que l'on ne donne un défenseur à l'accusé, on le questionnera sur les témoins dont les dépositions ont été les plus graves, et cela en ces termes : « Connais-tu un tel ? » L'accusé répondra oui, ou non. S'il dit non, il ne pourra pas ensuite faire récuser ce témoin par son défenseur, sous prétexte d'inimitié mortelle : ne vient-il pas de dire, sous serment, qu'il ne connaît pas ce témoin ? S'il répond par l'affirmative, on lui demandera s'il a jamais vu ou entendu le délateur dire ou faire quoi que ce soit contre la foi. S'il répond que oui, on lui demandera s'il est de ses amis ou de ses ennemis, et il répondra qu'il est de ses amis. Il ne pourra plus dès lors récuser le délateur sous prétexte d'inimitié mortelle. Mais s'il répond par la négative, on lui demande, de même, s'il est de ses amis ou de ses ennemis. Il dira qu'il est de ses amis car, autrement, comment saurait-il que le délateur a dit ou n'a pas dit, a fait ou a laissé faire ? Et la défense ne pourra récuser son témoignage. On procédera de la sorte à propos de chaque témoin.

Cette méthode est encore plus fine et plus rusée que la précédente ; c'est pourquoi on l'utilise contre les accusés particulièrement rusés.

5. On donne à l'accusé la copie de l'acte, sans les noms. L'accusé, vu les chefs des inculpations, essaie de deviner qui l'a dénoncé ; il propose des noms de gens qu'il désigne comme des ennemis mortels et donne les raisons de ces inimitiés. Ceci accompli, l'inquisiteur regarde si l'accusé est tombé juste. Si c'est le cas, il considère et soupèse les causes d'inimitié. S'il les juge insuffisantes, il n'en tient pas compte. Dans le cas contraire, il interroge secrètement les témoins et s'ils n'allèguent pas de preuves valables, l'inquisiteur les récuse.

Cette procédure aura lieu en présence d'experts. C'est la plus commune.

6. On donne la copie de l'acte sans les noms des témoins à décharge ni ceux des délateurs. On désigne un avocat défenseur. L'accusé fait valoir l'inimitié mortelle que lui portent beaucoup de gens ; il nomme ces gens et explique les motifs de l'inimitié. L'inquisiteur et l'évêque font lire en séance secrète les dépositions de l'accusé et ses accusations à l'ensemble des témoins, qui auront juré de ne rien laisser transpirer de cette séance, sous peine d'excommunication. Là, en présence de théologiens et de juristes, on pondérera l'intensité des inimitiés. Le délateur concerné, dont il apparaîtrait qu'il porte une inimitié mortelle à l'accusé, serait récusé. Si l'inimitié n'est pas mortelle, délation et témoignages compteront. On choisira, pour ce conseil secret, trois personnes, dont deux au moins appartiendront au clergé paroissial, la troisième pouvant être un pieux laïque connaissant le délateur et pouvant donc témoigner de l'existence ou non de cette inimitié. Les témoignages de ces trois personnes seront de la plus grande importance pour le choix de la sentence.

C'est la procédure que j'ai presque toujours adoptée moi-même et je ne me souviens pas qu'elle m'ait déçu ; au contraire, j'ai toujours pu arriver, grâce à elle, à établir la vérité de l'affaire.

XVI. Une norme de bon sens doit toujours présider au choix de l'une ou l'autre de ces astuces : la sauvegarde du délateur. Elle est d'importance capitale car, sans cela, on voit mal qui oserait jamais témoigner contre les hérétiques, qui oserait les dénoncer. Et on voit bien, en revanche, quel dommage s'ensuivrait pour le maintien de la foi dans le peuple. C'est en tenant compte de cela que, dans la première instruction de Séville, il est prévu explicitement, expressément, que lorsqu'il faut montrer les dépositions des témoins, il faut ne jamais produire l'original, mais une copie dont seront supprimés tous les détails qui permettraient tant soit peu d'identifier les témoins ou les délateurs. Sur ses copies, aucune mention n'est faite, par exemple, du jour ou de l'heure où le délit fut commis, ni d'aucune circonstance capable, selon l'inquisiteur, d'éclairer l'accusé. Et, en réalité, des dispositions semblables furent déjà prises jadis, au concile de Béziers.

32. Récusation de l'inquisiteur

La récusation du juge inquisitorial (l'inquisiteur, ou l'évêque) par l'accusé peut être juste, ou injuste et inopérante.

Elle est juste si l'inquisiteur a refusé à l'accusé la présence d'un défenseur ou l'assistance d'un avocat. Dans ce cas, comme dans tout autre, l'inquisiteur considérera le motif de la récusation. Et s'il constate qu'il a transgressé le droit et la justice au détriment de l'accusé (en lui refusant, par exemple, le bénéfice de la défense), il résoudra la question de l'une des deux façons suivantes :

1. Lorsqu'il verra que l'accusé se dispose à le récuser, il se hâtera de déléguer ses pouvoirs à un autre, avant que ne lui parvienne la récusation. Ainsi celle-ci sera-t-elle nulle et sans effet.

2. S'il reçoit la récusation et si elle est fondée, l'inquisiteur reprendra le procès au stade où il en était avant la faute sur laquelle l'accusé fonde sa récusation, en disant : « Je reprends le procès au stade où il en était lorsqu'un tel demanda la présence d'un défenseur (par exemple). J'admets sa demande, j'admets la présence d'une défense. je lui concède comme avocat et comme procureur un tel et un tel, qu'il m'a demandé de lui assigner. » Ainsi éliminée la cause de la récusation, il n'y a plus de récusation possible.

Mais dans le cas où l'accusé récuserait l'inquisiteur, sous prétexte qu'il lui porte de l'inimitié (parce qu'il a déjà « processé » un tel et un tel de sa famille, par exemple), il n'y aura pas de récusation effective. L'affaire sera soumise au jugement de deux arbitres (l'un choisi par l'accusé, l'autre par l'inquisiteur) qui examineront la réalité de cette « inimitié ». Les deux arbitres s'en adjoindront un troisième. Ils auront une huitaine pour trancher ; au-delà de ce laps de temps leur avis serait considéré nul et non avenu, et le juge inquisitorial se déclarerait compétent. Mais s'ils disent à temps que le juge inquisitorial doit être récusé, il le sera et il se trouvera dans l'impossibilité de déléguer ses pouvoirs. Dans ce cas, l'évêque et l'inquisiteur ne peuvent prononcer de sentence, et ils doivent en référer au pape ; à moins que l'inquisiteur ne pense qu'il peut continuer, nonobstant la récusation, d'assumer ses fonctions avec l'évêque.

XVI. On entend par « récusation » le refus opposé canoniquement au juge à cause d'une suspicion grave portée contre lui.

On entend, en revanche, par « appel » l'annulation de la sentence considérée injuste, édictée par un juge, par l'invocation d'un juge d'une instance supérieure. Beaucoup de docteurs considèrent que l'inquisiteur ne peut être récusé, étant donné que ne sont choisis pour la charge d'inquisiteurs que des hommes d'une gravité, d'une équité et d'une prudence exemplaires. Toutefois, d'autres docteurs acceptent le principe de la possibilité de récusation : c'est à cette opinion que se range le Sénat inquisitorial de Madrid, en l'intégrant au chapitre 32 des instructions de 1561. Accordons, dès lors, avec Eymerich, que l'on peut récuser l'inquisiteur : le tribunal inquisitorial n'en sortira que grandi, et mieux respecté. Mais examinons maintenant quelles peuvent être les causes légitimes de récusation et comment on « procédera » lorsque les conditions seront remplies. C'est simple : d'accord avec les docteurs, seule la conspiration et l'inimitié mortelle peuvent justifier une récusation.

Je n'approuve ni ne désapprouve les deux méthodes proposées par Eymerich pour résoudre la question de la récusation, car elles me semblent intéresser davantage la procédure d'appel que celle de la récusation. La procédure du double arbitrage ne me semble pas bonne : elle ne sert qu'à faire traîner les choses et à inciter l'accusé à récuser toujours, à temps et à contretemps. C'est au Sénat suprême de l'Inquisition qu'il faut transmettre la demande de récusation, c'est lui qui est compétent, lui qui récuse ou confirme.

Précisons que, contrairement à ce que semble dire Eymerich au paragraphe 2 – à propos des avocats et des procureurs – l'inquisiteur est totalement libre de nommer comme avocat et comme procureur d'autres que ceux demandés par l'accusé.

Enfin, le délai de réflexion de huit jours dont il est question ici ne peut être donné qu'à titre d'exemple : il n'y a pas lieu de statuer juridiquement sur la longueur de ce délai.

33. L'appel au pape

Dans certains cas, l'accusé peut faire appel au pape. On tiendra ou ne tiendra pas compte de l'appel selon les circonstances et selon les motivations.

L'appel est juste si l'inquisiteur a enfreint la loi en cours de procès (refus de désigner une défense, application de la torture sans en avertir l'évêque). Dans ces cas, l'accusé n'a que ce mot à la bouche : l'appel au pape. L'inquisiteur, sans peur, sans le moindre trouble, fera établir par l'accusé une copie du texte de l'appel. L'inquisiteur ne se presse pas, ne se précipite pas : il dispose de deux jours francs pour accuser réception de l'appel. Puis, il dispose encore de trente jours avant d'avoir à produire le jugement apostolique. Et bien qu'il puisse – s'il est très expert en la matière – produire aussitôt tel ou tel jugement apostolique de telle ou telle teneur, il œuvrera sagement en attendant 10, 15, 20 ou 25 jours avant de produire une réponse. L'inquisiteur a aussi le pouvoir de proroger le délai de la réponse. Pendant tout ce temps, il considérera bien les termes de l'appel. S'il en conclut qu'il est justifié, il en élimine la cause, il reprend le procès au stade où il était lorsque fut commise la faute justifiant l'appel, et il poursuit normalement, car, une fois supprimée la cause de l'appel, ce dernier est frappé de nullité.

Que l'inquisiteur prenne garde toutefois au type de dommage dont on l'accuse. Si les dommages sont réparables (absence de défense, projet de torture sans accord épiscopal), l'inquisiteur procédera comme nous venons de le dire. Mais il est des dommages irréparables. Par exemple, l'accusé a déjà été réellement torturé et il fait appel après torture. Ou bien des livres ont déjà été brûlés, etc. Dans ces cas, l'inquisiteur ne peut reprendre le procès au point où il l'avait laissé pour recevoir l'appel !

Que l'inquisiteur utilise donc le laps de temps prévu pour la réponse à l'appel (trente jours). Pour faire preuve de bonne volonté, il citera l'accusé dans la quinzaine ou dans la vingtaine pour lui communiquer la réponse apostolique. Qu'il prolonge le délai si nécessaire. Dans ce cas, l'inquisiteur dira, par exemple, qu'il a dû s'occuper d'autres procès et qu'il a dû temporairement négliger l'affaire de l'appel.

L'inquisiteur ne citera pas l'accusé à comparaître pour recevoir une réponse « affirmative », ou « négative », car il doit se donner le loisir de juger, pendant le délai de rigueur, s'il exhibera une réponse favorable, ou défavorable : l'accusé sera cité dans un lieu précis, à un jour et à une heure précis pour recevoir la réponse, sans autre indication. L'inquisiteur rusé et prudent, qui aurait décidé de garder en prison l'accusé en attendant la réponse à l'appel, prendra bien garde de citer l'accusé en tenant compte de sa situation de captif.

L'inquisiteur n'a à modifier en rien la situation de l'accusé entre le jour où ce dernier interjette appel et le jour de la réponse. Tout ce temps il demeurera dans la situation qui fut la sienne au moment de l'appel : en prison s'il était en prison, libre s'il était libre. Il ne sera pas torturé pendant cette période.

S'il s'agit d'un accusé qui fait appel à temps et à contretemps, à propos de tout et de rien (parce qu'on le garde en prison, parce qu'on lui refuse la liberté sous caution, que sais-je encore), l'inquisiteur réglera sa question en lui montrant dans les deux ou trois jours une réponse négative à l'appel, c'est-à-dire un rejet.

La teneur d'une réponse positive à l'appel est la suivante.

L'inquisiteur y fait valoir qu'il a agi conformément à la loi. Y sont récusées ensuite, une à une, les accusations contenues dans le texte d'appel. Il en résulte que l'inquisiteur n'a pas transgressé le droit et n'a pas fourni de prétexte à appel, mais que l'accusé a fait appel par peur de la justice, de sorte que son appel est nul. Toutefois, par respect pour le Siège apostolique à qui est adressé l'appel, l'inquisiteur dit qu'il admet l'appel et qu'il le transmet, avec tout le dossier, à N.S. le pape. Il cite donc l'accusé à comparaître sous bonne garde dans la Curie romaine devant N.S. le pape[1].

Si, entre-temps, il y a lieu de juger d'autres affaires concernant le même accusé, l'inquisiteur s'y emploiera, comme il est normal, car l'appel interjeté ne saurait bloquer une autre procédure concernant le même accusé.

XVI. Une réponse apostolique positive ne doit être jamais considérée comme une sentence définitive, car elle innocenterait l'accusé. Or l'appel n'a pas été inventé pour protéger l'iniquité *(non ad defensionem iniquitatis fuit institutum)* ! D'après les instructions du Sénat inquisitorial de Madrid, datées 1561, il n'y a pas lieu de retarder les tortures à cause de l'appel, si les indices les justifiaient suffisamment.

34. Faire vite

Moi, frère Nicolau Eymerich, dominicain, inquisiteur d'Aragon, qui ai supporté pendant des années mille misères, dépensé beaucoup d'argent, souffert beaucoup de contrariétés pour obtenir en Curie romaine des condamnations d'hérétiques ; moi, expert des méthodes de cette Curie, je conseille à tous les inquisiteurs de ne pas conduire personnellement les affaires à la Curie, à moins qu'ils n'aient là-bas des relations capables d'intervenir pour que les affaires soient réglées en vitesse. Qu'ils envoient le dossier complet et qu'ils évitent, eux, de comparaître. S'ils y sont obligés, que, dans leurs réponses, ils s'en tiennent au contenu du dossier, strictement : ils éviteront ainsi mille déboires et mille dépenses. Je leur conseille de ne pas traîner dans la Curie, car l'Église a beaucoup à perdre à l'absence

1. Simple formule.

des inquisiteurs de leurs régions et rien à gagner à leur présence à Rome. Lorsque l'inquisiteur s'éloigne de la région qui lui a été confiée, les hérésies et les erreurs qu'il combattait y renaissent. Les évêques, occupés à d'autres affaires spirituelles et temporelles, n'ont pas le loisir de continuer le combat. Les commissaires inquisitoriaux hésitent à s'imposer les travaux, les dangers, les dépenses auxquels fait face le titulaire et ils ne sont pas l'objet d'autant de révérence et de crainte que les titulaires. Quant aux hérétiques, ils tirent parti des absences et des lenteurs, s'endurcissent et, sachant que l'appel peut avoir comme résultat l'absence de l'inquisiteur, ils l'interjettent facilement lorsqu'ils sont pris afin de gagner du temps et de favoriser encore l'hérésie. Les autres inquisiteurs, apprenant les fatigues de leurs collègues, réduisent leur zèle, de peur de devoir faire, eux aussi, le voyage à la Curie romaine, d'affronter des dépenses considérables et de passer par les mêmes écœurements ; leur zèle pour la foi et contre l'hérésie s'éteint et ils en viennent à négliger leurs tâches au grand dommage de l'Église de Dieu.

XVI. Plus besoin aujourd'hui de faire le déplacement à la Curie romaine. Le Sénat inquisitorial, ou l'inquisiteur général, ou le nonce apostolique – selon les pays – s'occupent de régler toutes ces fastidieuses questions d'appel.

35. L'évasion du dénoncé

Le responsable de ce dernier empêchement à la poursuite ordinaire d'un procès inquisitorial peut être l'accusé lui-même ou un autre que lui.

XVI. L'évadé devient, par le fait même de son évasion, un banni et, comme tel, il peut être mis à mort non seulement par le juge, mais par n'importe qui. Cela s'explique facilement : le banni a contrevenu aux lois papales ou aux lois impériales, ou aux deux à la fois. Ils se trouve de ce fait même en état de guerre.

À plus forte raison l'hérétique évadé et banni peut être légitimement dépouillé de ses biens par n'importe quel chrétien.

Ceci dit, il est plus sage de réserver dans la pratique le soin de l'expoliation aux autorités de l'Église ou de l'État *(satis esse tutum, ut hoc fiat auctoritate ecclesiae vel principis).*

H. Verdicts et sentences. Fin des procès

XVI. Cette partie du *Manuel* est d'importance capitale. Il est admirable qu'Eymerich réussisse à réunir en un nombre précis de chapitres les diverses formes possibles d'aboutissement des procès d'hérésie. J'ignore quel est l'auteur dont Eymerich ait pu directement s'inspirer pour cette partie de son *Manuel.* je constate en revanche que l'auteur a utilisé la jurisprudence établie dans les conciles de Toulouse, de Béziers et de Narbonne et les conseils de Gui Foucoi, et qu'il s'y conforme absolument. Je ne vois aucun auteur, antérieur à Eymerich, qui ait réussi un tel travail de compilation. Et je constate, à l'inverse, que toute cette partie sur les treize façons de terminer un procès a été copiée, parfois littéralement, par des auteurs postérieurs à Eymerich. Je citerai Jacob Sprenger et son *Malleus maleficarum,* qui retranscrit toute cette partie dans la troisième partie (questions 23-34) de son livre, et j'évoquerai le Tabiensis qui se limite à la résumer dans son *Repertorium inquisitorum.* Plus près de nous, le révérend Hubert Locato suit fidèlement Eymerich dans son ouvrage *De formulis in Sancto Inquisitionis Officio agendis.* Je rappelle tout cela dans un souci de vérité. Bien des docteurs ne se croient pas obligés de dire quels sont les auteurs qu'ils suivent ou qu'ils utilisent : ils feraient mieux de ne point le taire. Et, dans le cas qui nous occupe, la référence explicite à Eymerich n'en donnerait que plus de solidité et de poids à leurs propres argumentations.

Introduction

Nous avons parlé des débuts des procès inquisitoriaux et des procès eux-mêmes. Il nous reste à parler maintenant des verdicts et des sentences.

Nous appellerons cette partie celle de la fin des procès et signalerons que tout procès inquisitorial se termine de l'une des treize façons ci-dessous. Après examen des actes de l'accusé et de ses explications, et tenant compte de l'avis des experts, il apparaîtra :

1. Que l'accusé doit être absous et déclaré absolument pur de toute hérésie ;
2. Ou bien qu'il est seulement « diffamé d'hérésie », au sens général ;
3. Ou bien qu'il doit être soumis aux questions et aux tortures ;
4. Ou bien qu'il est faiblement suspect d'hérésie ;
5. Ou bien qu'il est fortement suspect d'hérésie ;
6. Ou bien qu'il est gravement suspect d'hérésie ;
7. Ou bien qu'il est diffamé et suspect ;
8. Ou bien qu'il avait avoué et fait pénitence, et qu'il n'était pas relaps ;
9. Ou bien qu'il avait avoué et purgé, mais qu'il est relaps ;
10. Ou bien qu'il avait avoué et non purgé, et qu'il n'est pas véritablement relaps ;
11. Ou bien qu'il avait avoué et n'avait pas purgé, mais qu'il est relaps ;
12. Ou bien qu'il n'a pas fait des aveux, mais qu'il a été convaincu d'hérésie par des témoins valables, et cela judiciairement ;
13. Ou bien qu'il est convaincu d'hérésie, mais qu'il est en fuite ou contumax.

Ces treize types de verdict valent tout aussi bien pour ceux qui accueillent, défendent, protègent ou favorisent l'hérésie ou les hérétiques.

Premier verdict : l'absolution

Premier type de fin de procès : l'accusé d'hérésie ayant subi un procès ordinaire, et les conseils des experts ayant été entendus, apparaît totalement libre de tout crime d'hérésie. C'est le cas de l'accusé qui n'a été convaincu d'hérésie ni par ses propres aveux, ni par le témoignage des faits, ni par les légitimes dépositions des témoins, et qui par ailleurs n'apparaît ni comme suspect ni comme diffamé du crime dont il était accusé.

Dans ce cas, on procède de la façon suivante : l'inquisiteur ou l'évêque (ou les deux ensemble, bien qu'ils n'aient pas à opérer ensemble lorsqu'il y a absolution) délivrent à l'accusé une sentence absolutoire de la teneur suivante :

« Nous, frère N., de l'ordre des prêcheurs, inquisiteur, etc.

Attendu que toi, un tel, demeurant à..., diocèse de..., tu as fait l'objet d'une accusation d'hérésie dont voici la teneur (etc.) ;

Attendu que ces faits, de par leur nature, ne pouvaient pas ne pas solliciter notre attention et notre vigilance ;

Nous avons enquêté sur ce qui t'était reproché afin d'en savoir la vérité, et nous avons pour cela reçu et examiné des témoins, nous t'avons concédé l'assistance d'un défenseur, nous avons fait tout ce qu'il convenait de faire selon les dispositions canoniques ;

Attendu que nous avons examiné tout cela et avons sollicité à ce propos l'avis des jurisconsultes et des théologiens ;

Siégeant dans notre tribunal, conformément à notre fonction de juge, le regard fixé uniquement sur Dieu et sur l'intérêt de la vérité, sur les Saints Évangiles disposés devant nous afin que notre jugement émane de la face de Dieu et que nos yeux voient la vérité,

Nous prononçons notre sentence définitive de la façon suivante.

Ayant invoqué le nom du Christ,

N'ayant trouvé – dans ce que nous avons vu et entendu, dans ce qui a été proposé dans cette cause – rien qui ait légitimement prouvé quoi que ce soit de ce pourquoi tu étais "dénoncé", nous disons, déclarons et sententiellement définissons qu'il n'y a, qu'il n'y a eu rien contre toi qui puisse te faire tenir pour hérétique, ni pour suspect d'hérésie,

C'est pourquoi nous te relâchons par cette sentence du jugement inquisitorial.

Donné en tel lieu, etc. »

L'inquisiteur prendra garde de ne pas déclarer dans sa sentence absolutoire que le dénoncé est innocent ou exempt, mais de bien préciser que rien n'a été légitimement prouvé contre lui ; de sorte que, si plus tard, déféré de nouveau devant le tribunal, il devait être convaincu de quelque délit, il puisse être parfaitement condamné, nonobstant une sentence absolutoire.

XVI. À bien lire les attendus, il semblerait qu'Eymerich prévoit ici que les chefs d'accusation et les circonstances aient à figurer dans le texte de la sentence absolutoire. Je ne crois pas que ce soit très conforme au droit : puisqu'il n'y a pas eu de preuves et que, somme toute, l'accusé est relâché, il me semble plus convenable de ne pas préciser les chefs d'accusation et de lire publiquement la sentence absolutoire, que son bénéficiaire soit vivant ou défunt. Telle est la pratique que je trouve intégrée aux instructions madrilènes de 1561.

Par ailleurs, Eymerich demande que dans la sentence on prenne bien garde de ne pas déclarer l'absous « innocent ou exempt » : d'accord avec ce que prévoit Eymerich lui-même à propos du douzième verdict, la sentence définitive déclarera innocent et exempt l'accusé relâché qui aurait été victime de la malveillance des témoins (témoins qui, repentis, seraient expressément accusés de faux témoignage. Mais il faut bien constater qu'il est difficile de croire, en pratique, à un tel revirement de la part des témoins).

Deuxième verdict : l'expiation ou purgation canonique

On précise ici comment il convient de terminer le procès de celui qui, dans sa ville ou dans sa région, a la renommée d'hérétique, mais dont on n'a pu prouver suffisamment le délit ni par des aveux, ni par la matérialité des faits, ni par les dépositions des témoins. On ne retient dans ce cas que la diffamation.

Dans ce cas, on ne peut prononcer de sentence définitive ni absolutoire ni de condamnation. C'est pourquoi l'inquisiteur et l'évêque, ensemble, édicteront une sentence dont voici la teneur :

« Nous, N., par la miséricorde divine évêque de..., et Nous, N., dominicain, inquisiteur, etc.

Considérant qu'il résulte du procès que nous t'avons fait, à toi un tel, etc., qui nous as été dénoncé d'hérésie, et particulièrement, etc., que nous n'avons pas obtenu tes aveux, et que nous n'avons pu te convaincre du délit dont tu es accusé, ni d'autres, mais qu'il apparaît que véritablement tu es "diffamé" d'hérésie auprès des bons comme des méchants en telle ville, de tel diocèse ;

Nous t'infligeons, conformément au droit, une purgation canonique en expiation de ton infâmie.

Nous t'assignons à comparaître personnellement pour expier tel jour de tel mois, à telle heure. Les "coexpiateurs" qui t'accompagneront devront être d'une intégrité de vie et de foi notoires, ils devront connaître tes habitudes et ta vie, et notamment ton passé. Et nous te signifions que, si tu défailles dans ta purgation, nous te tiendrons pour convaincu d'hérésie, conformement à ce qui est canoniquement établi. »

Il convient de préciser ici que l'expiation se fait devant sept, dix, vingt ou trente (moins dans certains cas, davantage dans d'autres cas) « coexpiateurs », qui seront du même rang que le malfamé : religieux, s'il est religieux ; prêtres, s'il est prêtre ; soldats, s'il est soldat, etc. Ils doivent tous être capables de porter témoignage sur la foi présente et passée du diffamé.

Si le « malfamé » ne peut expier, il est excommunié. Et, s'il demeure un an sous l'excommunication, il est condamné comme hérétique.

S'il veut expier, mais n'arrive pas à réunir le nombre de coexpiateurs prescrit par l'inquisiteur, il apparaît *ipso facto* comme convaincu d'hérésie et il est condamné comme hérétique.

Dans certains cas toutefois, les « coexpiateurs » peuvent être de rang inférieur à celui du diffamé : ainsi pour un évêque « malfamé » les coexpiateurs peuvent être des abbés ou des simples prêtres ; si le « malfamé » est un roi, ces coexpiateurs peuvent être des nobles, des chevaliers, etc.

La purgation canonique

Le jour fixé pour la purgation canonique du diffamé, celui-ci comparaîtra personnellement avec ses « coexpiateurs » par-devant l'évêque ou l'inquisiteur. Le diffamé posera sa main sur le livre des évangiles et dira : « Je jure sur les Saints Évangiles n'avoir jamais adhéré, ni cru à cette hérésie (il nomme celle pour laquelle il est diffamé). Je jure ne l'avoir jamais enseignée, ne pas y adhérer, ne pas y croire. » Il jurera donc n'avoir rien à voir avec ce pourquoi il est diffamé.

Après cela, les coexpiateurs diront, chacun à son tour, la main sur les évangiles : « Je jure sur les Saints Évangiles que je crois ce qu'un tel vient de jurer. »

Dès lors, la purgation canonique est accomplie.

La purgation canonique doit se faire là où sévit la diffamation. Elle sera répétée dans toutes et chacune des régions ou des contrées où le même sujet aura été ou sera encore l'objet d'une rumeur.

Celui qui, mal famé et « purgé », tombe plus tard dans l'hérésie qu'il aurait expiée, est considéré comme relaps et livré comme tel au bras séculier[1].

XVI. Celui qui a dû subir une purgation canonique devient-il de ce fait même inapte à tout office ou bénéfice ecclésiastique ? Selon certains docteurs, l'inaptitude est de règle. D'autres prétendent que la purgation ne doit pas avoir pour effet la révocation d'un bénéfice, mais seulement l'incapacité d'une promotion.

1. Ce qui montre bien que, malgré toutes ces précautions théoriques, la simple rumeur aura, rétrospectivement, la valeur non seulement de suspicion violente, mais bel et bien d'hérésie manifeste. Que l'on se souvienne de la définition proposée plus haut de la notion de « preuve évidente ».

Troisième verdict : la question[1]

On applique la question au dénoncé qui ne passe pas aux aveux et que l'on n'a pas pu convaincre d'hérésie au cours du procès. Si cet accusé n'avoue rien sous la torture, il sera considéré comme innocent. L'accusé qui, dénoncé, n'avoue pas en cours d'interrogatoire ou qui n'est convaincu ni par l'évidence des faits ni par les témoignages valables ; celui sur qui ne pèsent pas d'indices suffisamment clairs pour que l'on puisse exiger une abjuration, mais qui varie dans ses réponses, celui-là doit être torturé. Doit l'être aussi celui contre qui il y a des indices suffisants pour exiger une abjuration. La forme du verdict de torture est la suivante :

> « Nous, inquisiteur, etc., considérant le procès que nous te faisons, considérant que tu varies dans tes réponses et qu'il y a contre toi des indices suffisants pour te soumettre à la torture ; pour que la vérité sorte de ta propre bouche et que tu n'offenses pas davantage les oreilles de tes juges, nous déclarons, jugeons et décidons que tel jour à telle heure tu seras soumis à la torture. »

Instruction parfaitement détaillée sur la question

Si l'accusé varie dans ses réponses, s'il y a en outre des indices contre lui, on mettra les deux choses dans la sentence, comme ci-dessus. S'il n'y a que variation dans les réponses et pas d'indices, ou que des indices sans variations dans les réponses, on en tiendra compte dans la rédaction de la sentence.

L'inquisiteur ne doit pas se montrer très pressé d'appliquer la torture, car on n'y a recours qu'à défaut d'autres preuves : il appartient à l'inquisiteur d'essayer d'en établir. Mais s'il n'en trouve pas et s'il considère qu'il y a des probabilités de culpabilité du dénoncé et qu'il est probable aussi qu'il n'avoue pas par

1. Le thème de la torture est abondamment commenté encore dans la troisième partie du *Manuel,* question 28, p. 260.

peur, il introduira des familiers auprès de l'accusé et des amis, pour qu'ils le convainquent d'avouer. Les incommodités de la prison, la réflexion, les exhortations fréquentes des gens probes disposent souvent les accusés à avouer.

Mais si l'on n'obtient rien et si l'inquisiteur et l'évêque croient en toute bonne foi que l'accusé leur cache la vérité, alors qu'ils le fassent torturer modérément et sans effusion de sang, se rappelant toujours que les tourments sont trompeurs et inefficaces *(scientes quod quaestiones sunt fallaces et inefficaces)*. Il y a des gens d'une telle faiblesse de cœur qui avouent tout à la moindre torture, même ce qu'ils n'ont pas commis. D'autres sont à tel point opiniâtres qu'ils ne disent rien, quelles que soient les tortures qu'on leur inflige. Il y a ceux qui ont déjà été torturés ; ceux-là supportent mieux que quiconque la torture, car ils raidissent aussitôt leurs membres et les raffermissent ; mais d'autres sortent affaiblis des premières tortures et ils sont ainsi incapables d'en supporter des nouvelles. Il y a les ensorcelés qui, par l'effet de sortilèges utilisés sous la torture, deviennent presque insensibles : ceux-là mourraient plutôt que d'avouer.

Une fois la sentence donnée, les assistants de l'inquisiteur se disposent à l'exécution. Pendant la préparation de l'exécution, l'évêque et l'inquisiteur, d'eux-mêmes ou par la bouche de quelque croyant fervent, presseront l'accusé d'avouer spontanément. Si l'accusé ne le fait pas, ils ordonneront aux bourreaux de lui ôter ses vêtements – ce qu'ils feront immédiatement, mais sans gaieté, comme sous l'emprise d'un certain trouble. Ils l'exhorteront à avouer pendant que les bourreaux le déshabilleront. S'il résiste encore, il sera conduit à part, tout nu, par ces braves croyants qui l'exhorteront encore et encore. En l'exhortant, ils lui diront que, s'il avoue, il ne sera pas tué, du moment qu'il jurera de ne plus commettre ces crimes. Beaucoup avoueraient la vérité s'ils n'étaient tenaillés par la crainte de la mort, j'en ai fait l'expérience bien des fois ; beaucoup avoueraient si on leur promettait la vie sauve. Que l'inquisiteur et l'évêque la lui promettent donc, puisqu'ils pourront tenir leur parole (sauf s'il s'agit d'un relaps, et dans ce cas on ne promettra rien).

Si l'on n'avance pas par ces moyens, et si les promesses s'avèrent inefficaces, on exécute la sentence et on torture l'accusé de la manière traditionnelle, sans chercher de nouveaux supplices ni en inventer de plus raffinés : plus faibles ou plus forts selon la gravité du crime. Pendant qu'on torture ainsi l'accusé, on l'interroge sur les articles les moins graves d'abord, sur les plus graves ensuite, car il avouera plus facilement les fautes légères que les graves. Le notaire, pendant ce temps, note les tortures, les questions et les réponses. Si, après avoir été décemment *(decenter)* torturé, il n'avoue pas, on lui montrera les instruments d'un autre type de tourment, en lui disant qu'il lui faudra les subir tous s'il n'avoue pas.

Si on n'obtient rien, même avec cela, on continuera de le torturer le lendemain et le surlendemain s'il le faut (mais on ne « recommencera » pas les tortures, car on ne peut les « recommencer » que si l'on dispose de nouveaux indices contre l'accusé. Il est, autrement, interdit de « recommencer », mais non de « continuer »).

Lorsque l'accusé, soumis à toutes les tortures prévues, n'a toujours pas avoué, il n'est pas molesté davantage et il part libre. Et s'il demande qu'une sentence soit établie, on ne pourra pas la lui refuser. Elle sera établie dans la teneur suivante : qu'après examen méticuleux de son dossier, on n'a trouvé rien de légitimement prouvé contre lui sur le crime dont on l'avait accusé, et on continuera dans les termes prévus pour la sentence absolutoire.

Celui qui avoue sous les tourments voit ses aveux notés par le notaire. Après la torture, il sera conduit dans un lieu où il n'y aura aucun signe de torture. Là, on lui lira les aveux passés sous la torture, et on poursuivra les interrogatoires jusqu'à obtenir de sa bouche toute la vérité. S'il ne confirme pas ses aveux ou s'il nie alors avoir avoué sous les tourments, et s'il n'a pas encore subi tous les tourments prévus, on continuera de le torturer – sans « recommencer » les tourments. Mais s'il a déjà subi tous les tourments, il sera relâché. Et s'il tient absolument à avoir une sentence, on la lui donnera comme dans le cas précédent.

S'il maintient, en revanche, les aveux passés sous la torture et s'il reconnaît son crime et sollicite le pardon de l'Église, on considérera qu'il a été convaincu d'hérésie et qu'il se repent. Il sera condamné alors aux peines réservées aux convaincus et repentants dont il est question dans le huitième type de sentence.

S'il maintient, après torture, des aveux passés sous la torture, mais ne sollicite pas le pardon et n'est pas relaps, il sera livré au bras séculier pour être exécuté (comme dans le dixième type de verdict).

S'il est relaps, il sera condamné de la façon exposée dans le onzième type de verdict.

XVI. Remarquons que l'inquisiteur ne doit pas se montrer pressé d'en venir aux tortures, car les indices par lesquels on en vient à la torture sont, par définition, arbitraires. Les inquisiteurs éviteront donc d'y revenir tout le temps.

Que dire de ces ensorcelés, insensibles à la douleur, dont parle Eymerich ? N'allez pas croire qu'Eymerich parle de cela pour ne rien dire. Paul Grilland, qui fut un juge très dur en affaires criminelles, dans son *Traité de la question et de la torture,* en parle aussi. Hyppolite Marsilien fait de même. Pour ces sortilèges, ces ensorcelés utilisent généralement des mots et des prières extraits des psaumes de David ou d'autres lieux de l'Écriture Sainte, qu'ils écrivaient par des procédés superstitieux sur des bouts de parchemin pur, qu'ils appellent « papier vierge », en y mélangeant parfois des noms d'anges inconnus. Nous avons vu un de ces bouts de parchemin l'année dernière, que l'on avait « retiré » d'un pauvre type *(vili homini)* pendant qu'on le conduisait en prison, sur lequel il y avait de curieux cercles et des figures relevant de la superstition. Ils cachent cela dans un endroit secret du corps afin de se rendre insensibles à la torture. Que faire contre ces fraudes et ces incantations ? je ne sais pas. Toutefois, il serait utile de déshabiller complètement celui que l'on conduit à la torture[1].

1. Joli euphémisme pour ne pas parler d'une exploration de ces « lieux secrets »

Une question qui mérite particulièrement l'attention est celle de l'existence ou non de catégories de personnes non torturables en vertu de quelque privilège. On fait souvent valoir, en effet, que juridiquement certaines personnes ne peuvent être torturées – les soldats, les chevaliers, les notables – et qu'on doit se limiter à les terroriser – en leur montrant les instruments de torture et en les menaçant de s'en servir. Mais c'est là un droit qui ne joue pas dans les affaires d'hérésie : nul de ceux qui sont exempts de torture à propos de n'importe quel délit ne l'est dans le délit d'hérésie. Il y a lieu de se demander, en revanche, si l'on peut torturer les enfants et les vieillards, à cause de leur fragilité. On peut les torturer, avec, toutefois, une certaine modération ; ils seront frappés à coups de bâton, ou fouettés. Et que faire si l'accusé à questionner est une femme enceinte ? Elle ne sera ni torturée ni terrorisée, de peur qu'elle n'accouche ou qu'elle n'avorte. On essaiera de lui arracher des aveux par d'autres moyens avant qu'elle n'accouche. Après l'accouchement, il n'y a plus d'obstacle à la torture.

La valeur des aveux est absolue s'ils ont été obtenus par la menace de la torture ou par la présentation des instruments de torture : dans ce cas ; on considérera que l'accusé a librement avoué puisqu'il n'a pas été torturé. Il en est de même si les aveux sont obtenus alors que l'accusé est déjà nu et lié pour subir les tortures. Si l'accusé avoue en cours de torture, il doit ratifier ensuite ses aveux, car ils auront été obtenus par la douleur ou par la terreur.

On dit que l'on peut « recommencer » les supplices si, en cours de torture, on a obtenu de nouveaux indices : il faut signaler ici que ce que dirait l'accusé en cours de torture peut être considéré comme un nouvel indice et, dans ce cas, il est tout à fait juste de « recommencer » les supplices. Et à plus forte raison, s'ils sont obtenus par d'autres moyens. Toutefois, on n'abusera

---

du corps. Car, en réalité, Eymerich est suffisamment explicite sur la nudité de celui qu'on conduit à la torture.

pas de cette possibilité de « recommencer » les supplices, de peur que le torturé ne rende l'âme sous les tourments. Par ailleurs, beaucoup d'accusés demeurent, après les premières séances, dans un tel état de fragilité et d'infirmité, que l'on peut se demander légitimement s'ils seront capables de supporter le reste sans danger pour leur corps et pour leur âme : que les juges se souviennent alors qu'ils ne sont pas des bourreaux et que la torture est trompeuse, comme il a été dit plus haut.

Il faut considérer à présent dans quel cas on peut « répéter » les tourments. C'est peut-être une bien vulgaire question, elle n'en a pas moins le plus grand intérêt. Nous signalerons trois règles.

Première. – L'accusé a été faiblement et mollement torturé. Dans ce cas, on peut « répéter » les supplices jusqu'à ce que l'accusé soit suffisamment torturé. Ceci étant acquis, le notaire en prend acte, et les juges font cesser la première torture et précisent qu'ils vont faire recommencer les supplices. Ce n'est pas là, à proprement parler, une « répétition », mais plus proprement une « continuation ». Il n'y aura de véritable « répétition » que si on « recommence » à torturer un accusé qui aurait déjà subi, sans avouer, tous les types de tourments prévus.

Deuxième. – Des experts pensent qu'il n'y a pas lieu de « répéter » les tourments pour le seul fait d'avoir obtenu de nouveaux indices. Il faut se ranger à l'avis des experts qui pensent le contraire, car c'est celui que l'on suit ordinairement dans la pratique. Toutefois, que l'on se souvienne qu'il arrive souvent que les accusés avouent n'importe quoi dès les premières séances de torture. L'inquisiteur redoublera donc de perspicacité et tiendra grand compte du degré de malignité de l'accusé.

Troisième. – L'accusé avoue sous la torture. Puis, amené à ratifier ses aveux, il se rétracte. Dans ce cas, on « recommencera » toute la série des tourments, car les aveux obtenus au cours de la première série constituent justement le nouvel indice nécessaire.

Mais que tout cela soit fait sans cruauté ! Nous ne sommes pas des bourreaux. je dirai plus bas combien de fois on peut « recommencer » les tortures.

Enfin, quand dira-t-on que quelqu'un a été « suffisamment torturé » ? On le dira lorsqu'il apparaîtra aux juges et aux experts que l'accusé a subi sans avouer, des tourments d'une gravité comparable à la gravité des indices. On entendra alors qu'il a suffisamment expié les indices par la torture *(ut ergo intelligatur quando per torturam indicia sint purgata).*

Comment l'accusé ratifie-t-il les aveux passés sous la torture ? Le notaire lui demande, après torture : « Te souviens-tu de ce que tu as avoué hier ou avant-hier sous la torture ? Eh ! bien, redis-le-moi maintenant en toute liberté. » Et il note la réponse. Si l'accusé ne ratifie pas, on s'en souvient, il est de nouveau soumis à la torture.

Mais combien de fois peut-on recommencer toute la série des tortures par non ratification des aveux ? Les docteurs ne sont pas unanimes à ce propos. D'aucuns pensent que l'on peut recommencer la série entière – et la compléter, bien sûr – trois fois et davantage. Je crois, moi, qu'il y aurait là excès de cruauté et qu'il ne faudrait pas aller au-delà des deux séries complètes de tourments. On peut appliquer une troisième série de supplices à l'accusé qui aurait été torturé avec une certaine mollesse au cours des deux séries. Si, après cela, on n'obtient pas de ratification des aveux hors torture – ou pas d'aveux du tout – on relâche l'accusé, comme le dit merveilleusement Eymerich[1].

Quatrième verdict : l'abjuration par suspicion faible

L'abjuration *de levi*[2] doit être faite par celui contre qui le tribunal n'a trouvé que de faibles indices d'hérésie. Celui-ci

1. Comme on le verra dans la troisième partie, l'éditeur romain est partisan du maintien de la série traditionnelle de cinq types de tourments, constituant cinq étapes dans la progression de la gravité de la torture. Le suspect a droit à un type de tourment par jour. En mettant les choses au pire – ou au mieux, comment savoir ! – c'est au bout de quinze jours de tortures que l'accusé qui n'aurait pas avoué serait considéré « décemment torturé », et qu'il pourrait être relâché.

2. Entendez : de suspicion faible.

abjurera publiquement dans l'église cathédrale, s'il était publiquement suspect. Dans le cas contraire, il peut abjurer dans le palais épiscopal ou devant le chapitre du couvent des dominicains où réside l'inquisiteur, ou encore dans l'appartement de l'évêque ou de linquisiteur.

Si la suspicion a été publique, on procédera comme ceci.

L'inquisiteur prévient suffisamment à l'avance toutes les églises du lieu que tel dimanche il prononcera un sermon dans telle église et que tout le monde est tenu de s'y rendre. On dressera un catafalque au milieu de la nef, face à l'autel, sur lequel se tiendra l'accusé, debout pour qu'il soit vu de tous, tête nue, entouré de bonne garde. Le sermon portera sur l'hérésie que l'accusé doit abjurer, et l'inquisiteur racontera que celui qui se tient sur le catafalque a été trouvé suspect de ceci ou de cela et qu'il doit, par conséquent, expier ces suspicions en abjurant *de levi*. Ceci accompli, on met devant l'abjurant le livre des quatre évangiles : l'abjurant le touche de la main, et il abjure.

Si, par exemple, on le tenait en suspicion de croire à la pauvreté absolue du Christ et des apôtres, il dira : « Je jure que je crois de tout cœur et que ma bouche proclame que le Seigneur J.C. et ses apôtres, pendant qu'ils étaient sur terre, possédaient des biens en commun ; que l'Écriture le dit ; et qu'ils avaient le droit de distribuer des biens, d'en vendre et d'en donner[1]. » L'abjurant promet de ne jamais adhérer à aucune hérésie et se dit prêt à subir, dans le cas contraire, toutes les peines qui lui seraient imposées. Il termine ainsi : « Que Dieu et Ses Saints Évangiles me viennent en aide ! »

Toute l'abjuration se fera en langue vulgaire pour que tout le monde comprenne. L'inquisition s'exprimera, après, dans des termes de ce style :

> « Mon fils, tu viens d'expier par l'abjuration la suspicion qui pesait légitimement sur toi. Prends garde à toi de ne pas retomber dans l'avenir : tu serais alors relaps et, bien qu'on ne te livrerait pas

1. Cf. plus haut, p. 83, note 1.

au bras séculier puisque tu n'étais que faiblement suspect, tu te verrais infliger une condamnation extrêmement grave. Prends garde aussi que, désormais, pour peu de choses tu serais considéré comme gravement suspect et forcé d'abjurer en conséquence. Après quoi, si tu récidivais en donnant encore prétexte à suspicions, tu serais considéré comme relaps et, comme tel, livré au bras séculier pour être exécuté. »

La procédure est la même si l'accusé doit abjurer dans le palais épiscopal.

Puis l'inquisiteur établit et lit la sentence, en précisant bien le nom et la qualité de l'abjurant, en indiquant qu'il a abjuré *de levi* et non pas *de vehementi* (l'oubli de cette précision pourrait porter un très grave préjudice à l'abjurant). Et aussitôt il accorde dix ou vingt jours d'indulgence à tous ceux qui ont entendu le sermon et l'abjuration, et précise que tous ceux qui ont collaboré à la présente affaire d'abjuration ont gagné trois ans d'indulgence.

XVI. Celui qui, après avoir abjuré *de vehementi* retomberait dans l'hérésie, serait considéré comme relaps, et comme tel livré au bras séculier ; ne sera pas tenu pour relaps celui qui n'aurait abjuré que *de levi.*

On peut exiger l'abjuration simple ou solennelle, selon la procédure prévue par Eymerich, dès l'âge de dix ans et demi pour les garçons, de neuf ans et demi pour les filles, c'est-à-dire dès l'âge où garçons et filles sont considérés juridiquement responsables d'un délit. C'est là l'opinion de beaucoup d'inquisiteurs. Je m'en tiens, personnellement, à ce que prévoyait le concile de Toulouse de 1229 et que reprenait le concile de Valladolid en 1388 : la limite inférieure d'âge sera de douze ans pour les filles et de quatorze ans pour les garçons[1].

Conformément à ce qui fut établi au concile de Narbonne, la sentence d'abjuration *de levi* contenant les chefs d'accusation

1. La responsabilité juridique va de pair, on le constate, avec l'entrée en âge nubile.

et les pénitences infligées sera publiquement affichée afin que nul ne l'ignore. Si l'abjurant sait écrire, il doit signer de sa main le texte de l'abjuration.

Je précise que ceux qui, après abjuration, seraient condamnés par l'inquisition aux galères *(quos ad poenas triremium condemnarunt)* seront conduits aux prisons civiles par les forces civiles qui seront averties par le détail du contenu de la sentence inquisitoriale.

Remarquez enfin qu'il n'est pas ici question de peines, mais de pénitences : on ne peut infliger de peines à celui qui était faiblement suspect, mais uniquement de pénitences, comme des salutaires remèdes, et elles seront arbitrairement déterminées selon la qualité du suspect et la gravité de la suspicion.

Cinquième verdict : abjuration de suspicion forte

Doit abjurer de suspicion forte celui contre qui le tribunal, n'ayant rien pu prouver de concret ni par les témoignages ni par l'examen des faits, retient néanmoins de forts indices autorisant une suspicion forte.

Ce suspect doit abjurer de l'hérésie dont il est accusé, de sorte qu'il soit traité en relaps s'il récidive, c'est-à-dire qu'il soit exécuté par le bras séculier. Il abjurera publiquement ou en secret – comme dans le cas précédent – devant beaucoup de monde ou devant peu de personnes selon l'étendue et le poids de la suspicion.

S'il doit abjurer en public, dans une grande église ou dans la cathédrale, on en fera l'annonce suffisamment à l'avance comme dans le cas précédent en ajoutant qu'il n'y aura d'autre sermon ce jour-là que celui de l'inquisiteur et que ceux qui l'écouteront gagneront les indulgences habituelles. La veille du jour on élèvera un échafaud au milieu de l'église, sur lequel on mettra une chaise pour l'abjurant. Le jour venu, l'inquisiteur prononce son sermon, puis le notaire, ou un autre, lit l'acte sur lequel figurent les sujets de suspicion grave. Ceci accompli, l'inquisiteur dit : « Voilà donc de quoi tu nous sembles fortement suspect. Il te faut abjurer cette hérésie et l'expier. » Puis on met sous les yeux de l'abjurant les quatre évangiles, et il les touche de sa main. S'il sait lire suffisamment, on lui donne à lire le texte de l'abjuration et il le lit devant tout le peuple. S'il ne sait pas lire, un notaire ou un clerc le lit lentement et l'abjurant répète au fur et à mesure.

Modèle d'abjuration d'hérésie dans le cas de suspicion forte

« Moi, un tel, demeurant à..., diocèse de..., traduit personnellement devant votre tribunal, ayant comparu devant vous, monseigneur l'évêque de..., et devant vous, frère un tel, dominicain :

Sur les Saints Évangiles que je touche de ma main, je jure croire de tout cœur et confesser tout ce que la sainte foi catholique et apostolique enseigne, confesse et proclame. Je jure aussi croire de tout cœur et confesser (on écrira ici l'article de la foi catholique directement opposé à l'hérésie dont l'abjurant est fortement suspect). Je jure aussi et je proclame que je n'ai jamais dit ou fait, que je ne dis ni ne fais et que je ne dirai ni ne ferai jamais (on écrira ici les motifs de suspicion) aucune de ces choses à cause desquelles vous me tenez pour fortement suspect d'hérésie.

Et si, ce que Dieu ne veuille, je devais me parjurer dans l'avenir, je me soumets librement dès maintenant aux peines réservées de plein droit aux relaps ; et je me déclare prêt à accepter les pénitences que j'ai pu mériter par les actions à cause desquelles je suis désigné aujourd'hui comme fortement suspect d'hérésie.

Je le jure, et je promets d'employer toutes mes forces à accomplir la pénitence. Que Dieu et ses Saints Évangiles me viennent en aide ! »

Tout cela sera dit en langue vulgaire (sauf si l'abjuration avait lieu devant des ecclésiastiques uniquement).

Après l'abjuration

Après l'abjuration, l'inquisiteur s'adresse à l'abjurant en ces termes :

« Mon fils, par l'abjuration que tu viens de faire, tu as expié la suspicion qui pesait sur toi. Je tiens, toutefois, à te rendre plus circonspect à l'avenir. Prends garde à ce que tu feras désormais, car s'il apparaissait dans l'avenir que tu fusses retombé dans l'hérésie abjurée, tu serais livré sans miséricorde au bras séculier pour être exécuté. Éloigne-toi désormais de ceux qui pourraient te faire retomber dans l'hérésie. »

Le notaire n'oubliera pas de noter, en bas de l'acte, qu'un tel a abjuré d'une suspicion forte, de sorte qu'en cas de récidive, il puisse être exécuté comme relaps. Ceci accompli, l'inquisiteur prononce la sentence et impose la pénitence.

Il reste à l'inquisiteur à accomplir trois choses, une fois la sentence prononcée :

1. Il précise bien la pénitence imposée et indique que, si l'abjurant ne veut la faire, il sera considéré comme relaps, et condamné comme relaps impénitent.

2. Il accorde les dix ou vingt jours d'indulgence habituelle au peuple fidèle.

3. Il précise que ceux qui ont dénoncé l'abjurant, collaboré à le prendre, pris part au jugement (lisant les sentences, etc.) ont gagné trois ans d'indulgence. Il termine en rappelant que tout délateur gagne trois ans d'indulgence et se garantit en plus le salut éternel.

Toutefois, en ce qui concerne la pénitence, on ne fera pas emmurer à vie ou emprisonner à vie les faiblement ou les fortement suspects : c'est là une peine réservée à ceux qui furent vraiment hérétiques, et hérétiques pénitents. Ils seront envoyés en prison pour une certaine période, et après ils seront libres. Ils ne porteront pas, ces suspects, le vêtement croisé ou « sac béni » *(san benito),* car ce vêtement désigne les hérétiques pénitents ; or les suspects ne furent pas convaincus d'hérésie. On les obligera, en revanche, à se tenir sur les marches de l'église ou de l'autel les dimanches au cours des messes pendant telles ou telles périodes, avec un cierge allumé de tel ou tel poids.

Sixième verdict : abjuration de suspicion violente

Doit abjurer de suspicion violente celui contre qui le tribunal, n'ayant rien pu trouver de concret, ni dans les témoignages ni dans l'examen des faits, retient néanmoins des indices très graves autorisant une suspicion violente. C'est le cas, par exemple, de celui qui est demeuré un an et plus sous le poids d'une excommunication méritée par contumace. Celui-ci peut parfaitement ne pas être hérétique. Néanmoins, il doit être condamné à cause de la suspicion violente, qu'il n'y a pas lieu de fonder sur la moindre preuve *(contra quam non est probatio admittenda).* L'hérétique qui n'abjure pas et ne veut expier est livré au bras séculier pour être exécuté : pareillement, celui qui est violemment suspect, s'il ne veut abjurer et revenir au sein de l'Église ni expier conformément aux dispositions de l'évêque et de l'inquisiteur, sera livré au bras séculier pour être exécuté. S'il abjure et accepte d'expier, il sera condamné à la prison perpétuelle.

Pour l'abjuration on prend toutes dispositions utiles, comme dans le cas précédent (un seul sermon, promesses d'indulgences, etc.). L'inquisiteur se procure entre-temps un vêtement comportant deux bandes de tissu, une devant et une derrière, à la manière du scapulaire des religieux, mais sans capuchon, sur lesquelles on coudra deux croix de tissu rouge – une devant, l'autre derrière – de trois empans de longueur et deux de largeur. On prépare l'échafaud et la chaise pour que l'abjurant soit vu de tout le peuple. Le jour fixé, on procède comme d'habitude : sermon de l'inquisiteur, lecture des suspicions violentes. Puis l'inquisiteur, ou l'évêque, déclare :

> « Mon fils, voilà quelles sont les violentes suspicions qui pèsent sur toi. À cause d'elles tu dois être condamné comme hérétique. Fais bien attention à ce que je vais te dire : si tu veux t'éloigner de cette hérésie, si tu l'abjures publiquement et supportes patiemment la pénitence que l'Église et moi-même au nom du Vicaire du Christ t'imposons, il te sera permis de te faire absoudre de tes

péchés. Nous t'infligerons une pénitence à la mesure de ce que tu peux supporter et te délivrerons du lien de l'excommunication qui te tient prisonnier, tu pourras faire ton salut et avoir droit à la gloire éternelle. Si tu n'abjures pas, si tu ne veux accepter la pénitence, nous te livrerons à l'instant au bras séculier, et tu perdras le corps et l'âme. Que préfères-tu : abjurer et sauver ton âme, ou ne pas abjurer et te damner ? »

S'il répond : « je ne veux pas abjurer », qu'il soit livré au bras séculier de la façon prévue au dixième verdict. S'il dit : « Oui, je veux abjurer », on lui présente les Saints Évangiles, et il abjure.

Dans le texte d'abjuration, l'abjurant jure ne jamais avoir adhéré à aucune hérésie, et promet sous serment de ne jamais le faire dans le futur, mais il constate, toutefois, qu'il a donné lieu à suspicion violente. Il jure de dénoncer les hérétiques qu'il connaîtrait, de se plier à la pénitence qui lui sera infligée et demande pour finir l'aide de Dieu et des quatre évangiles. Il déclare savoir qu'en cas de récidive il sera livré aussitôt, sans autre forme de procès, au bras séculier et aussitôt exécuté.

Le notaire prend soin de bien noter qu'un tel a abjuré de suspicion violente afin qu'il puisse être exécuté aussitôt en cas de récidive. L'abjuration se fait en langue vulgaire, sauf si l'abjurant est un prêtre et si l'abjuration se fait devant des ecclésiastiques seulement : dans ce cas, l'abjuration se fait en latin.

L'abjuration terminée, l'inquisiteur dit :

« Mon très cher fils, tu viens d'abjurer les hérésies dont tu étais violemment suspect. Tu te conformes ainsi aux vœux de l'Église, et c'est bien. Mais prends garde dans l'avenir à ne pas récidiver, à ne pas mériter de suspicion de n'importe quelle hérésie, car, sache-le et n'en doute pas un instant, comme tu viens toi-même de t'y obliger, tu serais livré sans aucune miséricorde au bras séculier pour être exécuté. »

Après cela, l'inquisiteur absout l'abjurant de son excommunication, s'il était excommunié. Puis on lit la sentence de pénitence.

L'abjurant portera le sac béni pendant une ou deux années. Il se trouvera ainsi habillé à la porte de l'église ou sur les marches de l'autel pendant les messes de telles ou telles fêtes. Il sera emprisonné à vie ou pour une période à déterminer selon le thème de la suspicion. L'inquisiteur rappelle qu'il peut, à sa guise, affaiblir ou aggraver la pénitence. Puis il l'exhortera à la patience, en promettant d'alléger la pénitence s'il est soumis, le menaçant de le livrer comme impénitent au bras séculier pour qu'il soit exécuté, s'il proteste. Il concède enfin les indulgences habituelles : dix ou vingt jours aux assistants, trois ans aux délateurs et collaborateurs.

XVI. Les origines du sac béni remontent à l'Ancien Testament : on lit en effet, dans le Livre des Rois (1, 21), qu'Achab fut condamné à s'habiller de sac pour avoir mal acquis la vigne de Nabot.

S'habiller de sac était, sous l'ancienne loi, signe de pénitence : ainsi donc le port du sac béni convient-il parfaitement à l'état de pénitence. Et, en effet, l'Inquisition déléguée a utilisé dès ces débuts le sac béni : celui-ci est mentionné déjà dans le concile de Tarragone de l'an 1229, celui-là même auquel assistait saint Raymond de Penyafort, et dans certaines lettres de saint Dominique dont il est question au chapitre 20 de l'ouvrage de Camilus Gampegius. Le concile de Tarragone prévoit que le sac béni doit être orné de deux croix d'une couleur distincte de celle du sac, l'une sur le côté droit, l'autre sur le côté gauche ; il indique en outre que le pénitent doit avoir sur lui la sentence de réconciliation épiscopale. C'est le concile de Béziers qui établira une fois pour toutes la couleur et l'emplacement des croix, et il précisera que, si l'hérétique est condamné, il en portera une troisième « sur le capuchon ou sur le voile ». Pour les hérétiques qui se seraient parjurés, le concile de Béziers prévoit en plus un deuxième bras transversal, d'un empan, à peu près en haut des deux croix. Ceux qui doivent aller outre-mer[1]

1. On désigne par « passage outre-mer » le pèlerinage en Terre sainte que devaient parfois accomplir les pénitents de l'Inquisition.

porteront leurs croix jusqu'à ce qu'ils touchent le port ; à leur débarquement, ils les déposeront, mais les reprendront dès qu'ils rentreront ; ils ne les déposeront pas lors d'éventuels débarquements dans les îles.

Pourquoi le port des croix devant et derrière (comme établi à Béziers), et non à droite et à gauche (comme prévu aux conciles de Tarragone et de Toulouse) ? Je crois que c'est afin que chacun puisse distinguer l'hérétique, qu'il aille... ou qu'il vienne. Car, en réalité, aux origines, les deux croix étaient portées sur la poitrine, à droite et à gauche, conformément à ce qu'avait prévu saint Dominique : « Ils porteront un habit semblable à celui des religieux aussi bien par la forme que par la couleur, sur lequel on coudra deux petites croix identiques à la hauteur de chaque téton *(in directo utriusque papillae)*. »

Il est abondamment question du sac béni dans les instructions d'Avila pour l'Inquisition espagnole (1498) et dans les instructions madrilènes de 1561. Le sac béni est appelé *abitello* en Italie, et en Espagne parfois *samarreta,* parfois *san benito* (presque *saccus benedictus*).

Eymerich parle d'une « lecture publique » des fautes. J'ai entendu dire beaucoup de fois qu'il est inconcevable de lire publiquement les chefs d'accusation, car on prétend que cela peut donner à bien des gens qui les entendent l'idée d'en faire autant. Argument bien inutile ! Quelle est la bonne action que les scélérats ne pervertissent point ? Aucun doute que d'instruire et de terroriser le peuple avec la proclamation des sentences, l'imposition de sacs bénits, etc., ne soit une bonne action. Pour le dire avec Foucoi : « Quoi de plus glorieux pour la sainte foi que de confondre publiquement l'hérésie ! »

On dira aussi que l'exhortation qui suit la lecture des délits est inutile, car tout a été fait pour la conversion de l'accusé avant qu'il ne soit conduit à l'échafaud. De fait, elle est tombée en désuétude. Toutefois, puisqu'Eymerich la prévoit, rien ne s'oppose à la sauvegarde de cette pratique.

L'accusé jure de dénoncer les hérétiques qu'il connaîtrait. C'est là une formule que l'on ne trouve pas dans les sentences aux abjurants *de levi* et *de vehementi*. Il serait pourtant souhaitable de l'intégrer, car peut-on ne pas demander à l'abjurant de s'engager à dénoncer, alors que tout chrétien, comme nous l'avons déjà vu, se doit de le faire ?

Enfin, à propos de l'assistance à la messe les dimanches, le concile de Béziers avait déjà prévu cette obligation : « Tous les dimanches et fêtes, entre l'Epître et l'Évangile, les pénitents avanceront nu-pieds, habillés du seul vêtement de pénitence, et des verges à la main, jusqu'au célébrant qui les fouettera et leur demandera après quel crime ils expient. » C'est là un très vieux châtiment, tiré certainement du quatrième degré de pénitence de saint Jean Climaque.

Septième verdict : expiation canonique et abjuration

L'expiation canonique et l'abjuration seront exigées de l'accusé faiblement suspect et diffamé. C'est le cas de l'accusé contre lequel rien de solide n'a pu être établi dans le procès, mais dont – à titre d'exemple – la familiarité avec les hérétiques est bien connue. Celui-là doit abjurer à cause de la suspicion faible, et expier l'infamie.

On commencera par l'expiation publique. Les préparatifs sont les mêmes que pour les autres sentences (sermon, échafaud, lecture, indulgences). Puis on procédera à l'expiation canonique avec la collaboration de « coexpiateurs » de même rang, comme prévu plus haut. Puis on passe à l'abjuration, dans laquelle l'innocence de l'accusé est proclamée, mais aussi déclaré le bien-fondé de la suspicion. L'abjurant jure de dénoncer quiconque lui paraîtrait avoir un rapport, quel qu'il fût, avec l'hérésie – ou les hérétiques – dont il était soupçonné lui-même. Il accepte les pénitences qui lui sont infligées et demande l'aide du ciel pour les supporter et tenir parole.

Il dit savoir aussi que, s'il est de nouveau diffamé ou suspect d'hérésie, il sera considéré comme relaps et livré au bras séculier pour être exécuté. Le notaire note qu'un tel a abjuré *de levi* ou *de vehementi,* car cela a de l'importance pour d'ultérieurs procès.

L'expiation et l'abjuration se font en langue vulgaire sauf s'il s'agit de religieux abjurant devant les religieux. L'inquisiteur exhorte ensuite l'abjurant à la prudence, comme d'habitude. Puis il lui inflige une pénitence, à son arbitre, car il n'y a pas de peines particulièrement prévues. On passe enfin à l'annonce des indulgences habituelles.

Huitième verdict : abjuration d'un hérétique pénitent

Il s'agit de l'accusé convaincu d'hérésie, mais pénitent et non relaps. C'est le cas de l'hérétique qui, dénoncé, passe des aveux, désire revenir à l'Église et abjure ; et dont on ne trouve pas trace de procès ni de suspicion antérieure, ni par conséquent d'abjuration antérieure. Celui-ci ne sera pas livré au bras séculier pour être exécuté, mais il sera admis à la confession sacrementelle ; et, après abjuration, il sera condamné à la prison à vie. Que l'inquisiteur s'assure donc qu'il a affaire à un vrai converti et non à un loup déguisé en agneau.

Pour cette abjuration, l'évêque et l'inquisiteur prendront les mesures habituelles : détermination d'une date, un seul sermon, indulgences aux fidèles, obligation pour toutes les communautés religieuses du lieu d'envoyer à la cérémonie deux, trois ou quatre des leurs au sermon inquisitorial. On prépare l'échafaud et le vêtement blanc avec les deux croix rouges. Le jour de l'abjuration, l'abjurant monte sur l'échafaud, entouré de tous les dignitaires ecclésiastiques. L'inquisiteur prononce son sermon, que l'abjurant écoute tête nue. Le sermon porte sur la ou les hérésies à laquelle ou auxquelles adhère l'abjurant.

Puis, l'inquisiteur dit en désignant l'abjurant : « Celui que vous voyez là-haut a fait siennes toutes ces erreurs. Et vous entendrez à l'instant de quelle façon. »

Ceci dit, le notaire lit l'acte contenant les fautes de l'accusé.

Après lecture, si l'inquisiteur décèle à certains signes que l'abjurant est véritablement converti, il lui demande : « Est-ce bien conforme à la vérité ? » Et si l'abjurant répond que oui, l'inquisiteur continue : « Veux-tu demeurer dans ces hérésies et te damner ainsi pour l'éternité, et perdre même ton corps, ou veux-tu les abjurer et garder ainsi la possibilité de sauver ton âme et d'échapper au trépas ? » S'il répond qu'il ne veut pas demeurer dans ces erreurs et qu'il veut les abjurer, l'inquisiteur ajoute : « Tu as répondu sagement. »

Mais si l'inquisiteur craint qu'en interrogeant l'abjurant sur la fidélité du texte de l'acte, celui-ci ne réponde que l'acte n'est pas conforme, qu'il se mette à discuter et à nier, au grand scandale du peuple, alors il évitera de le consulter et, sans rien lui dire de son fait, il lui demandera seulement d'abjurer telle ou telle hérésie. S'il dit vouloir abjurer, il se met à genoux, on lui présente les évangiles et on lui fait lire l'abjuration à haute voix – s'il sait lire ; sinon le notaire la lit phrase par phrase et l'abjurant répète au fur et à mesure. Le texte de l'abjuration comporte, comme d'habitude, l'obligation de dénoncer les hérétiques et ceux qui les fréquentent et les aident, l'acceptation de la mort en cas de récidive, l'acceptation de la pénitence et, bien entendu, la dénégation du contenu doctrinal des hérésies qui furent les siennes.

Le notaire prend scrupuleusement note, afin que l'on sache, en cas de délation ultérieure, que cet abjurant doit être exécuté directement.

Ceci accompli, l'inquisiteur félicite l'accusé d'avoir choisi d'abjurer, le met en garde lui rappelant qu'au moindre délit à venir en matière de foi il le fera exécuter sans pitié par le bras séculier : « Sois prudent, ne fréquente que des bons catholiques, assure-toi qu'aucun de ceux que tu fréquentes ou fréquenteras n'est pas lui-même suspect d'hérésie. »

Puis l'inquisiteur le délie du lien de l'excommunication : l'abjurant se met à genoux et l'inquisiteur l'absout.

Aussitôt après, l'inquisiteur lui dit « Mon fils, voici que l'Église se montre miséricordieuse avec toi : te voici un de ses fils. Mais pour que tu sois plus prudent à l'avenir et que Dieu te pardonne autant que tu as péché, et pour que tu sois un exemple pour le peuple, nous t'imposons une pénitence. Pas aussi grande que tu l'as méritée, mais bien adaptée à tes propres forces. Ne sois pas terrorisé si elle te semble trop dure, car si tu persévères dans le bien, l'évêque et moi userons de miséricorde envers toi. »

Ceci dit, l'inquisiteur fait lire par le notaire la sentence. Celle-ci comporte tous les attendus et précise que l'accusé n'a la vie sauve que par la miséricorde de l'évêque et de l'inquisiteur *(solam tibi vitam de misericordia relinquentes)*. L'abjurant est condamné :

a) À porter l'habit des pénitents à vie. S'il s'use et se casse, il s'en fera un autre, et il ne doit pas le détester, mais l'aimer ;

b) À se rendre tant de temps et à telles fêtes aux portes d'une église pour y être vu du peuple fidèle du matin à midi, et de vêpres jusqu'à la tombée du soleil. Il se tiendra ainsi aux portes des églises les plus importantes et notamment aux fêtes les plus signalées : Noël, Pâques, Pentecôte, Ascension ;

c) À la prison perpétuelle, pour qu'il soit tourmenté à jamais par le pain de la douleur et l'eau de la détresse.

L'inquisiteur et l'évêque peuvent alourdir ou alléger dans l'avenir la pénitence à leurs convenances.

L'inquisiteur termine sur ces mots : « Mon fils, ne t'attriste pas, car je t'assure que, si tu supportes patiemment, je serai miséricordieux. Ne doute pas, ne désespère pas, aie confiance ! »

Après, on demande l'exécution immédiate de la sentence. L'abjurant revêt aussitôt son sac béni. On le place au point le plus haut des marches de l'église pour qu'il soit vu de tous les sortants. Il est entouré de tout le clergé. À l'heure du repas, il sera conduit en prison par les officiers de l'inquisiteur.

Pendant qu'on le conduit aux portes de l'église, l'inquisiteur distribue les indulgences habituelles – aux fidèles, aux délateurs, aux collaborateurs de l'inquisition – et promet les trois années habituelles à tout nouveau délateur.

Il faut noter en outre qu'il y a lieu de mitiger les peines d'un hérétique qui aurait avoué facilement ou qui ne serait resté que peu de temps dans l'hérésie. Les hérétiques de ce genre pourraient être condamnés à la prison à vie, mais on entendrait par « prison » la ville où ils habitent ; pour leur honte et l'édification des autres, ils seraient tenus de porter toute leur vie le sac béni[1].

On n'en fera pas tant, bien au contraire, avec les autres hérétiques dont il est question dans ce type de verdict. On ne les libérera pas et on ne permettra pas aux femmes de les approcher[2], car elles sont faibles et se laissent facilement pervertir. N'auront accès a ces prisonniers que de très fervents catholiques.

XVI. « Est-ce bien conforme à la vérité ? », demande l'inquisiteur à l'abjurant. Le mieux, c'est encore de ne point poser cette question, car le risque est grand que la réponse du pénitent scandalise le peuple ! Ne cherchera-t-il pas à nier, à tergiverser, à s'excuser ? Et le peuple n'en viendra-t-il pas à douter de la justice du tribunal inquisitorial ? Que tout soit fait donc pour que le pénitent ne puisse se proclamer innocent ou s'excuser afin de ne pas donner au peuple le moindre motif de croire que la condamnation est injuste !

Neuvième verdict : le pénitent relaps

Est condamné comme pénitent relaps l'accusé dont il apparaît qu'il avait avoué, qu'il avait – après abjuration – fait réellement pénitence, et qu'il a rechuté. C'est le relaps. C'est celui qui avait judiciairement abjuré, qui s'était repenti, qui était retombé ensuite dans l'hérésie et qui, après cela, se repent, adhère une nouvelle fois à la vérité catholique et demande d'être réintégré dans l'unité de l'Église.

1. On sait que le résultat de cette mesure « libérale » était de livrer à l'agressivité et aux sarcasmes de la population les pénitents du Saint Tribunal.

2. Il est question ici du « droit de visite » : l'Inquisition avait prévu depuis longtemps l'accès de l'épouse à la cellule du conjoint hérétique pour que fût sauvegardée, malgré l'emprisonnement, la norme générale de la cohabitation. Il en sera question plus tard dans le *Manuel.*

Les coupables de ce genre de délit ne se verront pas nier les sacrements de la pénitence et de l'eucharistie, s'ils les sollicitent humblement. Mais quels que soient leurs regrets, ils sont livrés au bras séculier pour subir le dernier châtiment : leurs abjurations premières ne leur avaient-elles pas été imposées parce qu'ils furent trouvés hérétiques, ou fortement suspects d'hérésie ?

Échapperont au bras séculier ceux qui, avant leur rechute, avaient abjuré pour purger une suspicion faible.

Avec ce type d'accusés on procédera ainsi :

Si le conseil des experts – que l'on aura consulté – détermine qu'un tel est relaps, l'évêque et l'inquisiteur enverront auprès de ce relaps – qui aura été emprisonné – deux ou trois hommes probes, de bonnes mœurs, religieux de préférence, que l'on choisira parmi des gens qui puissent être sympathiques au relaps (qu'ils soient choisis dans la famille du relaps, ou parmi ses amis). Ils se rendront auprès du prisonnier et l'entretiendront – en choisissant le moment le plus opportun – de la vanité de ce monde, de la misère de la vie terrestre, de la joie et de la gloire du paradis. Puis ils lui diront de la part de l'évêque et de l'inquisiteur, qu'il n'échappera pas à la mort physique ; qu'il doit donc penser au salut de son âme, qu'il se prépare à se confesser et à recevoir le sacrement de l'eucharistie. Ils le verront fréquemment et l'encourageront à faire pénitence et à être patient, à se raffermir dans la vérité catholique, et à solliciter humblement le sacrement de l'eucharistie.

Puis, lorsqu'il aura reçu les deux sacrements, il lui sera accordé de vivre encore deux ou trois jours pendant lesquels ceux qui le visitaient seront encore près de lui, l'encourageront à faire pénitence et à se repentir.

Ce délai terminé, l'évêque et l'inquisiteur manderont au bailli ou à l'autorité séculière de l'endroit de se rendre tel jour (pas un jour de fête), à telle heure, dans tel lieu ou dans telle place, afin de recevoir un relaps qu'ils lui livreront. Ils lui ordonneront en même temps d'en informer la veille du jour déterminé, ou le matin même, la population, et de proclamer que tel jour et en tel endroit l'inquisiteur prononcera un sermon général, et que l'inquisiteur et l'évêque condamneront un relaps en le livrant au bras séculier.

Il va de soi que, si le relaps est un religieux, il doit être préalablement dégradé et déchu de tout office ou bénéfice.

Le jour venu de la dégradation – s'il y a lieu – et de l'abandon au bras séculier, l'inquisiteur prononce son sermon devant le peuple, de préférence dans une place – hors de l'église. L'accusé se tiendra sur le catafalque érigé à cet effet, et les autorités civiles assisteront à la condamnation.

Le notaire inquisitorial lira ensuite la sentence dans laquelle on rappellera à l'accusé qu'il a obtenu le réconfort des sacrements. Puis :

> « Mais l'Église de Dieu ne peut plus rien pour toi : elle s'est déjà montrée miséricordieuse, et tu en as abusé. C'est pourquoi nous, évêque et inquisiteur de…, déclarons que tu es véritablement retombé dans l'hérésie et que, bien que pénitent, c'est en tant que relaps que nous t'éloignons du for ecclésiastique et t'abandonnons au bras séculier. »

L'inquisiteur dispense ensuite les indulgences selon la forme habituelle, et la curie séculière procède comme elle doit procéder.

L'évêque et l'inquisiteur ont à faire tout le possible pour amener le relaps au repentir ; ils doivent favoriser par tous les moyens son retour à la foi catholique. Impénitent ou pénitent, le relaps sera exécuté, c'est certain ! Alors, que l'on tienne grand compte de son salut éternel. Ainsi, que l'inquisiteur se souvienne que le regard du juge terrifie plus qu'il ne provoque le repentir, et que ses paroles éveillent plus facilement le désespoir que la patience. Alors, que l'inquisiteur ne fasse pas comparaître devant lui le relaps ni pendant son emprisonnement ni pendant l'attente du dernier châtiment, mais qu'il envoie auprès du condamné des hommes droits, religieux de préférence, de ses amis si possible, qui l'accompagnent à bien mourir, le consolent, prient avec lui, qui ne l'abandonnent pas avant que le condamné n'ait rendu son esprit au créateur.

Ces hommes, ces religieux, prendront bien garde de ne rien faire, de ne rien dire qui conduirait l'accusé à se supprimer lui-même : ils encourraient aussi une irrégularité.

Que l'on remarque enfin que cette sentence d'abandon au bras séculier se prononce d'habitude sur une place et non dans l'église, et en dehors des dimanches et des jours de fête. C'est normal : la sentence conduit à la mort *(ducit ad mortem),* et il est donc plus louable *(honestus)* de la prononcer hors de l'église et en semaine, car le temple et le dimanche sont le lieu et le temps consacrés au Seigneur.

Dixième verdict : condamnation d'un hérétique impénitent et non relaps

Il s'agit du dénoncé qui avoue les faits dont on l'accuse, mais qui ne se considère pourtant pas coupable d'hérésie et n'abjure pas.

C'est un hérétique impénitent, ce n'est pas un relaps. C'est celui qui avoue croire en des articles hérétiques et qui, informé par l'évêque et par l'inquisiteur du caractère hérétique de ses croyances, ne veut pas leur prêter foi et continue de défendre, devant eux, ses propres propositions hérétiques : il refuse de les abjurer, de les nier, de les rejeter. Celui-là, si on n'a pas trouvé par ailleurs qu'il ait, par le passé, abjuré quelque autre hérésie ou erreur, est un hérétique impénitent, mais il n'est pas relaps.

Ce genre de dénoncés seront gardés dans une prison inviolable, fers aux pieds et bien enchaînés afin qu'ils ne puissent s'évader et contaminer d'autres croyants. Personne ne leur rendra visite ni ne leur parlera en dehors des gardiens, qui seront des hommes d'une grande probité, au-dessus de tout soupçon en matière de foi, des hommes qu'il soit impossible de fourvoyer. Très fréquemment, l'évêque et l'inquisiteur, séparément ou ensemble, feront comparaître devant eux l'impénitent, l'instruiront sur la foi véritable et lui montreront, preuves de l'Écriture sainte à l'appui, le caractère erroné et hérétique de ses convictions. Et s'ils arrivent à le convaincre de ses erreurs, bien. Dans le cas contraire, qu'ils lui demandent sur quoi il fonde ses convictions ; qu'ils considèrent ses raisons et les « autorités » auxquelles il se réfère, et qu'ils ébranlent les fondements de ses erreurs.

Si, malgré tout cela, il ne veut pas confesser la foi catholique, on désignera dix ou douze experts très doctes, choisis de préférence parmi les membres des différentes familles religieuses en partie, en partie parmi le clergé séculier, en partie parmi des juristes laïques : ces experts se feront présenter – ensemble – fréquemment l'impénitent, et ensemble ils l'instruiront de la vérité catholique, alléguant l'autorité de la bible et d'autres livres « authentiques », pour lui prouver que ce qu'il croit est contraire aux Écritures et à l'autorité de l'Église, et détruisant ainsi les bases même de sa croyance.

Si l'impénitent refuse encore de se convertir, on ne se montrera pas pressé de le livrer au bras séculier, même si l'hérétique réclame d'être livré : car souvent les hérétiques de cette espèce réclament le bûcher, convaincus que, s'ils sont condamnés au feu, ils mourront martyrs et monteront aussitôt au ciel. Ce sont des hérétiques très fervents, profondément convaincus de leur vérité. Eh bien ! On fera traîner les choses avec eux ! Pas question, bien entendu, d'accéder à leurs vœux insensés : on les gardera en revanche pendant six mois ou un an enchaînés dans une prison horrible et obscure, car les calamités de la prison et les vexations constantes éveillent fréquemment l'intelligence.

Si l'évêque et l'inquisiteur devaient constater que l'impénitent ne se rend ni à leurs arguments ni à ceux des experts et que les rigueurs de la prison ne l'ébranlent pas davantage, qu'ils tentent la douceur : ils transféreront l'impénitent dans une prison moins dure (prenant garde toutefois qu'il ne puisse s'en évader) ; ils lui diront qu'ils se montreront miséricordieux avec lui, s'il abjure. Et s'il le fait, Dieu soit loué ! Sinon, au bout de quelques jours de ce régime de faveur, on introduira auprès de lui ses enfants – s'il en a, et surtout s'ils sont petits *(praesertim parvulos)* – ou sa femme, ou d'autres proches qui essaieront de le faire fléchir.

Mais si l'inquisiteur et l'évêque n'obtiennent rien ni avec la rigueur ni avec la douceur, une fois écoulée une période de temps raisonnable, ils s'apprêteront à le livrer au bras séculier.

Ils avertiront le bailli ou le responsable du pouvoir séculier de se trouver avec ses officiers (ses familiers) tel jour non férié, à telle heure, près de telle église, pour prendre en charge un hérétique impénitent. Ils l'avertiront par la même lettre qu'il lui appartient de publier que, tel jour, l'inquisiteur prêchera sur la foi dans telle église et livrera officiellement un hérétique au bras séculier : que ces dispositions soient annoncées partout pour que les fidèles puissent gagner les indulgences habituelles.

Le jour venu, tout aura été prévu comme pour les sentences antérieurement décrites, mais cette fois seront présents l'évêque, les autorités ecclésiastiques et les autorités civiles. Si l'hérétique est un religieux ou un prêtre séculier, il sera présenté sur l'échafaud paré des ornements liturgiques comme s'il allait célébrer la messe.

Le sermon sera prononcé comme d'habitude. Puis, l'inquisiteur demandera : « Veux-tu te repentir ? » Si, sous l'inspiration divine, l'hérétique dit oui, qu'il soit admis à la pénitence comme hérétique convaincu d'hérésie, et comme pénitent mais non relaps ; et l'on procédera alors comme dans le huitième verdict – à moins qu'il ne s'agisse d'une fausse conversion ! Il abjurera alors. Mais, puisque cette abjuration sera certainement dictée par la peur et non par la conviction, l'accusé sera emmuré à vie. S'il est prêtre, il sera d'abord dégradé.

L'évêque s'approche de lui avec les dignitaires du diocèse, paré des ornements pontificaux. Il le « dépose » de tout office et bénéfice et le dégrade, le dépouillant des ornements propres à son état, en commençant par les derniers et en terminant par les premiers.

En le dégradant, il récite des textes opposés à ceux que dit l'évêque lorsqu'il confère aux prêtres tels ou tels pouvoirs. La dégradation accomplie, l'accusé est condamné à la prison à vie, et on procède comme dans le huitième cas.

S'il ne veut ni faire pénitence ni abjurer – ce qui, à ce stade, arrive dans la plupart des cas – l'évêque le dégradera et, la dégradation terminée, il sera livré aux autorités civiles. L'hérétique est excommunié, et écarté ainsi du sacrement de la pénitence. La sentence se termine ainsi :

> « Puisque tu n'as pas voulu, et que tu ne veux toujours pas abandonner tes erreurs, préférant ainsi la damnation éternelle et la mort éternelle à l'abjuration et au retour au sein de l'Église et au salut de ton âme, nous te lions avec le lien de l'excommunication et t'éloignons ainsi du troupeau du Seigneur et te privons de toute participation aux secours de l'Église, de cette Église qui a déjà tout essayé pour te convertir et qui ne dispose plus d'aucun autre moyen pour le faire. Nous, évêque et inquisiteur, en notre qualité de juge en ce qui concerne la foi, siégeant en notre tribunal, etc.
>
> Aujourd'hui, à l'heure et dans le lieu qui te furent assignés pour entendre notre sentence définitive, nous te condamnons et nous décrétons judiciairement que tu es véritablement hérétique impénitent et, en tant que tel, nous te livrons et t'abandonnons au bras séculier.
>
> Et, de même que par cette sentence nous t'excluons du for ecclésiastique et te livrons au bras séculier et à son pouvoir, de même nous prions cette curie séculière de ne pas aller dans sa propre sentence jusqu'à l'effusion de ton sang et la peine de mort. »

Lue la sentence d'abandon au bras séculier, l'inquisiteur distribue de la part de N.S. le pape les indulgences habituelles.

Et, pendant que la curie séculière accomplit son travail *(suum officium exequetur)*, pourront s'associer à elle quelques braves croyants qui exhorteront encore l'hérétique à abjurer de ses erreurs.

Et si, après avoir été livré à la curie séculière ou même pendant qu'on le conduit au bûcher, ou quand il est déjà lié au pal pour être brûlé, l'hérétique dit vouloir abjurer, je pense que, par miséricorde, on pourrait le recevoir comme hérétique pénitent et l'emmurer à vie, bien que ce ne soit pas très conforme au droit et qu'il n'y ait lieu d'attacher beaucoup de foi à une telle conversion.

Et de fait, voici ce qui arriva en Catalogne, dans la ville de Barcelone, où on livra au bras séculier trois hérétiques impénitents, mais non relaps : l'un d'eux, qui était prêtre, alors qu'il était déjà passablement brûlé de tout un côté, se mit à crier qu'on le déliât, qu'il voulait abjurer et qu'il se repentait. On le délia. A-t-on bien fait ? a-t-on mal fait ? Je n'en sais rien. Mais voici ce que je sais : accusé quatorze ans plus tard, on constata qu'il était demeuré tout le temps dans l'hérésie et qu'il en avait égaré d'autres. Il ne voulut point se convertir et, impénitent et relaps, il fut de nouveau abandonné au bras séculier et brûlé.

XVI. Le concile de Toulouse a prévu, pour les emmurés ou les emprisonnés à vie mariés, l'accès de l'épouse auprès de l'époux condamné, ou l'inverse, pour que lon ne contrevienne pas à la règle de la cohabitation. L'accès de l'un à l'autre est prévu aussi au cas où les deux conjoints seraient emmurés.

Quant au soutien matériel de ces condamnés…, ceux-ci se pourvoiront eux-mêmes s'ils ont des biens, mais selon le bon vouloir de l'évêque. S'ils n'ont pas de biens, l'évêque les nourrit.

Aucune dérogation n'est prévue pour ceux qui sont condamnés à vie. On n'en dispensera pas le mari à cause de sa femme, même si elle est jeune, ni la femme à cause de son mari, ni qui que ce soit à cause des enfants ou des parents, même s'il leur est indispensable à cause d'une extrême jeunesse ou d'un grand âge.

À propos de la dégradation, quelqu'un pourrait demander : pourquoi dégrader un clerc condamné à être emmuré ? De toute façon, il ne pourrait pas exercer son ministère. Eh bien ! on dégrade parce que l'emmuration équivaut juridiquement – et quant à ses effets à une peine de mort et à une mort effective. Doit-on dégrader celui que l'on condamne aux galères ? Oui, et pour les mêmes raisons.

Eymerich pense que l'on pourrait encore accueillir l'impénitent qui, à deux pas du bûcher, dirait vouloir abjurer. Il est infiniment plus sage de soutenir l'opinion contraire, même si l'impénitent criait mille fois sa conversion, car juridiquement cette conversion est irrecevable, et l'expérience montre que des conversions de ce genre ne sont jamais sincères. Par ailleurs, Eymerich lui-même reviendra encore, au douzième verdict, sur cette question.

Enfin, pourquoi cette prière à la curie séculière d'éviter le versement de sang et la peine de mort ? À quoi bon cette recommandation en désaccord total avec l'ensemble des textes et l'avertissement exprès fait à l'hérétique impénitent qu'il « risque de perdre son âme et son corps » ? Tout simplement pour que l'inquisiteur évite de tomber dans l'irrégularité qu'il commettrait s'il ne dégageait pas la curie inquisitoriale de l'exécution capitale elle-même.

Onzième verdict : condamnation d'un hérétique impénitent et relaps

L'hérétique impénitent et relaps – qu'il se repente à la fin ou non – doit être livré au bras séculier.

Emprisonné dans une prison très dure avant d'être livré, on lui met de solides entraves aux pieds et on l'enchaîne pour qu'il ne puisse s'évader et en contaminer d'autres. Personne n'a accès à lui, personne d'autre que les geôliers, hommes probes et non suspects, que le relaps n'induirait pas facilement en erreur.

L'évêque et l'inquisiteur l'appellent souvent auprès d'eux et essaient par tous les moyens – discussions, textes, etc., comme dans le cas précédent – de le convaincre de ses erreurs. On enverra encore auprès de lui des religieux de différents ordres, qui tantôt ensemble, tantôt séparément, essaieront d'ébranler ses convictions. Qu'il vienne à se convertir : il sera informé – si possible par des religieux – de la part de l'évêque et de l'inquisiteur, qu'il n'aura pas la vie sauve, et qu'il lui appartient donc de se préparer à bien se confesser et à recevoir l'eucharistie afin de bien mourir (ou ne lui refusera pas, en effet, les sacrements, s'il les demande avec humilité). Qu'il se repente ou non, il sera livré au bras séculier.

Une fois les sacrements reçus, s'il s'est repenti (ou sans les avoir reçus, s'il ne s'est pas repenti), le jour prévu l'évêque et l'inquisiteur procéderont à l'abandon du relaps au bras séculier. Les autorités civiles et le peuple seront avertis comme dans le dixième cas. Comme dans le dixième cas, les autorités civiles et religieuses assisteront à la cérémonie de condamnation qui se déroulera comme dans les cas précédents. S'il le faut, on dégradera préalablement le relaps. Repenti ou non, le relaps doit mourir. S'il se repent, il mourra comme prévu dans le neuvième cas (où il est question de l'hérétique pénitent, mais relaps) ; sinon, il mourra en impénitent et relaps.

Après la lecture de la sentence définitive, l'inquisiteur conférera les indulgences habituelles. Puis, comme dans les cas précédents, des hommes de grande probité presseront encore le condamné – pendant qu'il sera conduit au bûcher – d'abandonner ses erreurs.

Mais même s'il se repentait *in extremis*, il ne serait pas admis dans le for de l'Église. Je crois, malgré tout, que, dans ce cas, on ne devrait pas lui refuser les sacrements de l'Église, s'il les demandait humblement. Mais là s'arrêterait la miséricorde de l'Église.

Douzième verdict : condamnation de l'hérétique convaincu d'hérésie n'ayant jamais avoué

Examinons à présent le cas de l'hérétique contre lequel ont été réunies, en cours d'enquête et de procès, des preuves absolument accablantes (évidence des faits, ou dépositions régulières de témoins, ou flagrant délit de prédication ou d'administration d'un « sacrement » hérétique), mais qui n'a jamais avoué. Celui-là, même s'il n'a jamais avoué, n'en sera pas moins considéré comme hérétique impénitent. Et voici comment on procédera à son égard.

Il sera enfermé, avant d'être livré, dans une prison très dure. On lui mettra des entraves et des chaînes et, comme dans le cas précédent, il sera constamment pressé d'avouer et d'abjurer. S'il avoue, il sera traité comme prévu au huitième cas. S'il n'avoue pas, il subira la procédure canonique et séculière prévue au dixième cas.

Toutefois, dans ce deuxième cas, il sera bon d'insister auprès des délateurs pour qu'ils considèrent les graves conséquences de leurs délations. S'ils avaient – ou si l'un d'entre eux avait – dénoncé un fait dont ils n'avaient pas la certitude absolue, ils seront pressés de l'admettre. S'il s'avérait que tel témoin était un faux témoin, celui-ci serait condamné à la prison à vie (et l'accusé serait alors libéré), et on procéderait pour lui signifier cette sentence avec le même apparat que pour la lecture des sentences de condamnation des hérétiques. Quant à l'accusé persistant dans la négative, si *in extremis,* il dit se repentir et vouloir avouer, même s'il brûle déjà, on lui accorde la vie sauve et on l'emmure à vie.

XVI. La doctrine eymericienne sur la culpabilité de l'hérétique qui n'avoue pas est en tous points conforme à celle des conciles de Béziers et de Narbonne. On se souviendra, en effet, de tout ce qui a été dit plus haut sur les signes qui dénoncent, avec toute certitude, l'adhésion à l'hérésie. Il est, par ailleurs, absolument évident que l'accusé convaincu d'hérésie par l'autorité ecclésiastique refuse cette même autorité en refusant son verdict et en prétendant ne rien avoir à abjurer. Cette désobéissance est déjà un aveu d'hérésie.

L'hypothèse du « faux témoignage » pose, certes, un problème, celui – déjà évoqué en son temps – de la possibilité ou non de confronter témoins et accusé. On sait quelles difficultés cela comporte, compte tenu surtout que l'accusé doit ignorer le détail des chefs d'accusation. Quelques règles s'imposent en matière de confrontation :

a) On évitera toujours la confrontation (même dans le cas prévu ici par Eymerich) si elle ne peut être faite avec une certitude absolue de succès et sans aucun danger. L'inquisiteur la conduira de telle sorte que le témoin ne sente pas que la condamnation dépend de son témoignage mais que, l'accusé ayant été convaincu par ailleurs, le témoin croie devoir témoigner une dernière fois pour que l'accusé ne puisse aucunement se sentir injustement condamné. Que l'on se souvienne toujours qu'il n'y aurait jamais de délations – et on voit tout de suite les conséquences qui s'ensuivraient – si la confrontation devait devenir pratique courante.

b) On pourra procéder sans peine à la confrontation lorsque les témoins sont en réalité des compères de l'accusé, accusés comme lui et du même crime. On a affaire, dans ce cas, à tout autre chose qu'à une véritable confrontation entre un accusé et des témoins !

c) On pourra procéder facilement à la confrontation lorsque l'accusé aussi bien que les témoins sont des gens qui se moquent bien de leur réputation, par exemple des putains, des « trahiniers » et des gens de ce genre *(vilissimae meretrices, vilissimi homines qui humeris onera deferunt).*

d) Dans tous les cas, les inquisiteurs espagnols feront bien de ne procéder à aucune confrontation sans en avertir le Sénat inquisitorial. Ceux du reste de la chrétienté ne procéderont jamais à une confrontation sans en avertir les cardinaux inquisiteurs généraux.

Le faux témoin « serait condamné à la prison à vie » ; notez qu'Eymerich exclut la loi du talion, conformément à laquelle le faux témoin, dans le cas d'espèce, devrait subir la peine de mort.

Enfin Eymerich dit : « Quant à l'accusé persistant dans la négative, si *in extremis* il dit se repentir et vouloir avouer, même s'il brûle déjà, on lui accorde la vie sauve et on l'emmure à vie. » On demandera alors légitimement : ne vaut-il pas mieux avouer ce qu'on n'a pas commis et avoir la vie sauve que ne pas avouer ce qu'on n'a pas commis et être brûlé ? La question se pose, bien entendu, pleinement dans ce douzième type de verdict, car on condamne ici au bûcher celui qui n'avoue pas – il n'a peut-être rien fait – et qui serait emprisonné a vie, mais non brûlé, s'il avouait ce qu'il n'a pas fait.

Supposons qu'un tel est convaincu des forfaits les plus noirs et les plus horribles, de ceux que l'on ne supporte même pas d'entendre nommer, comme par exemple du délit de lèse-majesté, d'adultère, etc. Supposons que celui-là ne les ait point commis mais que, pour éviter la mort ou les tortures ou quelque péril de ce genre, il se diffame lui-même, avouant avoir fait ce qu'il n'a pas fait. Même s'il faisait de tels aveux hors jugement et sans les jurer, on ne pourrait certes l'excuser d'avoir commis un péché mortel en s'infligeant ainsi une si grande infamie. Mais le crime d'hérésie n'est-il pas le plus grand, le plus grave parmi les crimes les plus horribles ? Alors nul ne doit se déclarer hérétique, s'infliger une si terrible diffamation pour échapper à la mort. N'est-ce pas un péché mortel, diffamer son prochain ? À plus forte raison se diffamer soi-même ! Donc, bien qu'il soit dur de conduire au bûcher un innocent, on n'admettra pas qu'un accusé avoue pour échapper à la mort. Il appartiendra au confesseur et aux théologiens qui l'accompagnent à la mort de le consoler et de le réconforter dans sa vérité : n'avoue pas ce que n'as pas fait, lui diront-ils, et n'oublie pas que, si tu supportes l'injustice et le supplice avec patience, tu recevras la couronne du martyre.

Treizième verdict : condamnation par contumace d'un hérétique en fuite

La treizième forme de verdict concerne l'accusé contumax ou en fuite, et convaincu d'hérésie.

Il faut considérer trois cas :

1. L'accusé a été arrêté et a été convaincu d'hérésie soit par des témoignages, soit par l'évidence des faits, soit par ses propres aveux. Mais il s'est évadé, ou, cité à comparaître, n'est pas comparu.

2. L'accusé a été dénoncé. Considéré faiblement suspect, il a été cité à comparaître pour témoigner de sa foi ; il n'est pas comparu et a été, par ce fait même, excommunié : il est demeuré toute une année excommunié et contumax.

3. L'accusé a entravé de n'importe quelle façon le travail de l'inquisiteur (en favorisant les hérétiques, en les conseillant, en les cachant, que sais-je) et s'est enfui. Frappé *ipso facto* de l'aiguillon de l'excommunication, il est demeuré toute une année excommunié et contumax.

Dans les trois cas, l'accusé sera condamné en tant qu'hérétique impénitent.

Et dans chacun de ces trois cas, indifféremment, on procédera de la façon suivante :

L'évêque et l'inquisiteur convoquent le contumax pour un jour précis à la cathédrale de l'endroit où il vivait, pour y entendre leur sentence définitive. Afin qu'il ne l'ignore pas, la réquisition épiscopalo-inquisitoriale sera affichée aux portes de la cathédrale.

Si, le jour venu, il comparaît devant le peuple et accepte d'abjurer, abjure, se repent humblement et demande miséricorde – et s'il n'est pas relaps –, il sera admis au sein de l'Église. S'il avait préalablement avoué ou s'il avait préalablement été confondu par des témoins, il abjurera et se verra infliger une pénitence comme hérétique pénitent, et on procédera comme prévu dans le huitième cas. Mais s'il était violemment suspect (cité à comparaître pour témoigner de la foi, il était demeuré contumax, et, partant, excommunié ; et cela toute une année) et se repent, il abjurera et sera traité en hérétique violemment suspect et pénitent, comme prévu dans le quatrième cas. S'il comparaissait et ne voulait abjurer, il serait déclaré hérétique impénitent et livré au bras séculier, comme prévu au dixième cas.

S'il ne comparaissait pas, il serait solennellement déclaré hérétique impénitent et abandonné au bras séculier, comme s'il était présent[1].

1. Peña rappelle, on s'en souvient, que ce fugitif se trouve juridiquement en état de guerre contre le roi et le pape, et qu'il peut être, par conséquent, exécuté par quiconque.

XVI. En cas de condamnation par contumace, il est bon de dresser une statue du contumax sur laquelle on affichera le nom et la condition du condamné, et de la livrer ainsi au bras séculier pour qu'elle soit brûlée, exactement comme on ferait si le contumax était présent. je ne saurai dire de quand date cette louable coutume de brûler les contumax en effigie. C'est certainement une pratique postérieure à l'époque d'Eymerich, car, autrement, il en parlerait dans le *Manuel.* Pas davantage de traces de cette pratique chez les autres docteurs antérieurs à Eymerich qui ont traité de procédure inquisitoriale. Pratique très louable, dont l'effet terrifique sur le peuple est évident, et dont il sera question de nouveau lorsqu'on examinera le thème des procès aux cadavres.

Remarquons tout de même que, si le contumax venait à apparaître après destruction de son effigie par le feu, et s'il n'était pas relaps il subirait un jugement.

III

Questions afférentes à la pratique du Saint-Office de l'Inquisition

A. L'Inquisition – L'inquisiteur Les commissaires inquisitoriaux

1. Comment doit être l'inquisiteur ?

L'inquisiteur doit être honnête dans son maintien, d'une prudence extrême, d'une fermeté persévérante, d'une érudition catholique parfaite et pleine de vertus.

XVI. Les inquisiteurs devaient être tous docteurs en théologie, en droit canon et en droit civil. Toutefois, en Italie, on choisit les inquisiteurs parmi les théologiens, et je ne sache pas qu'ils traitent les questions de la foi avec moins de compétence que d'autres inquisiteurs. Dans les villes où il y a deux inquisiteurs, il serait bon que l'un d'eux fût théologien et l'autre canoniste.

2. Quel âge doit avoir l'inquisiteur ?

Conformément aux dispositions clémentines, l'inquisiteur sera âgé de quarante ans au moins le jour de sa nomination.

XVI. Simancas prétend qu'en vertu d'un décret pontifical, en Espagne on peut être nommé inquisiteur dès l'âge de trente ans. C'est un usage en Espagne, j'en conviens volontiers, mais je n'ai jamais vu le décret dont parle Simancas. Partout ailleurs on respecte la norme des quarante ans.

3. Quelle est la source de l'autorité de l'inquisiteurs ?

Le pape, car c'est lui qui, de vive voix et par un bref, lui confère son autorité. Le pape a parfois délégué son pouvoir de nommer les inquisiteurs à un cardinal légat, ainsi qu'aux généraux et aux pères provinciaux des dominicains et des frères mineurs pour leurs propres familles religieuses.

XVI. Ce sont les papes Innocent IV *(Licet ex omnibus)* et Alexandre IV *(Olim praesentiens)* qui ont donné ce pouvoir aux généraux et aux provinciaux de ces deux ordres. De nos jours, en Italie, ce sont les cardinaux inquisiteurs généraux qui nomment les inquisiteurs. En Espagne, ils sont nommés par le président du Sénat inquisitorial.

4. L'inquisiteur est-il juge ordinaire ou juge délégué ?

Il est juge délégué, car il n'a de juridiction sur les personnes, sur les délits, sur les causes que celle qui lui a été déléguée par notre seigneur le pape.

XVI. Son pouvoir délégué ne s'étend pas sur toutes les causes – contrairement au pouvoir de l'évêque – mais sur toutes les personnes, hormis quelques exceptions que l'on verra plus tard.

5. À la mort du pape l'ayant nommé inquisiteur, celui-ci perd-il de ce fait même son autorité déléguée ?

Certes non. Elle reste entière, même pour des procès non encore commencés.

6. Qui peut révoquer l'inquisiteur ?

Le pape. Mais aussi le général ou le provincial de l'ordre agissant de par l'autorité apostolique.

XVI. De nos jours, ce sont les cardinaux inquisiteurs généraux qui transfèrent, promeuvent et, éventuellement, révoquent les inquisiteurs.

7. Le général ou le prieur de l'ordre auquel appartient l'inquisiteur peuvent-ils obliger celui-ci à surseoir à l'exécution de son office ?

Autrefois ils le pouvaient. Mais ils n'ont plus ce pouvoir après les privilèges accordés directement aux inquisiteurs par les papes Alexandre IV, Clément IV et Urbain IV.

8. Les inquisiteurs doivent-ils rendre compte aux supérieurs de leurs ordres de leurs activités concernant le Saint-Office ?

Non. Les inquisiteurs sont des religieux, certes, mais aussi des délégués de notre seigneur le pape. En tant que religieux, ils doivent obéissance et soumission à leurs supérieurs et au pape ; entendez par là qu'ils doivent se conformer à leur propre règle et respecter leurs vœux, etc. En tant qu'inquisiteurs, ils sont délégués du pape, et de personne d'autre. Ils n'ont donc de compte à rendre qu'au pape en ce qui concerne leur délégation.

Ce qui signifie que ce n'est pas au provincial ou au général de l'ordre qu'on fera appel en cas d'irrégularité d'un inquisiteur dans l'exercice de sa fonction, mais au pape.

Toutefois, il peut appartenir au provincial ou au général de révoquer un inquisiteur : il ne peut pas le faire à son gré, mais seulement après avoir sollicité l'avis de l'Inquisition.

La révocation s'impose dans certains cas, à cause, par exemple, d'impuissance, de maladie grave, d'extrême vieillesse ou, ce qui est bien pire, de l'ignorance de l'inquisiteur.

XVI. Il convient de regrouper en trois séries les causes de révocation. L'inquisiteur peut être révoqué par impuissance, par négligence, par iniquité.

En cas d'iniquité (et on entendra par là la corruption de l'inquisiteur par l'argent, les avantages, l'accumulation de biens meubles ou immeubles), il appartient aujourd'hui aux cardinaux inquisiteurs généraux de révoquer l'inquisiteur coupable et de lui imposer une peine. En Espagne, ce pouvoir de révocation et de condamnation est détenu par le président de l'Inquisition (que l'on appelle le « Grand Inquisiteur »). Mais reste au pape, en tant que détenteur de l'autorité déléguée, le pouvoir de révoquer directement sans respect les instances inférieures.

Mais, avec saint Thomas (2.2. q. 70, art. 2 ad arg. 3), rappelons qu'il vaut toujours mieux éviter de punir les inquisiteurs, car en les punissant, c'est l'institution inquisitoriale qui en subirait les effets : bientôt elle ne serait plus respectée ni crainte par la foule imbécile *(a populo stulto)*.

9. L'inquisiteur peut-il s'adjoindre un vicaire ou commissaire inquisitorial ?

Oui, car en tant que délégué pontifical, il peut subdéléguer ses pouvoirs. Le choix et la nomination du commissaire relève de l'inquisiteur, et non de ses supérieurs hiérarchiques.

XVI. On a discuté longtemps sur la possibilité de « subdéléguer » ; aujourd'hui la question est entendue. Pie II explicite ce droit *(Cum iam dudum)* et Clément VII fait de même *(Cum sicut)*. Si l'inquisiteur le désire, il peut s'adjoindre plusieurs commissaires inquisitoriaux. Le commissaire inquisitorial doit être prudent, instruit, *vieux chrétien*[1], pieux et apte à s'occuper des questions de l'Inquisition. Il pourra être choisi de préférence parmi le clergé régulier ou séculier, ou encore dans le chapitre de la cathédrale de la ville où siège le tribunal inquisitorial.

10. L'inquisiteur peut-il nommer un notaire et se l'adjoindre ?

Non. Ce serait là un privilège que l'on ne pourrait fonder sur aucun texte juridique. L'inquisiteur se fera assister des notaires publics des diocèses, des villes ou des seigneuries dans lesquelles

1. Cf. *supra*, p. 186, note 1.

il exercera son autorité. En cas d'impossibilité ou de refus, l'inquisiteur sollicitera du pape la nomination de deux ou trois notaires, selon les besoins, afin que le Saint-Office ne soit pas entravé.

XVI. Il en est tout autrement aujourd'hui. En effet, en vertu de la bulle *Pastoralis officii cura* du pape Pie IV (Rome, 1561), les inquisiteurs et les commissaires peuvent promouvoir – pour le service – au rang de notaire trois ou quatre religieux ou prêtres séculiers, selon les besoins.

B. L'EXCOMMUNICATION DE L'INQUISITEUR ET DE SES COMMISSAIRES

11. Les inquisiteurs peuvent-ils être excommuniés par un délégué du Saint-Siège ?

Non. Le pape Urbain IV a établi qu'aucun délégué apostolique ne peut excommunier, ni « suspendre *a divinis* », ni « interdire » un inquisiteur ou ses notaires sans disposer d'un ordre apostolique précis à cet effet.

XVI. Cet insigne privilège – dont le but évident est d'empêcher quiconque d'interférer dans la pratique du Saint-Office – fut accordé par Urbain IV en 1261. Urbain IV reprenait une disposition établie dans ce même sens en 1259 à Anagni, par le pape Alexandre IV.

12. L'inquisiteur peut-il solliciter – sans encourir l'excommunication – des autorités temporelles même excommuniées aide, assistance et concours pour ce qui concerne la fonction inquisitoriale ?

Certes ! Alexandre IV (*Quaesivitis,* Anagni, 1249) disposait en effet que, nonobstant la dissolution du lien juridique entre le seigneur et le sujet – conséquence immédiate de l'excommunication du seigneur – celui-ci est tenu d'exercer son autorité contre les hérétiques, et contre tous ceux qui les suivent, les écoutent, les favorisent.

XVI. C'est là un admirable privilège ! L'inquisiteur peut « communier » avec l'« excommunié » sans être à son tour excommunié. En plus, tout acte juridique accompli par le seigneur excommunié est *ipso iure* nul et non avenu : et pourtant, dans le cas d'espèce, cet acte juridiquement nul est licite !

13. L'inquisiteur et ses commissaires pourraient tomber dans l'excommunication ou dans une irrégularité : peuvent-ils réciproquement s'absoudre et se délier de l'excommunication ?

Ils le peuvent, en vertu d'un privilège qui leur est accordé par le pape Urbain IV (1261).

14. Quels sont, pour l'inquisiteur, les cas d'excommunication spécialement réservés au pape ?

Ils sont trois : *a)* lorsque les inquisiteurs ne poursuivent pas ceux qu'ils devraient poursuivre selon leur conscience, quelle que soit la motivation de leurs omissions (amour, haine…) ; *b)* lorsque, sous quelque prétexte que ce soit, et ès qualités, ils extorquent de l'argent ; *c)* lorsque, à l'occasion du jugement d'un clerc, ils font verser au fisc des biens appartenant à l'Église.

Pour ces trois cas, les inquisiteurs ne bénéficient d'aucun privilège (sauf, bien entendu, *in articulo mortis*).

XVI. On restreint ici la portée générale de ce qui est dit dans la question précédente. Mais on tiendra compte que les textes pontificaux, en décrivant ces trois cas, précisent que l'inquisiteur n'est excommunié que s'il est absolument conscient de son délit. L'inquisiteur qui agirait dans l'ignorance ou avec bonne volonté ne tomberait pas sous la peine de l'excommunication.

C. Le pouvoir de l'inquisiteur

15. L'inquisiteur peut-il poursuivre le pape si celui-ci est convaincu d'hérésie ?

Non, car l'inquisiteur n'est que délégué. Le juge compétent, dans ce cas, serait ou le Concile général, ou le Consistoire des cardinaux.

XVI. Il faudrait savoir d'abord si le pape peut être hérétique ! Et c'est l'avis, en effet, de la plupart des théologiens et des canonistes. Mais il ne manque pas de théologiens qui soutiennent l'opinion contraire, qui me semble plus conforme à la raison, et peut-être aussi à la doctrine des pères de l'Église et à l'Évangile même, dans lequel nous lisons que le Christ prie pour que la foi du pape[1] ne défaille point.

16. L'inquisiteur peut-il poursuivre les légats et les nonces ?

Non. Jean XXII l'interdit expressément. Mais ils peuvent dénoncer au Saint-Siège leurs délits contre la foi. Il en est de même pour les évêques.

XVI. Pie V donne le droit (*Romanus Pontifex,* Rome, 1563) aux cardinaux inquisiteurs généraux de poursuivre les évêques et les prélats coupables d'hérésie.

17. Contre qui peut encore « procéder » l'inquisiteur ?

L'inquisiteur « procède » de plein droit contre les religieux exempts et contre les prêtres, mais il ne « procède » pas contre un autre inquisiteur.

1. C'est, évidemment, de la foi de Pierre que parle l'Évangile.

XVI. Qu'on ne soit pas trop zélé dans la poursuite des religieux et des prêtres, car le procès d'un prêtre peut toujours être interprété comme le procès de tout le cléricat. L'inquisiteur se souviendra donc que les laïcs ne peuvent pas supporter les privilèges des ecclésiastiques et que rien ne les réjouit autant que les péchés des prêtres et leur punition. Mais en revanche, l'inquisiteur n'oubliera pas que le prêtre coupable d'un délit contre la foi est plus coupable que le laïc et que, partant, il mérite une punition d'autant plus exemplaire.

18. L'inquisiteur peut-il poursuivre indistinctement tout le monde, du roi jusqu'au dernier des laïcs ?

Bien évidemment. L'inquisiteur poursuivra tout laïc, quel que soit son grade ou sa condition, qu'il soit hérétique, suspect, ou simplement diffamé. C'est dit explicitement dans la bulle *Prae cunctis* d'Urbain IV.

Je conseillerai néanmoins aux inquisiteurs de ne point poursuivre publiquement les rois ou les personnes de rang royal : il est plus sage et plus prudent d'en référer, à leur propos, à notre seigneur le pape, et de procéder ensuite conformément à ce qu'il déterminerait.

L'inquisiteur peut sévir contre quiconque met des entraves à l'exercice de l'Inquisition. Il doit excommunier tout laïc qui, en public ou en privé, discuterait des questions de théologie. Il « procédera » contre tout avocat ou notaire qui prêterait son concours à un hérétique.

XVI. Prudence aussi, lorsqu'il faut poursuivre des notables, des puissants, des personnages illustres, ou une grande multitude d'hérétiques. Que l'inquisiteur tienne compte, dans tous ces cas, du scandale ou du danger dont la procédure inquisitoriale peut être la cause.

On entendra par « personnalités de rang royal » non seulement les princes, les ducs, les marquis, etc., mais aussi les membres du conseil royal, les sénateurs, les riches barons, les magistrats des villes, les gouverneurs, les consuls, le *podestà,* etc. Que l'inquisiteur soit prudent avant d'engager des poursuites contre les personnalités de cette sorte, surtout si elles sont puissantes (car elles entraveront alors le travail du Saint-Office) et l'inquisiteur pauvre, et faible.

Je conseille enfin à l'inquisiteur d'affronter sans peur l'opinion publique dans les lieux où les hérétiques sont nombreux, mais à condition que l'inquisiteur soit un excellent théologien.

19. L'inquisiteur peut-il poursuivre celui qui, sciemment, aurait enseveli dans un cimetière chrétien un hérétique, un diffamé ou un protecteur de l'hérésie ?

Oui, il doit le faire conformément à ce qui fut établi par Alexandre III au concile de Latran et ratifié par Alexandre IV:

> « Celui qui oserait donner une sépulture chrétienne à un hérétique ou à quelqu'un de favorable à l'hérésie est excommunié. Et il le demeure tant qu'il n'aura pas publiquement et de ses mains déterré le cadavre du condamné. »

XVI. Pourquoi priver de sépulture chrétienne les hérétiques et ceux qui suivent leurs enseignements ? Pour plusieurs raisons. D'abord parce que tous ceux-là sont morts excommuniés, donc en péché mortel.

En deuxième lieu parce que, comme l'écrit saint Augustin, il faut refuser la sépulture chrétienne à tous ceux pour qui il est interdit de prier : les hérétiques sont de ceux-là.

Si, après décès, il apparaît qu'un tel était hérétique ou excommunié, on exhumera son cadavre, et on brûlera ses ossements, en prenant bien garde de ne pas brûler en même temps des ossements de braves catholiques. On procédera ensuite à la consécration du lieu qu'avait ainsi profané la présence d'un cadavre d'hérétique.

Outre les hérétiques formels, sont privés de sépulture chrétienne les fidèles de n'importe quelle hérésie, et ceux qui protègent ou favorisent l'hérésie. À plus forte raison est privé de sépulture chrétienne l'hérétique ou le suspect qui, emprisonné à cause de ses erreurs, se serait suicidé en captivité, car celui-là serait manifestement mort impénitent, et par conséquent en état de péché mortel.

Celui qui donne sépulture chrétienne à l'hérétique est frappé d'excommunication, et doit déterrer le mort. C'est justice : donner sépulture à un hérétique équivaut à se proclamer soi-même suspect d'hérésie, au moins. On exigera donc de celui qui aura commis ce délit une abjuration solennelle et une abjuration canonique..., à moins que le coupable ne soit en mesure d'alléguer une raison suffisante pour justifier son forfait.

On peut, toutefois, enterrer un hérétique (ou un sympathisant), mais en dehors du cimetière consacré, lorsque l'hérétique meurt dans un lieu ou dans des circonstances tels qu'il soit impossible d'en référer aux autorités inquisitoriales et d'attendre leurs dispositions. Dans ce cas précis, on enterre pour que le cadavre de l'hérétique n'empeste pas, et celui qui aura enseveli ne tombera pas sous la suspicion d'hérésie.

Il va de soi que seront considérés suspects d'hérésie ceux qui célébreraient des obsèques catholiques pour un hérétique défunt, et ceux qui récupéreraient et garderaient des ossements ou des cendres ou des vêtements d'un hérétique. S'adonner à ce genre de pratiques équivaut en effet à tenir pour saints ceux-là mêmes que l'Église condamne.

20. *L'inquisiteur peut-il « procéder » contre celui qui, sommé de témoigner de sa propre foi, refuse de prêter serment ?*

Oui, car il a été établi par Alexandre III que soit tenu pour hérétique celui qui refuse de prêter serment. Ce refus était d'ailleurs pratique commune chez les vaudois qui considéraient que jurer était un péché mortel.

21. *L'inquisiteur peut-il « procéder » contre celui qui, dénoncé au tribunal de l'Inquisition, se transférerait hors de la région sur laquelle s'étend la juridiction du tribunal requérant ? Et contre*

celui qui, résidant présentement dans sa circonscription, aurait commis un délit d'hérésie dans une autre région ?

Oui, en vertu de ce qui a été établi par les papes Clément IV et Alexandre IV.

22. L'inquisiteur peut-il « procéder » contre les morts qui, avant ou après décès, auraient été dénoncés comme hérétiques ?

Oui, conformément à ce qui fut établi par nos seigneurs les papes Urbain IV et Alexandre IV.

XVI. En droit civil on admet généralement qu'avec la mort du coupable se termine toute possibilité de poursuite pour un délit. Mais ce principe général ne vaut pas en cas de lèse-majesté divine, ou humaine : c'est là une doctrine établie par l'unanimité des docteurs et confirmée par le concile de Béziers. Or, il y a délit de lèse-majesté divine lorsqu'il y a hérésie. Donc.

Mais combien de temps après la mort de l'hérétique l'inquisiteur peut-il encore juger ?

Distinguons deux causes de poursuite d'un hérétique défunt :

a) On le condamne afin de confisquer ses biens – ou, plus exactement, afin de déclarer que ses biens sont confisqués *ipso facto* – de les enlever au tiers qui les possède et de les attribuer au Saint-Office de l'Inquisition.

b) On veut jeter l'anathème sur la mémoire du défunt, déclarant qu'il est mort dans l'hérésie et qu'il méritait donc les peines prévues pour les hérétiques : l'effet de cette condamnation, c'est l'exhumation et la combustion du cadavre, ou le rejet du cadavre hors du cimetière consacré.

Dans le premier cas – condamnation en vue de confiscation – on ne pourrait plus poursuivre judiciairement le cadavre au bout de cinq années du décès de l'hérétique : c'est l'avis de quelques docteurs. Mais, en réalité, on poursuit jusqu'à quarante années après le décès. Et les héritiers du défunt, même s'ils sont catholiques, même s'ils possédaient en toute bonne foi les biens de l'hérétique, s'en voient dépouillés au bénéfice du fisc ecclésiastique ou civil, selon les lois et les régions.

Dans le second cas – anathématisation de la mémoire du défunt –, il n'y a pas de limites de temps. Et si la condamnation de la mémoire du défunt a lieu plus de quarante mis après la mort de ce dernier, ses héritiers conservent, certes, les biens de ce dernier, mais ils subiront les peines spécialement prévues pour les fils des hérétiques : ils seront déclarés infâmes et inaptes à toute fonction publique et à tout bénéfice. C'est là une sentence parfaitement conforme au droit, bien qu'elle ait pour effet, hélas, de punir quelqu'un pour un crime qu'il n'a pas commis.

Comment « procède-t-on » contre un défunt ? Grave question, car peut-on faire un procès à celui qui, par définition, ne peut être cité à comparaître ? Ne vaudrait-il pas mieux parler franchement de « condamnation de la mémoire d'un tel » plutôt que de « procès » ? Oui, en droit civil. Mais certes non, lorsqu'il s'agit d'un délit de lèse-majesté divine.

Si les indices sont suffisants, il y a procès. Le fiscal sollicite l'intervention de l'inquisiteur, fait état des dénonciations dont l'accusé défunt a été l'objet, et demande que soient appliquées les peines prévues (confiscation, dégradation, etc.). Les héritiers, et tous ceux qui auraient un intérêt direct à s'opposer à la condamnation du mort, seront avertis dès que le procès commencera, afin qu'ils puissent défendre sa mémoire. Si les héritiers ou les ayants droit ne comparaissent pas dans le délai établi, l'inquisiteur désigne un défenseur qui se comportera comme prévu dans le cas d'un procès inquisitorial ordinaire : il plaidera la cause du défunt, gardera le secret sur tout ce qui concerne le procès et ne communiquera qu'avec les légistes du Saint-Office. Conformément aux instructions d'Avila (1498), la procédure contre le défunt sera courte : que l'on en vienne vite soit à l'absolution, soit à la condamnation. Et cela s'explique : si la cause s'éternisait, les fils et surtout les filles du défunt ne pourraient pas disposer des biens du défunt tant que durerait la procédure et, dans cette situation, les filles ne trouveraient pas avec qui se marier. Cependant, si après l'absolution d'un défunt, de nouveaux indices de culpabilité venaient à être découverts, on recommencerait le procès, et cette fois-ci on trancherait en tenant compte et des anciens et des nouveaux indices.

Si un accusé meurt en cours de procès, celui-ci continue normalement, et on invite les fils ou les descendants les plus proches du défunt à assumer sa défense : il y aura acquittement s'il faut acquitter, condamnation du cadavre s'il faut condamner[1].

Dans le cas de procès posthume, on recourt à la pratique des effigies : l'effigie du défunt ne sera pas exposée au peuple si le défunt est absous ; mais elle sera livrée au bras séculier et brûlée (après proclamation publique des erreurs du défunt et de la sentence méritée) si le défunt est condamné. On livrera aussi bien au bras séculier l'effigie de l'accusé qui se serait suicidé en cours de procès, le suicide constituant l'aveu de culpabilité le plus clair.

Enfin, conformément à ce qui a été établi par le concile de Toulouse en 1229 (et dont, curieusement, Eymerich ne parle pas), on démolira la maison de l'hérétique condamné et brûlé (qu'il ait été condamné en vie ou après la mort) et on en nivellera le sol afin qu'il n'en demeure aucun vestige. N'était-ce pas dans sa demeure que les hérétiques se réunissaient et qu'ils tenaient des conciliabules contre la foi ? La sentence de démolition vaut pour l'habitation et pour les lieux de réunion des hérétiques, et comporte l'interdiction de reconstruire sur le même lieu dans le futur, ainsi que l'appropriation par le fisc ecclésiastique de toutes les pierres, des débris et des fondations *(omnes lapides, rudera et coementa inde amota ad fiscum nostrum pertinere).* Le concile de Béziers reprit ces dispositions du concile de

1. Mais on apprendra plus bas (réponse à la question 65) que le témoignage à décharge produit par les proches du défunt en cas de procès posthume n'a qu'une valeur bien relative.

Toulouse, que le pape Innocent IV ratifia peu après dans sa bulle *Ad extirpandam,* dans laquelle il est prévu en outre la démolition des maisons attenantes à celle de l'hérétique. Conformément à la tradition inquisitoriale, on recouvrira de sel le sol nivelé, afin de le rendre stérile à jamais. Puis on érigera une stèle sur laquelle seront gravés le nom du maître de la maison démolie, la sentence de démolition et la date d'exécution (sous quel roi, pendant quel pontificat). On peut voir une stèle de ce genre dans l'illustre ville de Valladolid où, en 1559, Agustin Cazzala, bien que convers et pénitent, fut livré en tant que dogmatiste au bras séculier, et sa maison fut rasée.

23. Contre qui l'inquisiteur peut-il « procéder » d'une façon générale ?

Nous avons déjà dit qu'il peut procéder contre les blasphémateurs, les jeteurs de sorts, les nécromanciens, les excommuniés, les apostats, les schismatiques, les néophytes revenus à leurs erreurs antérieures, les juifs, les infidèles vivant parmi les chrétiens, les invocateurs du diable. Mais disons d'une façon générale que l'inquisiteur « procède » contre tous les suspects d'hérésie, les diffamés d'hérésie, les hérétiques, leurs fidèles, ceux qui les hébergent, les défendent ou les favorisent et contre ceux qui mettent des entraves au Saint-Office, contre tous ceux qui, directement ou indirectement, retardent son action.

XVI. Disons, d'une formule plus courte et plus claire que l'inquisiteur peut « procéder » contre tout le monde, hormis les quelques exceptions (le pape, ses légats, les évêques) tenant à la nature même de l'autorité déléguée de l'inquisiteur.

D. Les procès

24. L'inquisiteur et l'évêque peuvent-ils « processer » l'un sans l'autre ?

L'inquisiteur et l'évêque peuvent, séparément, citer, arrêter et emprisonner. Chacun d'eux est libre de juger de l'opportunité d'enchaîner les prisonniers qu'il aurait faits.

En revanche, c'est ensemble qu'il leur appartient : *a)* de transférer les coupables dans une prison particulièrement dure, *b)* de les soumettre à la torture, *c)* d'édicter les sentences.

En cas de désaccord entre l'inquisiteur et l'évêque, il convient d'en référer à notre seigneur le pape.

XVI. En Espagne, c'est au Sénat inquisitorial de Madrid que l'évêque et l'inquisiteur doivent recourir en cas de désaccord.

25. L'inquisiteur peut-il disposer d'une garde armée ?

Oui, il dispose de gens d'armes dont les fonctions sont les suivantes : protéger la personne de l'inquisiteur et celles des officiels de l'Inquisition, poursuivre et arrêter les hérétiques, etc. Mais il appartient à l'inquisiteur de veiller à ce que ses gens d'armes n'abusent pas de leur fonction.

XVI. Ce privilège d'utilisation d'une force armée fut concédé aux inquisiteurs par Clément V au concile de Vienne, en 1310 environ, et confirmé par Jean XXII en 1321. Les collaborateurs de l'Inquisition ont le droit d'être armés de jour et de nuit, nonobstant toutes lois civiles ou municipales contraires à cette disposition : la non-révocation de la loi contraire à ce privilège sera considérée de plein droit comme une entrave à l'exercice de l'inquisition, et l'autorité capable de révoquer et refusant la révocation est passible par là même de poursuites inquisitoriales.

Je crois, personnellement, que le port d'armes ne devrait pas être réservé seulement à cette catégorie de collaborateurs de l'inquisiteur que les Italiens appellent *Crocesignati* et les Espagnols *Familiares* (dont le rôle est d'escorter l'inquisiteur, de dénoncer les hérétiques et de les arrêter sous mandat inquisitorial), mais qu'il devrait être étendu à tous ceux qui, pour une raison ou pour une autre, ont à collaborer avec l'Inquisition (avocats, notaires, experts, gardiens, etc.), car tous ceux-là sont mal vus des incroyants, des blasphémateurs, de tous les pécheurs de ce genre. Il est donc juste que tous ceux-là, et ceux qui les servent, soient armés, notamment dans les régions où l'hérésie est bien installée.

Devraient aussi bénéficier du port d'armes ceux qui, sans collaborer directement ou indirectement avec l'Inquisition, écrivent contre l'hérésie : ce sont des défenseurs de la foi, qui s'attirent par là même nombre d'inimitiés. Il serait donc normal que, dans sa bonté, le pape leur accordât, à eux aussi, le droit d'être armés.

Compte tenu de ce privilège du port d'armes et des risques d'abus qu'il comporte, il serait sage qu'aucun converti ne fût admis parmi les *Crocesignati* ou *Familiares*. Les *vieux chrétiens* sont suffisamment nombreux pour que nous n'ayons pas besoin de chercher les gens d'armes inquisitoriaux parmi les néophytes ou les convertis.

E. La prison inquisitoriale

26. L'inquisiteur peut-il avoir sa propre prison ?

Oui. L'inquisiteur dispose d'une prison propre, dans laquelle il détient les accusés qui n'ont pas encore été jugés. L'inquisiteur peut mettre des entraves ou des fers à ses prisonniers.

La prison dans laquelle les prisonniers doivent purger leur peine – après procès – sera commune à l'inquisiteur et à l'évêque.

Ce sera une prison terrible, car elle est conçue beaucoup plus pour le supplice des condamnés que pour leur simple détention. C'est dans cette prison que doivent avoir lieu les séances de torture.

XVI. Sur ce point particulier (double prison : pour la détention, pour la purgation), le droit inquisitorial diffère du droit civil. De nos jours, cependant, il n'y a pas deux prisons, mais une seule, propriété commune de l'évêque et de l'inquisiteur. C'est là une pratique raisonnable, car il ne sert à rien de bâtir deux prisons, si une seule suffit. Toutefois, la distinction juridique entre « garde » et « peine » doit être sauvegardée : ainsi, s'il est vrai que les séances de torture ne peuvent avoir lieu qu'avec l'accord de l'inquisiteur et de l'évêque (la torture est déjà une peine), l'inquisiteur seul a pouvoir de transférer dans un cachot particulièrement noir, bien gardé et épouvantable, l'accusé dont le comportement justifierait un redoublement de vigilance (et ici, c'est de garde qu'il s'agit), soit qu'il ait, de quelque façon que ce soit, manifesté son intention de s'évader, soit qu'il pervertisse d'autres prisonniers. Toutefois, l'inquisiteur redoublera de prudence dans la décision de ce type de transfert dans des prisons particulièrement dures : il ne faudrait pas que le lieu de détention soit tellement horrible, à tel point néfaste que l'accusé y perdît la vie, car dans ce cas l'inquisiteur encourrait une irrégularité. De juge de la foi il deviendrait bourreau. Que l'inquisiteur se souvienne des dispositions du concile de Béziers :

> « Prévoyez près de chaque siège épiscopal – et, s'il est possible, dans chaque ville – des cellules individuelles sans lumière, dans lesquelles les hérétiques condamnés seront enfermés, de telle sorte qu'ils ne puissent se contaminer mutuellement ni pervertir d'autres gens. Mais évitez que les condamnés ne meurent par l'effet d'un excès de rigueur des prisons. »

27. L'inquisiteur et l'évêque peuvent-ils avoir une prison commune pour la garde et pour la purgation ? Et, dans l'affirmative, auquel des deux en incombe la garde ?

Ils peuvent avoir chacun sa propre prison, et chacun d'eux peut transformer sa propre prison en prison commune aux deux.

a) Dans certains lieux, comme à Toulouse et à Carcassonne, les inquisiteurs disposent de prisons qu'ils appellent « murs » parce que leurs cellules longent le mur des bâtiments communs à l'inquisiteur et à l'évêque.

b) Dans d'autres endroits, les évêques disposent d'une prison dans laquelle sont détenus non seulement les suspects avant le procès et les accusés pendant le procès, mais encore les condamnés après condamnation. La prison épiscopale, dans ces cas, est aussi prison inquisitoriale puisque, comme il a été dit plus haut, l'évêque ne saurait garder des condamnés en prison sans l'accord de l'inquisiteur.

En ce qui concerne la garde, il a été convenu que les emmurés – pour reprendre le terme suggéré plus haut – seront placés sous la garde de deux gardiens discrets, rusés, très croyants, dont l'un maintenu par l'évêque, l'autre par l'inquisiteur. Chacun d'eux aura un auxiliaire, et chacun d'eux disposera de deux clés. Les gardiens prêteront serment devant l'évêque et devant l'inquisiteur d'exécuter fidèlement leur mission et de ne permettre à personne d'accéder à leurs prisonniers, et de s'occuper d'eux selon ce que disposeraient l'évêque et l'inquisiteur. S'il s'agit d'une prison épiscopale, les gardiens prêteront tout aussi bien serment devant l'inquisiteur.

Longue et fastidieuse question que celle du gardiennage. Question simplement verbale en fin de compte, car d'où l'inquisiteur tirera-t-il de quoi payer ses gardiens ? je n'en parlerai donc pas davantage, car le ferais-je que resterait toujours sans solution le problème du salaire des gardiens, tant est déficient celui des inquisiteurs.

XVI. Distinguons ici trois thèmes : l'incarcération d'un prévenu, la peine de prison, la garde des prisonniers. Il nous faut adapter sur ces trois points la doctrine eymericienne à la pratique moderne. *a)* L'incarcération d'un prévenu. – L'inquisiteur fera bien d'avertir ses supérieurs avant d'incarcérer un dénoncé, s'il s'agit de quelqu'un d'illustre (religieux, noble, homme de lettres) et généralement considéré comme parfaitement croyant. En Espagne, l'inquisiteur doit en référer au Sénat inquisitorial avant de procéder à l'arrestation d'un notable, conformément aux instructions de 1561. Les prévenus et dénoncés ne seront pas tous soumis au même régime : selon le délit et la qualité de l'accusé, le régime pénitencier sera plus souple ou plus dur, les cellules plus dures et plus obscures, ou au contraire plus gaies et plus riantes *(laetiora et amoeniora).* Il a été dit beaucoup plus haut dans quels cas la maison même de l'accusé ou sa ville peuvent être considérées comme lieu d'emprisonnement. On n'emprisonnera pas ensemble les hommes et les femmes : la mixité est à exclure aussi bien de la prison préventive que de la prison purgative. Mais cette règle ne vaut pas pour les époux : conformément à ce qui fut prescrit au concile de Béziers, deux conjoints condamnés à la même peine seront ou bien emmurés ensemble, ou bien séparément ; mais dans ce dernier cas, ils pourront accéder l'un à l'autre pour que soit respectée la norme de la cohabitation. Cette possibilité d'accès doit être sauvegardée dans le cas d'incarcération d'un seul des deux conjoints.

On évitera, en règle générale, d'enfermer dans une même cellule deux ou plusieurs accusés (à moins que l'inquisiteur n'ait des raisons précises pour favoriser ces regroupements), car ces scélérats ne parlent d'autre chose, avec leurs compagnons de prison, que des moyens de cacher la vérité, de s'évader, d'éluder les interrogatoires, etc. Les effets de cette cohabitation en prison sont d'autant plus néfastes qu'il suffit d'un peu de temps pour qu'ils se déclenchent, car les calamités communes font naître en peu de temps de grandes amitiés entre les accusés qui se mettent aussitôt à délibérer ensemble des moyens d'échapper au triste sort qui les attend. L'inquisiteur rend visite deux fois par mois aux prisonniers et s'inquiète auprès d'eux de la façon dont ils sont traités. Il peut être utile de multiplier ces visites jusqu'à quatre ou cinq par mois, voire davantage, surtout lorsqu'un accusé supporte mal l'infamie et l'épreuve de l'emprisonnement. Celui-là, l'inquisiteur le visitera souvent et il permettra que d'autres le visitent, qui le consoleront et lui diront que, s'il avoue spontanément, il verra son affaire vivement expédiée : bien des accusés qui supportent mal la mine du juge se calment et s'apaisent si d'autres que lui lui tiennent ce genre de propos. Que l'inquisiteur prenne garde, en rendant visite aux détenus, de parler avec eux uniquement de ce qui concerne l'accusation et le procès, et de rien d'autre. Il y a des coupables endurcis qui tireraient prétexte de n'importe quoi pour calomnier ensuite l'inquisiteur. Que celui-ci se fasse accompagner de son notaire ou d'un autre membre de son office lorsqu'il rend visite aux accusés : ce sera sagesse.

On ne transférera pas facilement les accusés d'un lieu à un autre, d'une prison à une autre. Et, s'il le faut absolument, on prendra garde que ceux qui ont été transférés se retrouvent ensemble dans la nouvelle cellule, et pas avec d'autres prisonniers, car l'expérience montre qu'à l'occasion de ces transferts, on apprend dans un secteur de la prison ce qu'on savait dans un autre secteur. Or, il faut que ce qui se dit dans telle prison ou dans tel secteur ne soit pas entendu dans l'autre : tel qui avait avoué revient sur ses aveux après un transfert. Mais je ne m'étendrai pas davantage sur ces mesures de prudence que chaque inquisiteur connaît par cœur.

Les accusés n'auront pas le droit d'assister à la messe célébrée à l'intérieur de la prison : n'y a-t-il pas suspicion d'hérésie, n'est-il pas fortement probable que les accusés soient des hérétiques ? Ne sont-ils pas excommuniés ? La simonie simple est moins grave que l'hérésie et le simoniaque ne peut célébrer la messe ; que les accusés d'hérésie n'entendent donc pas assister aux saints mystères. En outre les accusés, surtout s'ils sont nombreux, profiteront de l'assistance à la messe pour se communiquer par signes ou par d'autres moyens comment cacher la vérité, ou dissimuler un indice, ou confondre un témoin.

Enfin, l'usage est très établi de ne pas permettre aux accusés d'accomplir à l'intérieur de la prison préventive le précepte dominical, l'inquisiteur détenant habituellement les seuls suspects que les témoignages et les dénonciations accablent : ceux que l'inquisiteur arrête peuvent être, à cet égard, légitimement considérés coupables. Et qu'on ne vienne pas nous dire que les accusés seraient mieux disposés et avoueraient plus facilement si on leur permettait d'assister à la messe ! S'ils sont innocents – s'ils sont donc des vrais croyants –, ils avoueront bien plus vite afin de ne pas être plus longtemps privés de la grâce et des suffrages de l'assistance à la messe dominicale. Et l'attitude des uns et des autres devant cette privation peut être un indice intéressant que l'inquisiteur averti saura très bien exploiter. *b)* L'incarcération d'un condamné. – L'essentiel de l'emprisonnement des condamnés a déjà été dit dans la partie du *Manuel* consacrée aux verdicts. Bien qu'on ne construise plus aujourd'hui de « mur » comme autrefois pour les condamnés à perpétuité, il faut absolument disposer d'une bâtisse spéciale pour ce genre de prisonniers : autrement on voit mal comment les condamnés pourraient être traités comme il est prévu aux chapitres 79 et 80 des instructions madrilènes de 1561, qui prévoient les obligations de l'inquisiteur envers les emmurés : garde et soutien, contrôle du comportement des emmurés réconciliés avec l'Église. Il est bon de se conformer sur ce point aux prescriptions du concile de Narbonne qui obligeait les curés à veiller sur les condamnés à vie de leurs propres paroisses et à référer à l'inquisiteur toute irrégularité ou négligence dans le comportement des condamnés.

Quant à la commutation de la peine de prison perpétuelle, je rappelle que, conformément au droit civil, elle peut être décidée par l'inquisiteur avec l'ordinaire du lieu. Toutefois, en Espagne seul l'Inquisiteur général dispose de ce pouvoir. Au bout de combien de temps la peine de prison perpétuelle peut-elle être commuée ? Il n'y a pas de principe général, et chaque inquisiteur est libre d'en décider, mais le pénitent qui supporte humblement son sort bénéficie souvent d'une remise de peine au bout de trois ans de prison, ou au bout de huit ans.

F. La question – La torture

28. L'inquisiteur et l'évêque peuvent-ils exposer quelqu'un à la question et aux tourments ? Dans l'affirmative, sous quelles conditions ?

Ils peuvent torturer, conformément aux décrétales de Clément V (concile de Vienne), à condition d'en décider ensemble.

Il n'y a pas de règles précises pour déterminer dans quels cas on peut procéder à la torture. À défaut de jurisprudence précise, voici sept règles repères :

1. On torture l'accusé qui vacille dans ses réponses, affirmant tantôt ceci, tantôt le contraire, tout en niant les chefs les plus importants de l'accusation. On présume dans ce cas que l'accusé cache la vérité et que, harcelé par les interrogatoires, il se contredit. S'il niait une fois, puis avouait et se repentait, il ne serait pas considéré comme « vacillant », mais comme hérétique pénitent, et il serait condamné.

2. Le diffamé ayant contre lui ne serait-ce qu'un seul témoin, sera torturé. En effet, un bruit public plus un témoignage constituent ensemble une demi-preuve, ce qui n'étonnera personne sachant qu'un seul témoignage vaut déjà comme indice. On dira *testis unus, testis nullus ?* Cela vaut pour la condamnation, non pour la présomption. Un seul témoignage à charge suffit donc. Toutefois, j'en conviens, le témoignage d'un seul n'aurait pas la même force dans un jugement civil.

3. Le diffamé contre lequel on a réussi à établir un ou plusieurs indices graves doit être torturé. Diffamation plus indices suffisent. Pour les prêtres, la diffamation suffit (toutefois on ne torture que les prêtres infâmes). Dans ce cas, les conditions sont suffisamment nombreuses.

4. Sera torturé celui contre qui un seul déposera en matière d'hérésie et contre qui il y aurait en outre des indices véhéments ou violents.

5. Celui contre qui pèseront plusieurs indices véhéments ou violents sera torturé, même si on ne dispose d'aucun témoin à charge.

6. On torturera à plus forte raison celui qui, semblable au précédent, aurait en plus contre lui la déposition d'un témoin.

7. Celui contre qui il y aurait seulement diffamation, ou un seul témoin, ou un seul indice, ne sera pas torturé : chacune de ces conditions, seule, ne suffit pas à justifier la torture.

XVI. Il n'y a, dans toute cette œuvre d'Eymerich, pas de question plus difficile que celle-ci, nulle autre ne doit être expliquée avec autant de précision. Nous nous emploierons donc à la commenter car, sans cela, il pourrait rester des obscurités et les experts ne trouveraient pas dans le *Manuel* ce qu'ils sont en droit de s'attendre à y trouver. Nous allons donc bien l'expliquer.

Toute cette question se divise en deux thèmes : premièrement, que l'inquisiteur, d'accord avec l'évêque, peut bien faire torturer ; deuxièmement, dans quels cas on peut ou on doit torturer.

Signalons tout de suite que, aux origines, les inquisiteurs ne torturaient pas, de crainte de tomber dans l'irrégularité s'ils le faisaient : ils devaient faire appliquer les tourments par les juges laïques (Innocent IV). Mais il apparut bientôt que l'on ne procédait pas toujours, dans les tribunaux laïques, avec le secret absolu requis pour les affaires inquisitoriales. Et toute affaire inquisitoriale concernant par définition le domaine de la foi, il apparut que seuls les inquisiteurs devaient la mener. Or, on ne mène pas souvent à bout ces affaires sans appliquer la torture : il sembla donc très sage de confier aux inquisiteurs et aux évêques le soin de torturer, et ainsi en fut-il déterminé dans des documents postérieurs auxquels se réfère Eymerich, y compris celui d'Urbain IV *(Ut negotium)* par lequel l'évêque et l'inquisiteur peuvent se délier mutuellement des irrégularités qu'ils commettraient en appliquant la torture.

Concernant les cas dans lesquels on applique la torture, Eymerich est suffisamment explicite pour que nous n'ayons pas à entrer dans d'autres détails. On se souviendra, avant de procéder à la torture, que la finalité de celle-ci est moins d'établir un fait que de faire avouer celui dont on soupçonne la culpabilité et qui se tait. Si l'on peut établir le fait autrement que par la torture, on ne torturera pas. Car, justement, la torture ne sert qu'à remédier au manque de preuves. Ainsi, on peut qualifier de sanguinaires tous ces juges inquisitoriaux d'aujourd'hui qui en viennent avec tant de facilité à l'application de la torture sans essayer par ailleurs de compléter l'enquête.

Ces juges se trompent en se pressant ainsi.

En conséquence de tout ce qui précède, on ne recourra pas à la torture pour des délits manifestes, mais uniquement pour les délits cachés qui se prouvent plus difficilement. Il est clair qu'il faut des indices pour qu'il puisse y avoir torture, car c'est une règle générale de ne pas commencer le procès par la torture.

Les indices doivent s'appuyer sur des preuves, et ils doivent être graves, car on ne doit pas torturer sur la foi d'indices d'un délit faible.

Si ces règles préalables sont observées, on peut torturer comme l'explique *accuratissime* Eymerich dans le chapitre qu'il consacre au troisième type de verdict.

Chez nous, on distingue cinq types de tourments, constituant cinq degrés différents de supplice. je ne les décrirai pas car ils sont connus de tout le monde *(cuique sunt obvii et patentes)*, et on en trouve la description précise chez Paul Grilland (*Traité de la torture*, q. 4, n. 11) et chez Jules Clair *(pratique criminelle*, sub fin., q. 64) et chez d'autres encore[1]. Le droit ne dit pas quel type de tourments il faut infliger : le choix en est donc laissé à l'arbitre du juge qui choisira les uns ou les autres selon le rang de l'accusé, la qualité des indices, que sais-je encore ? Toutefois l'inquisiteur ne s'ingéniera pas à en découvrir de nouveaux :

1. Cinq degrés : le bâton, les cordes, le chevalet, l'estrapade, les charbons ardents. Après, après, le supplice de l'eau, les brodequins…, et libre cours à l'imagination.

qu'il s'en tienne à ceux que, dans leur prudence, les juges ont toujours acceptés, comme l'explique d'une façon si belle et claire *(pulchre et clare)* Antoine Gomez : on lit chez lui, par exemple, que la torture par les cordes est aujourd'hui fréquemment appliquée partout *(hodie ubique frequens)* et qu'il n'y a pas lieu de l'abandonner.

Il n'a pas manqué, pourtant, de juges qui ont imaginé de très nombreux types de torture. Marsile parle de quatorze supplices et dit en avoir trouvé d'autres encore, ce qui inspire les éloges de Paul Grilland. Quant à moi, si vous voulez mon avis, je vous dirai que ce type d'érudition me semble relever davantage du travail des bourreaux que de celui des juristes et des théologiens que nous sommes. Je n'en parlerai donc pas. Ceci dit, je loue l'habitude de torturer les accusés, notamment de nos jours où les mécréants se montrent plus éhontés que jamais. Beaucoup d'entre eux sont aujourd'hui d'une telle audace qu'ils commettent exprès toute sorte de délits avec l'espoir de vaincre les tourments, et qu'ils les vainquent effectivement à l'aide de sortilèges – comme le disait Eymerich –, sans parler de ceux qui sont totalement ensorcelés. Mais je m'oppose tout autant à ces juges sanguinaires qui, à la recherche d'une vaine gloriole – et laquelle, mon Dieu ! –, imposent des tortures nouvelles, contrevenant ainsi au droit et à l'honnêteté, aux plus démunis des accusés *(misellis reis),* à tel point que ceux-ci meurent sous la torture ou qu'ils s'en tirent avec des membres fracturés, ou infirmes à jamais. Que l'inquisiteur ait toujours présente à l'esprit cette sentence du législateur : l'accusé sera torturé de telle sorte qu'il soit sain pour la libération ou pour l'exécution.

Tout ceci bien établi, venons-en maintenant à ceux qui, de droit, ne sauraient être en aucun cas torturés.

Si, pour d'autres délits et devant d'autres tribunaux, la règle est de ne jamais torturer certaines catégories de personnes (par exemple les docteurs, les soldats, les officiels et leurs fils, les enfants et les vieillards), pour l'horrible crime d'hérésie il n'y a pas de privilège dérogatoire, pas d'exception : tout le monde peut être torturé *(omnes torqueri possunt)*. La raison ? L'intérêt de la foi : il faut bannir des peuples l'hérésie, il faut l'en déraciner, empêcher qu'elle ne s'étende. Et que nul ne s'étonne de cette sévérité : pour le délit de lèse-majesté il n'y a pas d'exemption ni de privilège ; pourquoi y en aurait-il pour le crime de lèse-majesté divine ? Toutefois, les clercs et les moines seront torturés avec moins de sévérité, par respect de leur ministère et pour ne pas encourir l'excommunication réservée à celui qui leur porte la main dessus. À moins que de très forts soupçons ne justifient de plus violentes tortures... Les prêtres et les religieux ne seront pas torturés par des laïcs, mais par un clerc ou un religieux, à moins que l'on ne trouve pas de religieux ou de prêtre qui sache torturer : c'est l'opinion de Simancas et je m'y rallierais volontiers si elle pouvait être observée. Mais, en fait, l'usage s'est bien établi que les prêtres et les religieux soient torturés par des laïcs. Pour en savoir davantage sur la torture des religieux, il faut se rapporter à la *Pratique du droit criminel,* chapitre 117, de Bernardin Diaz, où tout est expliqué abondamment et de la plus belle façon : il faut s'y référer pour agir sans imprudence.

Pour préciser la doctrine concernant l'exemption de torture, il faut signaler que, bien qu'il n'y ait pas dans cette affaire de privilèges liés aux dignités et aux rangs, il y a des exceptions à la règle générale fondée sur l'âge et l'état des accusés : on ne torture ni les enfants, ni les vieillards, ni les femmes enceintes. En ce qui concerne l'âge, les mineurs âgés de moins de vingt-cinq ans seront torturés, mais pas les enfants de moins de quatorze ans.

Ceux-ci seront terrorisés et fouettés, non torturés. Il en est de même pour les vieillards. je signale enfin qu'il y a des pays où l'on interdit totalement la pratique de la torture : c'est le cas dans le royaume très catholique de Catalogne-Aragon, dont je suis – cependant, on accordait parfois dans ce royaume l'autorisation de torturer les accusés au tribunal inquisitorial : mais cette immunité est bien néfaste, et elle tourne bien souvent au préjudice de la foi.

Après le rappel de tout ce qui précède, constituant comme le fondement de ce qui va suivre, examinons avec Eymerich la question des indices et des motifs de la torture.

N'y-a-t-il pas contradiction entre la première règle – soumission à la torture de l'accusé qui « vacille » – et la septième – ne pas torturer si l'on ne dispose pas d'un indice ? Il semble bien que la seule « vacillation », ou le seul mensonge, ou la seule pâleur, ou le seul embarras, ou le tremblement seul, ne constituent pas des indices justifiant la torture, mais fondent uniquement une certaine suspicion. Mais l'accusé n'est pas totalement idiot *(omnino stupidus)*, il n'est pas totalement dépourvu de mémoire : or, il « vacille » et se contredit alors qu'il est interrogé sur des faits précis, qui se sont déroulés sur une période bien précise et généralement courte… Alors, la « vacillation » doit pouvoir être considérée comme un indice suffisant pour justifier la torture. C'est toutefois une question sur laquelle les docteurs ne sont pas unanimes. Ils considèrent, en effet, que la honte, la peur, la colère, la douleur, que sais-je, en feraient « vaciller » d'autres, et rappellent que sous l'effet de la crainte, des hommes illustres ne dominent pas leur raison. En conclusion, cette première règle devrait être valable uniquement lorsqu'on a affaire à des gens habitués au mensonge, endurcis dans le crime.

Pas d'ambiguïtés possible, en revanche, dans l'interprétation de la deuxième règle. Illustrons-la avec un exemple. Un fidèle de l'hérésie de Luther a été vu par un seul témoin détruire des images de saints, ou les profaner, ou les effacer ; et, en même temps, ce délit s'est ébruité. Il y a dans ce cas : *a)* un témoignage et *b)* une rumeur publique : c'est suffisant pour que le luthérien qui nierait les faits soit remis à la torture.

Les inquisiteurs remarqueront, à la lumière du texte d'Eymerich et de l'exemple proposé, qu'une seule déposition suffit pour appliquer la torture, comme le montre clairement mon commentaire à la septième règle.

Il n'y a pas lieu de, commenter la troisième règle, dont le sens est évident. C'était une vieille pratique de ne torturer les clercs qu'en cas d'infamie (entendez : de diffamation). Toutefois, je pense, avec des auteurs modernes, dont Simancas, qu'il est juste d'abandonner cette restriction qui favorise par trop injustement les clercs.

La quatrième règle découle directement de la deuxième. Retenons qu'un seul témoignage suffit à justifier la torture, sans que l'on ait à disposer en outre d'indices véhéments ou violents. La qualité des témoignages suffit. Toutefois, si le témoignage visait quelqu'un d'important ou quelqu'un dont la fidélité ne serait mise en doute par personne, il serait sage de se montrer circonspect et d'attendre que des indices violents viennent renforcer la valeur du témoignage.

À propos de la dernière règle, il faut signaler quelques exceptions :

a) La diffamation seule justifie la torture, si la voix publique se répand avec force, si elle atteint des gens de bonne moralité, des proches ou des amis du diffamé. La diffamation aggravée par la fuite du diffamé constitue un aveu matériel : dans ce cas, le diffamé peut être torturé.

b) J'ai déjà signalé plus haut dans quels cas un seul témoignage suffit à justifier la torture.

c) Dans quels cas un seul indice suffirait-il à justifier la torture ? C'est une question très controversée. Mais il va de soi que ne pas dénoncer un hérétique, s'incliner au passage d'un parfait, garder par-devers soi des cendres d'un hérétique brûlé, chacun de ces faits constitue un indice grave justifiant la torture. Ajoutons-y le fait de recevoir des lettres d'hérétiques, d'invoquer le diable, etc. Devra être torturé enfin celui qui, sérieusement ou par jeu, avouerait hors procès des pratiques hérétiques, celui aussi qui serait trouvé en possession de livres hérétiques. Et, dans tous les cas, que l'on se souvienne que les aveux obtenus pendant la torture doivent être ratifiés ensuite par-devant le notaire inquisitorial.

G. Les témoins

29. L'inquisiteur peut-il obliger des témoins à déposer sous serment et peut-il les interroger plusieurs fois ?

Certainement, puisqu'il appartient à l'inquisiteur d'enquêter sur l'hérésie et qu'il ne peut le faire sans avoir la faculté d'interroger des témoins. Dans les causes ecclésiastiques, les témoins déposent sous serment, et le refus de prêter serment constitue à lui seul une grave suspicion d'hérésie. Gui Foucoi prévoit notamment la possibilité d'interroger plusieurs fois les témoins dans ses *Consultationes ad inquisitores.*

XVI. En procédure inquisitoriale, nul (quels que soient la charge, le rang, l'autorité) n'échappe à l'obligation de témoigner sous serment. Pas de privilèges, pas d'exceptions à cette règle universelle. Ne pas témoigner, c'est déjà favoriser l'hérésie, c'est déjà être – *ipso facto* – suspect d'hérésie. Toutefois, tel qui n'aurait pas dénoncé son conjoint, ou un membre de sa famille, ou un ami, ne sera pas poursuivi comme bienfaiteur de l'hérésie, mais plutôt comme contumax, car il aura désobéi à l'ordre inquisitorial. Hormis ce genre de circonstances, ne pas témoigner équivaut à se déclarer ennemi de la foi de l'Église.

Les dépositions doivent être nettes, claires, sans ambiguïté. En effet, en matière de foi, l'addition ou la suppression d'un mot à une formule peut suffire à modifier totalement le sens d'une déclaration (un article de foi peut devenir hérésie, et réciproquement). En cas de doute, on retiendra la lecture de la déclaration (si elle est écrite) qui innocente, non celle qui inculpe. Cependant, si la proposition prêtant à confusion est attribuée à quelqu'un de l'un de ces pays où l'hérésie fait des ravages – un Anglais, un Allemand, il sera normal de retenir la lecture qui inculpe, non celle qui innocente. On se montrera clément envers les pauvres gens qui utilisent couramment des formules suspectes sans savoir que celles-ci le sont (« Il suffit de croire »…, « L'intention, c'est ce qui compte »…).

30. L'inquisiteur peut-il procéder aux interrogatoires en présence de son notaire uniquement ?

Non. Outre le notaire, doivent assister aux interrogatoires deux autres personnes (religieuses ou laïques).

XVI. Présentement, l'inquisiteur n'est assisté que de ses notaires pour les interrogatoires. Cette pratique simplifiée est acceptée par la Sainte Inquisition romaine.

31. L'inquisiteur peut-il accepter les délations et les témoignages des excommuniés ou des complices de l'accusé ?

Oui. Excommuniés et complices sont des témoins valables en procédure inquisitoriale.

XVI. Pour que le crime d'hérésie n'ait aucune chance de rester impuni, personne, quel que soit son délit, ne doit voir son témoignage frappé de nullité. Aucune ambiguïté là-dessus. Seulement, une question se pose : si deux dépositions émanant de deux témoins dignes de foi suffisent à faire condamner un hérétique, donnera-t-on la même valeur à deux dépositions émanant de deux témoins excommuniés, infâmes, etc. ? Grande question, que les docteurs débattent depuis longtemps ! On admet partout, en pratique, que, si deux témoins moins idoines suffisent à justifier la torture, ils ne suffisent pas à faire condamner le dénoncé. Que nul ne soit donc livré au bras séculier ou déclaré relaps sous la foi de deux témoignages de cette qualité seulement. Mais plus de deux dépositions d'excommuniés ou de complices, auxquelles s'ajouteraient quelques indices, suffisent à justifier une condamnation.

En conclusion : pour la torture, deux dépositions suffisent, quelle que soit la qualité des témoins. Pour la condamnation, si à la rigueur une déposition normale appuyée par la déposition d'un excommunié devrait suffir, il sera sage d'exiger deux dépositions de deux témoins dignes de foi.

Les complices – ou irréguliers – appelés à témoigner doivent prêter serment comme les témoins réguliers. Mais fera-t-on prêter serment au complice appelé à témoigner ? À coup sûr, puisque, lorsqu'il dépose, il agit en qualité de témoin, non d'accusé ; et c'est en témoin qu'il est entendu. Mais un complice ne témoigne jamais facilement : il peut donc, quelle que soit sa condition, être torturé afin que lui soit arrachée la vérité, mais on ne le torturera pas s'il témoigne spontanément.

Pour toute cette question, la notion de « complicité » sera prise dans son acception la plus large.

32. Les parjures peuvent-ils témoigner devant le tribunal inquisitorial ?

Oui, si l'on peut penser qu'ils déposeront pour le bien de l'orthodoxie.

33. Les infâmes et les criminels peuvent-ils témoigner ? Et les serfs peuvent-ils témoigner contre leurs maîtres ?

Oui. Le crime d'hérésie est d'une telle gravité que même les criminels et les infâmes sont admis à témoigner. C'est par cette même raison que les serfs sont admis à témoigner contre leurs maîtres.

XVI. On utilisera avec circonspection les témoignages des serfs, car ils sont généralement d'une extrême malveillance envers leurs maîtres. À l'opposé, il est licite de torturer un serf qui se montrerait réticent pour dénoncer son maître.

34. L'inquisiteur admettra-t-il le témoignage d'un ennemi mortel de l'accusé ?

Non. Le témoignage d'un ennemi mortel est récusé. Il appartient à l'inquisiteur d'enquêter, le cas échéant, sur la qualité ou le degré d'inimitié entre le témoin et l'accusé.

XVI. C'est là la seule exception à la règle générale sur la validité universelle des témoignages, telle qu'elle fut déjà établie par les conciles de Béziers et de Narbonne. Les cas d'inimitié mortelle sont nombreux et variés. À l'origine des inimitiés de cette qualité : des violences, des menaces de mort contre soi et contre les proches, des injures particulièrement graves, le viol de l'épouse ou de la sœur ou de la fille, l'atteinte à la propriété.

35. Un hérétique peut-il témoigner contre un fidèle ou en sa faveur ?

Non. Il n'a jamais été prévu que l'hérétique puisse témoigner ni à charge ni à décharge d'un fidèle.

XVI. Je ne vois pas comment Eymerich peut défendre un tel point de vue après avoir dit expressément que tout le monde a le droit et le devoir de témoigner en matière de foi ! C'est une opinion qui n'a aucun fondement et je ne vois pas d'où Eymerich la tire. Avec l'ensemble des docteurs, je ne retiens pas cette sentence et je précise qu'elle vaut uniquement en tant qu'elle infirme la valeur d'un témoignage à décharge proposé par un hérétique.

36. Un hérétique peut-il légitimement témoigner contre un autre hérétique ?

Il peut témoigner à charge, mais non à décharge. Il a déjà été dit précédemment qu'en matière de foi les excommuniés et les complices peuvent être cités comme témoins.

XVI. Il peut sembler injuste, à première vue, de ne pas admettre le témoignage d'un hérétique à décharge d'un autre hérétique. Mais il n'en est rien. Il y a tout lieu de croire que l'hérétique dépose en faveur de l'hérétique uniquement pour que reste impuni le crime d'hérésie, au grand dam de l'Église, et pas du tout pour le bien de l'accusé. Il est donc juste de récuser tout témoignage à décharge dans ce cas.

37. L'inquisiteur peut-il accepter les dépositions – à charge ou à décharge – de l'épouse, du fils ou des familiers de l'accusé d'hérésie ?

Il peut accepter les témoignages à charge mais non les témoignages à décharge. Et il va de soi que nul témoignage n'est aussi probant que le témoignage à charge de ce genre de témoins *(est enim testimonium eorum, magis efficax ad probandum).*

XVI. On entendra par « familiers » de l'accusé non seulement le conjoint, les enfants et les proches parents (qui ont tous intérêt à échapper à l'infamie dont ils seraient frappés en cas de condamnation de l'accusé), mais aussi tous ceux qui, de quelque façon, partagent le pain et le vin de l'accusé : entendez les domestiques, les serfs, les colons, les affranchis, les employés, les mercenaires. Aucun de ceux-là ne peut témoigner à décharge de l'accusé. Toutefois, on pourrait faire une exception à cette règle et permettre le témoignage à décharge de la part d'un domestique, à condition qu'il soit corroboré par de nombreux autres témoignages émanant de gens qui n'aient avec l'accusé aucun des liens ci-dessus mentionnés.

38. Deux témoignages dignes de foi suffisent-ils pour condamner, ou en faut-il davantage ?

De droit, les dépositions de deux témoins dignes de foi suffisent à prouver la culpabilité et, par conséquent, à justifier une condamnation. Toutefois, en matière d'hérésie, il est souhaitable que les faits soient établis par un plus grand nombre de témoignages. Quant aux témoignages moins réguliers, ils suffiront pour fournir des présomptions, non des preuves. L'accusé ne pouvant pas savoir par qui il a été dénoncé, il appartient à l'inquisiteur de s'informer sur l'existence éventuelle d'une inimitié mortelle entre délateur et dénoncé et de vérifier les motifs de la dénonciation : il lui appartient en effet de suppléer par sa sollicitude à l'impossibilité de défense de l'accusé.

Deux témoignages créent une conviction, mais cela ne signifie pas qu'ils justifient une condamnation. Selon les crimes, l'inquisiteur imposera une purgation, une abjuration ou la torture : il ne serait pas très prudent en effet de condamner un homme de bonne réputation – voire de mauvaise réputation – sous la foi de deux témoignages uniquement.

XVI. Gui Foucoi a été le premier, que je sache (*Consultationes ad inquisitores haereticae pravitatis,* question 15, c. 18) à poser le principe que deux témoins dignes de foi suffisent à fonder une conviction. Tous les docteurs ont approuvé ensuite ce principe en tous points conforme à la norme vulgaire et commune du droit humain et divin, d'après laquelle *in ore duorum vel trium stat omne verbum*[1]. Les deux témoins doivent être intègres, irréfutables et majeurs. Et si Eymerich semble soudain hésiter et trouver dure cette loi, c'est parce que – et ceux qui l'ont suivi font les mêmes réserves – il sait que, le nom des témoins demeurant secret, l'accusé se trouve dans l'impossibilité quasi absolue de se défendre, et que l'enjeu du procès est l'accusation du crime le plus grave qui soit : le délit de lèse-majesté divine. Il reste toutefois établi que deux témoins suffisent, de plein droit ! Mais il serait somme toute assez prudent de laisser à l'arbitre de l'évêque ou de l'inquisiteur le soin de déterminer, dans chaque cas, si deux témoignages suffisent ou non, en tenant compte de la qualité de l'accusé et de celle des témoins.

39. Des témoignages divergents, seuls, additionnés à une mauvaise renommée peuvent-ils suffire à justifier la condamnation de quelqu'un comme hérétique ?

Non. Ni les témoignages singuliers seuls, ni ceux qui seraient ajoutés à une mauvaise réputation ne suffiraient à fonder une telle condamnation. Car, notamment pour ce type de délit, on ne doit condamner sur de simples présomptions. En revanche,

1. En traduction libre, un double ou triple témoignage est irréfutable.

sur la base de tels témoignages, l'inquisiteur peut obliger l'accusé à la purgation canonique ou à l'abjuration. Il appartient toutefois à l'inquisiteur de décider de la valeur de ce genre de témoignages lorsque, divergeant par certains détails, ils convergent sur l'essentiel.

XVI. Tout n'est pas simple dans cette question. Commençons donc par voir ce que sont les témoignages « singuliers ».

Il y a « singularité » lorsqu'il y a divergence dans le témoignage. Mais la divergence peut être « obstative » (lorsque le témoignage de l'un contredit du tout au tout celui de l'autre ; et, dans ce cas, ils s'annulent réciproquement), « cumulative » (lorsque les témoignages s'additionnent parfaitement : un tel a vu, et un autre a entendu, à propos de la même action), et « diversificative » (lorsque les témoignages coïncident sur l'essentiel et divergent sur les détails). Dans les deux derniers cas, il y a en réalité une accumulation de faits fondamentalement semblables : par conséquent, l'axiome eymericien devrait être corrigé, semble-t-il. Or, Eymerich ne fait que le reprendre à Gui Foucoi. Quelle en est la raison ? Le témoin « singulier » est par définition un témoin isolé, seul. Sa parole vaut celle de l'accusé. Dès lors, comment procéder ? L'accusé qui n'a contre lui qu'un seul témoin – témoin intègre, majeur, digne de foi – ne sera pas condamné, mais torturé ; et s'il n'avoue rien, après avoir été suffisamment torturé, il sera absous.

40. L'inquisiteur peut-il faire torturer des témoins pour obtenir qu'ils déposent véridiquement ou, au contraire, peut-il les punir d'avoir produit un faux témoignage ?

La réponse est affirmative aux deux questions ; bien que je ne trouve rien d'explicite à ce propos dans les instructions aux inquisiteurs, ce sont là des pouvoirs acceptés en droit commun. Ne pas témoigner, tout comme produire un faux témoignage, équivaut à mettre des obstacles à l'exercice de l'inquisition.

XVI. On remarquera que si, pour torturer l'accusé, il faut le consentement de l'évêque et de l'inquisiteur, l'inquisiteur seul – ou l'évêque seul – peut prendre l'initiative de torturer le témoin.

Léon X a concédé, par un bref daté du 14 décembre 1518, à l'Inquisition espagnole le pouvoir de livrer au bras séculier le faux témoin dans le cas d'un faux témoignage particulièrement grave. Des peines très graves, allant jusqu'à l'abandon du témoin au bras séculier, sont prévues aussi pour le témoin dont le faux témoignage aurait pour effet d'innocenter un coupable. Toutefois les fils et les descendants des coupables de faux témoignage ne seront pas frappés d'infamie comme les descendants des condamnés par délit d'hérésie : l'hérésie est toujours plus grave que le faux témoignage.

41. L'inquisiteur est-il tenu de rendre publics les noms des témoins, des délateurs et des accusés ?

Nous devons reconnaître que les souverains pontifes ne sont pas unanimes a ce propos. Les uns ont décrété que ces noms ne sauraient être publiés en aucun cas. D'autres ont prévu des cas dans lesquels ces noms seraient rendus publics. Mais Boniface VIII a statué définitivement à ce propos :

> « Nous ordonnons et statuons – dit Boniface VIII – que si, compte tenu de la puissance des personnes accusées, l'inquisiteur et l'évêque jugent que par la publication des noms des délateurs ou des témoins, ceux-ci peuvent se trouver en grave danger, ils ne publieront pas ces noms. Mais s'il n'y a pas de danger spécial, ces noms seront publiés, comme dans les autres juridictions. »

Toutefois, que l'inquisiteur prenne garde aux multiples sens de la notion de « puissance ». Qu'il tienne compte du danger représenté par la puissance de la famille, par celle de l'argent, ou de la malveillance, et il verra alors que bien rares sont les cas où il pourra rendre publics les noms des délateurs. Et je parle d'expérience ! Il y a bien plus de danger à rendre publics les noms des délateurs d'un pauvre type *(alicui pauperi)* dont les complices et les amis ne sont que des rebelles et des homicides, dont la peau est tout ce qu'ils ont à perdre, qu'à divulguer les noms des délateurs de quelqu'un de généreux, et de riche.

Dans tous les cas, la publication des noms met le délateur et ses proches en danger de mort ou d'actes graves de malveillance (vol, etc.).

XVI. En juridiction inquisitoriale, on ne publie plus aujourd'hui, en aucun cas et nulle part, les noms des témoins ni des délateurs pour les raisons évidentes énumérées par Eymerich. Par cette pratique, l'Inquisition se conforme pleinement à ce qui fut établi par les papes Innocent IV *(Cum negotium fidei)* et Urbain IV *(Praecunctis)*. Les conciles de Béziers et de Narbonne ont, à leur tour, rappelé cette pratique du silence en y ajoutant l'interdiction formelle de révéler les circonstances aussi bien du témoignage que du délit : par les circonstances du témoignage, l'accusé pourrait découvrir, de déduction en déduction, l'identité de son accusateur.

L'Inquisition espagnole interdit, elle aussi, la publication des noms (dispositions de Séville, 1484).

Est-ce là faire fi de ce qui fut établi par le pape Boniface VIII ? Certes non. Boniface VIII prévoyait qu'il y aurait publication des noms dès lors que cela pourrait se faire sans danger pour les délateurs ; or, tout le monde est d'accord aujourd'hui pour considérer que ce danger existe toujours. Pie IV, d'ailleurs, a annulé les dispositions de Boniface VIII *(Cum sicut)* et il a précisé que l'interdiction de publier s'étend aux prénoms, au même titre qu'aux noms.

Il est clair que l'on ne cédera en aucun cas aux prières, aux instances d'un accusé qui voudrait absolument connaître les noms de ses délateurs pour mieux se défendre : si l'accusé faisait appel, et s'il fondait son appel sur cette question particulière, il serait débouté. Une exception à cette règle générale : une fois acquise la culpabilité de l'accusé – et seulement alors –, si l'accusé le demande, il pourra se faire communiquer la teneur des dépositions de ses délateurs, dépositions dont on aura préalablement éliminé toute indication de lieu ou de temps, ainsi que tout nom de personne qui pourrait permettre à l'accusé de découvrir son délateur (dispositions de l'Inquisition espagnole, Séville, 1484). Il apparaît donc clairement qu'en dernière instance l'Inquisition tranche en toute souveraineté sur cette question de la publication et du secret. Les instructions madrilènes de 1561 prévoient que, dans le texte de la déposition qu'on lit à l'accusé, figureront uniquement, comme indications particulières, l'année et le mois de la déposition, le lieu et la date du délit : cela suffit pour donner à l'accusé la possibilité de se défendre. Mais c'est là une indication maximale, non une obligation.

H. Les experts – Les avocats

42. L'inquisiteur peut-il demander l'assistance de certains experts et solliciter leurs lumières ?

Oui. L'inquisiteur peut solliciter les lumières des théologiens, des canonistes et des légistes. L'inquisiteur et l'évêque leur soumettront l'intégralité des pièces du dossier, et ils auront communication des noms des témoins, des délateurs, de l'accusé. Toutefois, l'évêque et l'inquisiteur peuvent, s'ils le jugent utile, les consulter de façon non officielle et ne pas leur révéler les noms des témoins, tout en leur rappelant qu'ils seraient excommuniés s'ils violaient la loi du secret. L'inquisiteur et l'évêque sont tenus, eux, aussi, de respecter cette loi du secret qu'ils imposent aux autres.

I. Constitutions et statuts inquisitoriaux

43. En matière d'Inquisition, des constitutions apostoliques plus modernes infirment-elles des privilèges, des induits, des constitutions ou dispositions apostoliques plus anciennes ?

Non. Sauf, bien entendu, sur les points expressément amendés dans les constitutions plus modernes.

44. *L'inquisiteur, avec l'évêque, a-t-il le pouvoir d'interpréter les dispositions pontificales contre les hérétiques et assimilés, lorsque les textes offrent quelque ambiguïté ? Dans l'affirmative, l'inquisiteur a-t-il le pouvoir d'interpréter lui seul, sans le concours de l'évêque ?*

Oui. Ce sont nos seigneurs les papes Innocent IV et Alexandre IV qui ont donné aux évêques et aux inquisiteurs ce pouvoir d'interprétation. Alexandre IV confère par ailleurs à l'inquisiteur le pouvoir d'interpréter seul.

XVI. Je ne vois pas sur quel texte pontifical s'appuie Eymerich pour proclamer ce pouvoir d'interprétation concédé à l'inquisiteur seul : et il me semble absolument plus sage de réserver ce pouvoir à l'inquisiteur et à l'évêque, ensemble.

J. Les suspects – Les diffamés

45. *Les suspects d'hérésie sont-ils tenus d'abjurer ?*

Dans tous les cas.

46. *Doit-on infliger à tout diffamé d'hérésie une purgation canonique ?*

Oui, sans exception.

K. Les hérétiques pénitents

47. *L'inquisiteur peut-il libérer sous caution un hérétique ?*

Certainement pas. Celui qui a été arrêté par hérésie, ou bien il avoue les faits, ou bien il ne les avoue pas. S'il avoue, mais ne se considère pas coupable, il est impénitent et, comme tel, il doit être abandonné au bras séculier pour être exécuté. S'il s'avoue coupable, c'est un hérétique pénitent et, comme tel, il est condamné à la prison perpétuelle : on ne peut donc le libérer sous caution. S'il n'avoue pas, il doit être livré au bras séculier comme impénitent pour être exécuté.

XVI. Les raisons d'Eymerich sont parfaitement pertinentes. Mais si l'on veut sauvegarder quand même le principe de la possibilité de libérer sous caution un hérétique impénitent, il faudra tenir compte de certaines règles :

a) On ne libérera pas sous caution le pénitent qui a été condamné à des peines corporelles, car il devrait alors se les infliger lui-même, ce qui est absurde, si l'on se souvient du principe général proclamant que nul n'est maître de ses propres membres.

b) On ne libère sous caution que contre paiement d'une certaine somme d'argent (et cela, que la sentence ait prévu ou non de pénalisation monétaire, outre la condamnation à vie).

c) Conséquence directe de la règle précédente, seront exclus de toute possibilité de libération sous caution les serfs et autres vilains qui, par définition, ne pourraient rien verser.

On pourrait conclure que, si l'on entend par caution une somme d'argent dont l'inquisiteur détermine l'importance, devraient pouvoir bénéficier de la liberté sous caution tous les pénitents – à l'exclusion des serfs et des vilains – qui n'auraient pas été condamnés par ailleurs à des peines corporelles. Mais serait-ce là une pratique conforme à l'Inquisition ? J'en doute. Et par ailleurs, serait-il juste de laisser moisir en prison les pénitents pauvres, et eux seuls, sous prétexte de leur incapacité à verser une caution ?

À l'opposé, bien des inquisiteurs ayant affaire à des pénitents illustres ne les mettent même pas en prison, mais les assignent à résidence dans une maison, voire un château. Dans d'autres cas, on interdit au pénitent de s'éloigner de la ville et de ses faubourgs.

48. Un condamné à perpétuité peut-il bénéficier d'une commutation de peine ?

Oui. L'inquisiteur et l'évêque, ensemble, ont le pouvoir de transformer en peine temporelle la prison à vie.

XVI. En Espagne, les inquisiteurs sont tenus d'en référer au Sénat inquisitorial.

49. L'inquisiteur et l'évêque peuvent-ils considérer comme impénitent et relaps le condamné à une peine de prison et à certaines pénitences, qui ne se soumettrait pas aux pénitences ou qui s'évaderait de la prison ? Dans l'affirmative, peuvent-ils « procéder » contre lui ?

Oui, ils le peuvent, car de toute évidence il leur appartient de contrôler si le condamné satisfait à tous les éléments de la sentence. Ils ont le pouvoir d'alléger les peines, ils ont aussi celui de les alourdir. L'évasion équivalant à l'impénitence, tout aussi bien que la non-satisfaction d'une partie de la sentence, les prisonniers qui se rendraient coupables de l'un ou l'autre de ces délits seraient condamnés comme impénitents.

L. Les impénitents – Les relaps

50. Les hérétiques impénitents doivent-ils être livrés au bras séculier par l'évêque et l'inquisiteur aussitôt après leur arrestation ?

Oui, à moins que l'impénitent ou le relaps, aussitôt après son arrestation, n'implore le pardon de son évêque et n'accepte d'abjurer publiquement et de faire la pénitence qui lui sera imposée. Si l'arrêté est un prêtre, il sera préalablement dégradé et dépouillé de toute dignité et de tout bénéfice ecclésiastique. Toutefois, en droit, le terme « aussitôt » ne doit pas être pris dans son sens strictement grammatical : on peut retenir en prison l'hérétique impénitent pendant des jours, voire des mois, afin de le solliciter, de le conjurer de se repentir et de revenir au sein de l'Église.

51. L'hérétique pénitent et relaps doit-il être livré au bras séculier pour subir le dernier supplice ?

Oui, et cela, sans qu'il puisse bénéficier d'un nouveau procès.

XVI. L'Église ne pardonne pas au pénitent relaps pour une raison très claire : retomber c'est avouer qu'on ne s'était pas, auparavant, sincèrement converti. Le crime réitéré *(geminatus actus pravus)* est particulièrement grave, disent les juristes ; il est donc tout à fait juste que l'Église considère les relaps comme inutiles, toujours infectés d'hérésie et, comme tels, dignes d'être définitivement chassés et livrés au bras séculier.

Que faire du relaps qui, repentant, se livrerait spontanément ? C'est une question qui a déjà été examinée plus haut.

52. Peut-on administrer les sacrements au relaps qui les solliciterait humblement avant d'être livré au bras séculier ?

On ne peut pas lui refuser la pénitence et l'eucharistie.

XVI. Saint Thomas – et tous les théologiens avec lui – précise qu'on ne doit administrer en aucun cas le sacrement de l'Extrême-Onction au condamné[1].

1. Saint Thomas et tous les théologiens avec lui ne manquent pas d'humour : le sacrement de l'extrême-onction a des effets somatiquement thérapeutiques, si on ose s'exprimer ainsi (Épître de saint Jacques, 5, 14-15) : « Quelqu'un parmi vous est-il malade ? Qu'il appelle les presbytes de l'Église et qu'ils prient sur lui après l'avoir oint d'huile au nom du Seigneur. La prière de la foi sauvera le patient et le Seigneur le relèvera. » Premièrement, le relaps se porte bien, il n'a même pas été torturé : dès lors, à quoi bon l'oindre ? Deuxièmement, supposons qu'on lui donne l'extrême-onction et que, aussi sec, « le Seigneur le relève » : il faudra poursuivre le Seigneur pour avoir mis des entraves à l'exercice du Saint-Office de l'Inquisition. Et nous savons désormais où cela le mènerait…

M. Amendes et condamnation aux dépens

53. Outre les peines ordinaires, l'inquisiteur peut-il imposer des peines pécuniaires ?

Oui, à condition qu'elles soient destinées à couvrir les frais de la Sainte Inquisition ou à quelque autre cause pieuse. L'inquisiteur peut imposer aussi des pèlerinages, des prières, des aumônes.

La bulle *Nolentes* excommunie l'inquisiteur qui, sous couvert de l'intérêt de l'Inquisition, extorquerait des biens ; mais elle ne défend pas l'application des peines monétaires au bénéfice de l'Inquisition.

Avec Gui Foucoi, je propose que les sommes ainsi recueillies aillent directement à l'inquisiteur et ne tombent point dans le pouvoir des évêques au poing serré et à la bourse constipée *(praclatorum tenaces manus et marsupia constipata).*

XVI. Ces sommes seront appliquées à l'édification d'églises, en aumônes aux pauvres, à doter de pauvres vierges en danger de se prostituer pour échapper à la misère, et surtout à l'office de l'Inquisition, car il n'y a pas de cause plus noble et d'institution plus utile à l'État que celle de l'Inquisition. L'inquisiteur doit disposer de beaucoup d'argent, car il lui faut dépenser beaucoup en opérations policières et en maintien de prisonniers. Les contraventions seront perçues de ceux qui, pénitents, reviennent au sein de l'Église, et pas des impénitents ou des relaps, car les biens de ceux-là sont confisqués. Les inquisiteurs condamneront aussi à verser des sommes d'argent ceux qui s'expriment comme des hérétiques, que ce soit dans le jeu ou dans des excès de colère, ou par vantardise idiote ou par pure ignorance, car on ne peut pas les laisser totalement impunis. On exigera aussi des sommes d'argent des pénitents particulièrement avares, car on les aura ainsi par ce qu'ils aiment le plus.

Il n'est pas sûr que les clercs pénitents puissent être condamnés à payer une amende, de peur de diminuer ainsi le patrimoine de l'Église.

C'est Alexandre IV qui, dans son monitum *Super extirpatione,* a donné aux inquisiteurs le pouvoir de récolter ainsi de l'argent. Les inquisiteurs modéreront leur ardeur dans l'application de ce type de peine, car rien ne leur serait plus néfaste que l'accusation publique d'avarice et de cupidité.

54. L'inquisiteur peut-il condamner aux frais du tribunal celui qu'il vient de juger ?

De toute évidence, toutes les fois que son propre salaire ne lui permet pas de couvrir les frais de justice, c'est-à-dire toujours. Personne, en effet, n'est tenu de « militer » à ses frais *(nemo cogitur suis stipendiis militare).* Les inquisiteurs ne sont-ils pas des juges délégués ? Rappelons ce qu'écrit Raymond de Penyafort à ce propos :

> « Les juges doivent-ils recevoir quelque chose des parties ? je réponds que les juges ordinaires – les évêques – n'ont rien à demander aux parties ; à eux de solliciter les rentes nécessaires à leur dignité et à l'exercice de leur fonction. Les évêques donc, en leur qualité de juges ordinaires, subviendront eux-mêmes aux frais de leur propre tribunal. Toutefois le juge (délégué ou non) doit pouvoir accepter le versement de quelques honoraires, s'ils lui sont spontanément offerts par d'autres que les deux parties. Honoraires de quel montant ? Difficile à déterminer. Ne rien accepter c'est inhumain. Trop accepter, c'est méprisable. Tout prendre, c'est de l'avarice. Le juge délégué exigera le remboursement de ses frais, surtout s'il est pauvre et s'il a à se déplacer pour instruire le procès. »

XVI. La condamnation aux dépens doit être comprise dans un sens large. Ainsi, il appartient à l'accusé de couvrir, outre les frais du tribunal proprement dit, les frais d'escorte et de gardiennage – s'il a fallu le conduire sous garde de son lieu de capture à la prison –, les frais de sa propre subsistance en prison, etc. L'Inquisition espagnole a disposé (Madrid, 1561) que l'on prélève à ces effets, des biens séquestrés de l'accusé, une quantité d'or suffisante pour subvenir à tous ces frais d'arrestation et de prison ; si l'accusé ne dispose pas de la quantité d'or nécessaire, l'Inquisition vend une partie de ses biens jusqu'a concurrence de la quantité nécessaire. Je ne connais pas d'autres inquisitions, en dehors de l'espagnole, qui aient édicté de si sages dispositions, et c'est bien dommage.

Mais le salaire proprement dit, qui doit le verser à l'inquisiteur ?

Les inquisiteurs espagnols sont payés par le Trésor public. En Italie et ailleurs, où les inquisiteurs sont plus pauvres, le trésor public devrait y pourvoir aussi. Ne paye-t-on pas les grammairiens et les médecins, les professeurs et ceux qui exercent les arts libéraux ? Et les États ne payent pas les inquisiteurs, qui les servent bien mieux que tous ces autres ! L'Égypte idolâtre payait des deniers publics les prêtres idolâtres ; et les républiques chrétiennes ne veulent payer les censeurs de la foi, par qui se maintient intacte la religion, et sans corruption la foi !

Si l'État ne subvient pas aux besoins de l'Inquisition, il appartiendra à l'évêque de le faire.

Il est aussi question ici des « honoraires » qu'accepterait l'inquisiteur. Bien que le droit canon n'interdise pas aux juges délégués d'accepter des honoraires, voire des vivres, il serait très sage que les inquisiteurs n'acceptassent quoi que ce fût ni des accusés – ce qui serait très suspect ! – ni de leurs consanguins, ni de leurs amis. Qu'ils suivent l'exemple de Caton, dont on sait – si l'on en croit Isidore de Séville (*Étymologies*, 20, 3) – qu'il n'acceptait de cadeaux ni d'offrandes de personne lorsqu'il était envoyé dans les provinces. L'Inquisition espagnole prévoit, elle, l'excommunication pour tout ministre de l'Inquisition qui accepterait des honoraires ou des offrandes, et pour toute personne qui, ayant connaissance de la transgression de quelqu'un à cette règle, n'en avertirait pas les autorités inquisitoriales (Instructions inquisitoriales, 1484). Ce sont là des dispositions d'une grande sagesse, en tous points conformes à ce que dit le livre de l'Exode (c. 23) : « Les cadeaux aveuglent les prudents et égarent les justes. »

55. L'inquisiteur doit-il rendre compte à l'évêque de la condamnation d'un coupable aux dépens ?

Non, Benoît XI dispense les inquisiteurs de rendre des comptes à d'autres qu'au Saint-Siège.

XVI. L'autorité de l'inquisiteur étant, dans son propre domaine, supérieure à celle de l'évêque, il serait absurde, en effet, que le juge délégué eût à rendre des comptes à l'ordinaire.

56. L'évêque peut-il condamner aux dépens, comme l'inquisiteur, ou bien peut-il se réserver une partie des biens échus à l'Inquisition ?

Non. Benoît XI le lui interdit expressément.

57. D'où l'inquisiteur doit-il tirer l'argent nécessaire à ses propres frais et aux salaires des notaires et des autres officiels de l'Inquisition ?

Odieuse question, et pourtant question de tout premier intérêt pour le bien de l'Église et de la foi. Odieuse question sur laquelle se sont penchés Urbain V et Grégoire XI, qu'un consistoire a longuement et diversement étudié. Odieuse question qui n'a pas encore reçu de réponse unanime.

Certains pensent qu'il appartient à l'évêque de pourvoir à tous les frais de l'inquisiteur. Les tenants de cette opinion allèguent qu'il appartient aux évêques de semer la foi et d'extirper l'hérésie de leurs diocèses : à eux de préserver leur église, leur peuple de l'erreur, à eux donc de subvenir aux besoins de l'Inquisition. Telle semble avoir été l'opinion de Benoît XI et d'Urbain V, opinion à laquelle, en parole au moins, tout le monde se réfère. Mais lorsqu'il s'agit d'appliquer ce principe, rares sont ceux dont les actes s'y conforment !

D'autres considèrent qu'il appartient aux seigneurs temporels de subvenir aux besoins de l'inquisiteur. Les seigneurs ne profitent-ils pas de la confiscation des biens des hérétiques que les inquisiteurs condamnent ? Il est donc juste que les inconvénients soient acceptés par ceux-là mêmes qui profitent des avantages. Tel est leur raisonnement. C'était une position défendable lorsque les hérétiques étaient légion. Mais aujourd'hui l'hérésie a été arrachée de partout, de telle sorte qu'il reste peu d'hérétiques endurcis, que les relaps se font rares, et rarissimes les relaps riches (les béguins, les fraticelli, les vaudois ne sont pas bien fortunés !). Le résultat est qu'aujourd'hui les seigneurs temporels ne tirent plus grande chose des confiscations et, par conséquent, ils ne veulent plus subvenir aux frais de l'Inquisition.

D'autres enfin pensent que les inquisiteurs doivent tirer leur subsistance des condamnations qu'ils proclament eux-mêmes. Ce serait juste, sans aucun doute, mais une telle pratique serait préjudiciable au Saint-Office : il faut donc l'écarter au profit d'autres solutions.

D'autres encore ont proposé d'autres solutions, peut-être meilleures, mais difficilement réalisables, de sorte qu'elles ont été abandonnées.

Concluons en constatant que l'on s'occupe très mal de cette question des salaires et des frais de l'inquisiteur, qui est pourtant capitale pour l'Église de Dieu.

XVI. Question capitale en effet celle que soulève ici Eymerich. Il s'agit en effet de protéger, de favoriser la cause la plus noble, la plus grande, la plus pieuse : il s'agit de la protection, de la consolidation et de l'implantation sur tout l'univers de cette institution de droit divin qu'est le Saint-Office de l'Inquisition. Combien de cités d'Europe ne se trouveraient-elles pas aujourd'hui misérablement jetées dans le trouble si leurs magistrats n'avaient, dans le passé, prêté main forte à l'Inquisition pour combattre l'hérésie et l'étouffer ? Faut-il un témoignage plus clair que celui-ci pour convaincre quiconque d'étouffer l'hérésie dès qu'elle se manifeste, l'arracher dès qu'elle s'installe ! C'est là, au premier chef, la tâche de l'inquisiteur, et il est parfaitement normal qu'Eymerich s'interroge ici sur les moyens dont les inquisiteurs disposent pour accomplir leur mission.

À ce propos, la doctrine pontificale disposant que les évêques aient à subvenir aux besoins des inquisiteurs, me semble particulièrement claire. Au point que, à mon avis, les évêques qui ne la respectent pas commettent un péché grave.

Je ne vois pas, en revanche, quels sont ces docteurs qui soutiennent qu'il appartient aux seigneurs temporels de subvenir aux besoins de l'inquisiteur. Je constate toutefois que l'auteur du *Repertorium* la fait sienne puisqu'il retranscrit, au mot « salaire », toute cette partie du *Manuel* d'Eymerich. C'est une opinion en tous points conforme à la vérité et cela, indépendamment de ce que les princes peuvent ou ne peuvent pas tirer des confiscations. Il s'agit de la sauvegarde de la foi, et, comme l'écrit élégamment Adrien VI au duc Frédéric de Saxe à propos de Luther, la première obligation du prince est celle de promouvoir la foi et de la défendre, car rien ne garantit mieux l'intégrité et la continuité des royaumes qu'une foi bien défendue, et la religion bien établie. Nicolas Ier, dans sa lettre à l'empereur Michel, disait aussi que la dégradation de la foi et l'extension de l'hérésie entraînaient avec elles la ruine des nations.

Mais, à mon tour de proposer à ce problème une solution qui me paraîtrait très viable : il suffirait de réserver à l'Inquisition, dans toutes les villes où elle existe, une fondation, un bénéfice (un canonicat honoraire, par exemple) ou plusieurs, dont les rentes et usufruits reviendraient à l'inquisiteur, qui les administrerait pour son propre soutien et pour celui de son tribunal. On pourrait aussi prélever sur tel ou tel bénéfice ou fondation des rentes annuelles que l'on destinerait à cette même fin. Il me semble que cela devrait être facile, mais d'autres peuvent avoir d'autres idées : je souhaite qu'ils les expriment.

N. La confiscation

58. L'inquisiteur et l'évêque doivent-ils considérer confisqués ipso facto *les biens des laïques hérétiques pénitents et non relaps ?*

Cela dépend. Ceux qui se repentent avant la sentence par laquelle ils auraient été livrés au bras séculier gardent leurs biens. On confisque en revanche, *ipso iure*, les biens de ceux qui ne se repentent qu'après la sentence de condamnation. Les biens de ces derniers deviennent la propriété des autorités civiles, à moins que, par générosité, celles-ci ne les leur rendent.

Dans les pays sur lesquels l'Église détient aussi l'autorité temporelle, on rend publique la qualité des biens[1] ainsi saisis, afin que par aucun moyen ils ne puissent redevenir la propriété du condamné. Dans les autres pays, les autorités civiles sont sommées par l'inquisiteur de procéder de même, sous peine de censure ecclésiastique. Les biens confisqués ne sauraient redevenir propriété du condamné (sauf si, le condamné se repentant sincèrement, il éveillait la commisération) : il faut bien que la peine temporelle réussisse là où la discipline ecclésiastique aurait échoué.

Celui qui se repent avant d'être livré comme impénitent au bras séculier garde la vie sauve, on le sait, par pure miséricorde. Par pure miséricorde il garde aussi ses biens. Celui-là abjure, en effet, et, partant, ne voit pas ses biens attribués au fisc.

Mais c'est là une question difficile, dont l'étude appartient aux seigneurs temporels davantage qu'aux inquisiteurs, car ce sont les seigneurs qui confisquent, non l'Inquisition. Il m'a semblé utile, malgré tout, de l'examiner rapidement.

XVI. Avant l'inquisition *delegata,* la sentence de confiscation était prononcée par les autorités ecclésiastiques là où elles déte-

1. Entendez : on vend aux enchères, le confisqué ne pouvant, bien entendu, faire la moindre offre de rachat.

naient aussi le pouvoir temporel ; ailleurs, par les autorités civiles. Mais à présent, c'est toujours l'autorité inquisitoriale qui prononce cette sentence, ce qui est conforme au droit : l'autorité inquisitoriale juge, à elle de prononcer la sentence.

Il est aisé de tirer quatre conclusions de toute cette partie :

a) L'hérétique non relaps et pénitent garde ses biens.

b) L'hérétique qui se repent après la sentence d'abandon au bras séculier perd ses biens. Serait-il admis au repentir qu'il ne les récupererait pas, sauf dispositions contraires de l'autorité temporelle.

c) L'hérétique qui se repent avant la sentence d'abandon au bras séculier garde ses biens.

d) Les biens des hérétiques laïques appartiennent à l'autorité temporelle.

Il nous faut examiner de plus près ces conclusions, à la lumière des discussions des docteurs sur ce problème de la confiscation.

Disons tout de suite, à propos des trois premières conclusions : que l'hérétique se repente ou non, qu'il le fasse avant la sentence ou après, *ipso facto vel ipso iure,* il perd ses biens. Ainsi en décide le droit moderne. Sur cette question, le droit ancien sur lequel s'appuie Eymerich est périmé ; et, à ce propos, il n'y a pas lieu de considérer si l'hérétique est demeuré peu de temps ou longtemps dans l'erreur. Je suis tout à fait en désaccord avec Eymerich lorsqu'il prétend qu'il faut rendre ses biens à l'hérétique qui se repent après avoir été livré au bras séculier. Quoi ! Un tel homme, coupable d'une telle infamie, bénéficierait-il d'une double grâce , la vie sauve et la possession de ses biens ? Cet hérétique est indigne de tant de bonté[1] !

---

1. Faut-il préciser que c'est là, à propos de cette question vitale de la confiscation, le seul lieu où l'édition romaine ne parle pas de « désuétude », mais bel et bien de droit ancien « périmé » au bénéfice du droit moderne ? Le lecteur aura remarqué par ailleurs au fil des pages une fluctuation certaine du droit inquisitorial, non pas dans la pratique de l'amende et de la confiscation, mais dans la justification de cette pratique.

Il y a lieu de soulever encore une autre question : l'hérétique non dénoncé et non convoqué est-il tenu, en conscience et sous peine de péché mortel, d'offrir ses biens au fisc *(bona sua omnia offerre fisco)* ? Bien des docteurs pensent que l'hérétique est ainsi obligé en conscience, dans son for intérieur. Mais l'avis contraire de ceux qui font valoir que nul n'est obligé de se châtier lui-même semble plus vraisemblable, sans compter que, si cette obligation particulière était reconnue en droit ou en théologie, elle s'opposerait au droit naturel d'après lequel nul ne peut être en même temps juge et partie.

Mais revenons à l'essentiel (la confiscation elle-même) et voyons ce que prévoit le code à cet effet. Il était prévu dans les anciens temps que les biens dont l'hérétique était dépossédé devenaient propriété de ses fils ou des familiers les plus proches en ligne droite s'ils étaient catholiques. En l'absence de descendants directs ou de collatéraux proches, les biens devenaient propriété du fisc. Mais bien des siècles après, les lois stipulées par l'empereur Frédéric Ier en 1220 détermineraient que « tous les hérétiques de l'un et de l'autre sexe étaient frappés d'infamie et dépouillés de leurs biens qui ne sauraient jamais leur revenir et dont en aucun cas les descendants ne bénéficieraient », car c'est une faute bien plus grave d'offenser la majesté divine que la majesté souveraine. Et ceci est en tous points conforme au droit civil. Mais on rétorquera que le crime d'hérésie est de nature purement ecclésiastique ? On rappellera qu'il a été établi que les lois ecclésiastiques édictées à son propos sont à jamais et partout sauvegardées. La confiscation des biens figure parmi les peines établies par la loi ecclésiastique : chacun est donc tenu de l'appliquer sous peine d'être accusé de désobéissance à la Très Sainte Église romaine.

Voici les dispositions papales en matière de biens confisqués.

Innocent III décrète, en 1199 et en 1200, la confiscation des biens des hérétiques – conformément à ce que prévoyaient déjà les lois civiles – au bénéfice du fisc ecclésiastique dans les terres de l'Église, au bénéfice du fisc civil dans les terres de l'Empire :

il précise qu'il en sera ainsi nonobstant la présence de descendants catholiques des confisqués. Ces dispositions furent reprises en 1225 par le concile de Latran sous le pontificat du même Innocent III.

Dans la constitution *Ad extirpandam* de l'année 1252, Innocent IV confirme les dispositions précédemment citées en matière de confiscation, et « ordonne » que les biens ainsi confisqués soient attribués en parties égales : *a)* à la ville dans laquelle a eu lieu la condamnation, *b)* à l'Inquisition du lieu, et *c)* à un dépôt commun à l'inquisiteur et à l'évêque pour le fonctionnement du tribunal inquisitorial.

Alexandre IV reprit à son tour, dans sa constitution *Ad extirpandam* promulguée en 1259, les dispositions de son prédécesseur Innocent IV. Mais en 1260, dans sa constitution *Discretioni vestrae,* Alexandre IV autorisait les frères de saint François de la province romaine à mettre en vente les biens confisqués et à en réserver le bénéfice à l'Église romaine.

Clément IV, successeur d'Alexandre IV, reprit les dispositions d'Innocent IV et d'Alexandre IV: division des biens confisqués en trois parties, etc.

Boniface VIII, en 1295 *(Cum secundum leges),* déclara que les biens des hérétiques condamnés étaient de plein droit confisqués ; il interdit aux seigneurs temporels d'en prendre possession avant que les juges ecclésiastiques n'eussent prononcé leur sentence.

Clément V, dans sa constitution de 1306, pendant le concile de Vienne, « ordonne » que l'on prenne garde de ne pas verser au fisc des biens de l'Église sous prétexte de confiscation des biens d'un clerc hérétique.

Voilà donc les textes les plus remarquables à ce propos. Ils sont clairs et on ne voit pas pour quel motif ils devraient pouvoir être violés.

Mais à quoi bon ce tiers pour le fisc civil ? Ce n'est que justice, lorsque les autorités civiles collaborent à l'extirpation de l'hérésie et au maintien du tribunal : le tiers peut donc lui revenir, et davantage encore, si le pape le disposait ou s'il le tolérait seulement. Prenons l'Espagne : les biens des hérétiques y deviennent propriété du fisc, et c'est justice. Car non seulement notre roi très catholique est allé jusqu'à constituer au sein de la curie royale un Sénat formé d'hommes d'un immense savoir qui étudient toutes les causes touchant l'hérésie pour tout le pays, mais il subvient encore, et avec quelle générosité, aux besoins de tous les inquisiteurs délégués et de leurs collaborateurs. Il est donc juste qu'il ait une part des biens confisqués aux hérétiques.

En revanche, je ne vois pas pourquoi il faudrait verser un tiers des biens confisqués aux autorités civiles, si celles-ci négligeaient complètement de subvenir aux besoins de l'Inquisition. Et c'est ce qui arrive de, nos jours presque partout. Il est équitable et conforme au droit naturel que ne perçoive aucun bénéfice d'une sentence celui qui n'a, peu ou prou, participé à la poursuite. Et dans ce cas, c'est intégralement au bénéfice de l'Inquisition que les biens confisqués doivent être versés. C'est là mon opinion. Mais je conviens aussi que ces biens confisqués pourraient être destinés à d'autres bonnes causes, à l'exemple des rois Ferdinand et Isabelle qui destinèrent au financement de la guerre contre les maures de Grenade la plupart des biens confisqués aux hérétiques, ou du pape lui-même qui autorisa les franciscains de la province romaine à vendre les biens confisqués au bénéfice de la Fabrique de l'Église romaine. En fin de compte, il appartient au pape – qu'il réclame ou non ce droit – de disposer comme bon lui plaît de la moitié des biens confisqués au bénéfice de la Chambre apostolique. Rappelons que le pape a en outre le pouvoir non seulement de punir les simples laïques coupables d'hérésie, mais aussi celui de déposséder les princes.

Enfin, c'est à son propre bénéfice que l'évêque confisquera les biens des hérétiques là où il n'y a pas encore de tribunal inquisitorial, quitte pour lui à les reverser au fisc de la Curie romaine.

59. *En cas de confiscation, doit-on faire une exception pour la dot de l'épouse catholique de l'hérétique condamné ?*

Le pape Innocent IV a établi que la dot de l'épouse ne doit pas être confisquée. À moins, je crois, que l'épouse n'ait su, avant même le mariage, que son mari était hérétique.

60. *Les biens des clercs hérétiques impénitents ou relaps abandonnés au bras séculier sont-ils* ipso facto *confisqués au bénéfice de l'Église ou de l'évêque ?*

Certes ! Ceux-là sont confisqués au bénéfice de la curie dont ils étaient prébendés.

XVI. Sont confisqués aussi les biens qu'ils auraient obtenus soit d'un bénéfice, soit d'éventuelles charges paroissiales, soit de l'exercice d'un métier.

O. Non-habilités

61. *L'inquisiteur, d'accord avec l'évêque ou avec son vicaire, a-t-il le pouvoir de déposséder – ou de proclamer dépossédés – les hérétiques, leurs fidèles, ceux qui les hébergent ou les favorisent, leurs enfants et petits-enfants, de toutes dignités, honneurs, bénéfices ecclésiatiques et de toutes fonctions publiques ?*

Oui, conformément à ce qui a été établi et corroboré par l'autorité pontificale. Il est clair néanmoins que cette dépossession vise les seuls hérétiques impénitents, et non les pénitents.

62. *Les fidèles, les défenseurs des hérétiques et leurs descendants jusqu'à la deuxième génération doivent-ils être dépossédés de tout bénéfice ecclésiastique et de toute fonction publique par l'inquisiteur et l'évêque ou en sont-ils dépossédés* ipso facto *?*

Ils le sont *ipso facto,* conformément à ce qui a été établi par le pape Alexandre IV.

XVI. Nombreux sont ceux qui considèrent injuste la punition des fils pour les délits des pères. Ils oublient que la peine de dépossession des fils peut retenir plus d'un père de tomber dans l'hérésie : l'amour paternel est si beau, si noble, que les parents craignent souvent davantage pour leurs enfants que pour eux-mêmes.

Mais une autre question – et pas des moindres – se pose ici : de quels fils s'agit-il ? Quels enfants sont *ipso facto* bannis à jamais de tout office ou bénéfice ? Car il y a les enfants légitimes et les naturels, il y a les bâtards, les adultérins, les incestueux. Je répondrai d'un mot : les illégitimes, de quelque espèce qu'ils soient, sont inaptes, comme les autres. À ce propos, tous les juristes sont unanimes, et la raison en est claire : si le contraire était vrai, il vaudrait mieux être fils illégitime que légitime, ce qui est absurde. Il y a lieu de s'interroger, en revanche, sur un autre aspect du problème : l'inhabilité frapperait-elle tous les fils, quels qu'ils soient, de l'hérétique, ou seulement ceux qu'il aurait conçus après le délit d'hérésie ? Les docteurs ont prétendu que les enfants conçus avant le délit du père échapperaient à l'inhabilité, mais la plupart pensent que tous les descendants sont inaptes. Cette dernière opinion me semble plus sûre, plus raisonnable, plus conforme aux considérations évoquées a l'instant sur l'amour paternel et le rôle de ce sentiment pour maintenir les parents dans la vérité catholique. Les parents aiment d'un amour égal tous leurs enfants, il est donc juste que leur péché ait sur tous leurs enfants les mêmes conséquences.

63. L'inhabilité se transmet-elle par ligne paternelle seulement, ou par ligne paternelle et maternelle ?

Elle se transmet jusqu'aux enfants par ligne paternelle et maternelle, jusqu'aux petits-enfants par ligne paternelle seulement, conformément à ce qui fut établi par les papes Alexandre IV et Urbain IV.

64. Les sujets sont-ils déliés de toute obligation de fidélité envers un seigneur qui serait manifestement tombé dans l'hérésie ?

Sans aucun doute. Il est écrit en effet : « Sont libérés de tout devoir de fidélité, de toute dépendance, ceux dont le seigneur est manifestement tombé dans l'hérésie. »

XVI. L'hérétique étant *ipso facto* déchu de tous ses droits, il va de soi qu'il n'a plus aucun moyen de contraindre juridiquement ses subordonnés, ses sujets ou ses féaux. Mais il nous faut examiner de plus près les principales conséquences de cette rupture du lien de fidélité ;

a) Il n'y a pas lieu de restituer ce que l'hérétique aurait prêté, les biens de l'hérétique appartenant, par définition, au fisc.

b) La femme catholique n'est plus tenue de rendre son dû à son conjoint hérétique, et réciproquement, car, par le fait de l'hérésie du mari, la femme est libérée de cette servitude, et réciproquement. Toutefois, les deux conjoints n'ont pas le droit de copuler avec d'autres, car le lien du mariage n'est pas rompu.

c) Les gardiens des armées, ou des châteaux, ou des villages, ou des cités ne sont pas tenus de les restituer au seigneur hérétique, ni de les garder en son nom.

d) Le vassal, même astreint par serment religieux au vasselage, est libéré du serment *ipso facto* par l'hérésie du seigneur.

e) Les serfs, les affranchis et les serviteurs sont aussi *ipso facto* libérés de tout lien et de toute obligation envers le seigneur hérétique. Certains docteurs opinent que les serfs ne sont pas pour autant affranchis, mais qu'ils deviennent la propriété du fisc au même titre que les autres biens de l'hérétique. Quant à moi, je nuancerai un peu cette question : si les serfs sont chrétiens, je les considérerais comme affranchis par l'hérésie de leur maître, conformément aux « instructions » sévillanes de 1483, chapitre 24, où l'on peut lire :

« Le roi et la reine, faisant acte d'humanité et de clémence, décidèrent d'affranchir tous les serfs des hérétiques qui s'avéraient être chrétiens. Les autres, les non-catholiques, devinrent tout naturellement la propriété du fisc. »

Le seigneur hérétique et pénitent dont on aurait confisqué les biens et affranchi les serfs catholiques ne récupérerait pas ces derniers si, par miséricorde, il reprenait possession de ses biens, car l'affranchi ne peut en aucun cas retomber dans la servitude. Et qu'adviendrait-il des serfs catéchumènes d'un seigneur coupable d'hérésie ? À mon avis ils devraient être affranchis, car les catéchumènes sont déjà membres du corps du Christ par leur dévotion et leur attachement à l'Église. Il reste à examiner le cas des serfs infidèles qui dénonceraient l'hérésie de leurs maîtres : ceux-là deviendraient-ils propriété du fisc ou seraient-ils affranchis, en hommage à leur délation ? Si leur mobile, en dénonçant leur maître, était louable, ils devraient être libérés, d'autant plus que. l'affranchissement les prédisposerait singulièrement à la conversion à la foi catholique.

Rappelons, pour terminer, que l'hérétique repenti et, par conséquent, admis de nouveau au sein de l'Église, ne récupère pas pour autant aucun des droits, fonctions, biens, etc., qu'il avait perdu *ipso iure* du fait de sa condamnation.

65. L'inquisiteur peut-il contraindre les héritiers d'un hérétique défunt ou d'un protecteur ou d'un défenseur de l'hérésie à supporter les peines et les pénitences que le défunt aurait dû supporter du fait de son crime ?

Cela dépend. Si l'accusé meurt avant que l'inquisiteur n'ait pu lui imposer de pénitence, l'inquisiteur ne peut pas en imposer une aux héritiers de l'accusé.

S'il s'agit d'une pénitence infligée mais non accomplie et concernant la personne de l'accusé défunt (prières, jeûnes, pèlerinage, etc.), les héritiers n'ont pas à la subir.

Si la pénitence ne concernait pas directement la personne, mais devait être accomplie en biens matériels (par exemple construction d'un hôpital), les héritiers sont contraints de l'exécuter.

Si les biens de l'accusé, mort après sentence mais avant l'accomplissement de sa pénitence, ont été confisqués, ils le demeurent, et ses héritiers, astreints à l'accomplissement de la peine, n'en sont pas moins exclus du bénéfice de la succession. Tout cela, conformément aux dispositions des papes Urbain IV et Alexandre IV.

66. *On a accusé le défunt un, tel d'avoir sollicité, à l'article de la mort, le « consolament » ou l'imposition des mains des hérétiques. Les fils et les héritiers du défunt veulent témoigner et prouver que le défunt n'avait pas toute sa raison lorsqu'il sollicita le « consolament » : l'inquisiteur peut-il admettre leur témoignage ?*

Si le défunt était, en vie, diffamé ou suspect, et si l'on sait par ailleurs que c'est en possession de tous ses moyens qu'il sollicita le « consolament », ce type de témoignage sera récusé. Dans les autres cas, l'inquisiteur peut admettre des témoignages à décharge ; mais ni l'épouse, ni les enfants, ni les héritiers du défunt ne seront admis à témoigner. Seuls seront admis, dans ce cas, les témoignages de croyants sincères et zélés.

XVI. De toute évidence, ces conclusions doivent être appliquées à la lettre à propos des hérésies de notre temps, bien qu'Eymerich ne songe qu'aux cathares. Demander à l'article de la mort l'assistance, le réconfort, voire les « sacrements » des musulmans, ou des juifs, est un signe manifeste d'appartenance à l'hérésie. L'est aussi de nos jours le fait de solliciter l'assistance, l'aide, le réconfort des luthériens ou des calvinistes, ou d'autres hérétiques contemporains.

Que l'inquisiteur soit prudent toutefois dans la condamnation d'un défunt pour ce genre de délit. Les conséquences de la condamnation sont graves ! L'inquisiteur n'oubliera pas que bien souvent la raison s'affaiblit à l'article de la mort ; qu'il fasse donc la part d'un délire possible, qu'il tienne compte de l'âge du mourant, etc. Et qu'il n'omette pas de solliciter le conseil des médecins et des experts en la matière.

P. Excommunication

67. Les hérétiques et ceux qui, de quelque façon que ce soit, les écoutent, suivent, protègent, sont-ils excommuniés de plein droit ? Et s'ils se repentent, peuvent-ils être déliés de l'excommunication par l'inquisiteur ?

Oui, ils sont excommuniés de plein droit, et l'inquisiteur a le pouvoir de les délier de l'excommunication en cas de repentir.

Q. Indulgences

68. L'inquisiteur peut-il distribuer des indulgences au peuple et au clergé qu'il convoque à ses sermons ?

Oui. Il peut concéder aux assistants vingt ou quarante jours d'indulgence, et cela toutes les fois qu'il le croit opportun, conformément aux pouvoirs délégués aux inquisiteurs par les papes Clément IV, Alexandre IV et Urbain IV.

XVI. Postérieurement, d'autres papes ont donné aux inquisiteurs le pouvoir de conférer d'autres indulgences. Les nouvelles s'accumulent-elles aux anciennes, de sorte qu'en additionnant les indulgences concédées par les divers souverains pontifes, l'inquisiteur peut donner jusqu'à quinze ans d'indulgence ? Des docteurs le pensent. En réalité, les papes ont confirmé les anciennes indulgences, sans en rajouter. Et c'est dommage : il serait bon, en effet, qu'au bénéfice de la foi, Sa Sainteté les cumulât afin de pousser davantage les fidèles à collaborer avec l'inquisiteur.

69. L'inquisiteur a-t-il le pouvoir de concéder des indulgences à ses confrères religieux et à son notaire ?

Non. L'inquisiteur n'a pas ce pouvoir : mais ses lieutenants et ses notaires gagnent de la part du pape trois ans d'indulgence lorsqu'ils sont en exercice, et tous les péchés leur sont remis par l'indulgence plénière s'ils meurent en cours d'exercice. Gagnent aussi une indulgence de la part du pape tous ceux qui, d'une façon ou d'une autre, de près ou de loin, collaborent à la tâche de l'Inquisition (Urbain IV, Grégoire IX, Clément IV).

XVI. Bien que, dans les textes pontificaux auxquels se réfère Eymerich, on ne trouve pas de mention explicite de ceux qui écrivent contre l'hérésie, il semble évident que ceux-là doivent bénéficier des mêmes indulgences dont bénéficient ceux qui collaborent avec l'Inquisition à la poursuite de l'hérésie. Il serait juste que Sa Sainteté daignât leur étendre explicitement ce bénéfice.

70. L'inquisiteur gagne-t-il durant sa vie ou à l'article de la mort l'indulgence plénière ?

Oui. Ainsi l'ont établi les papes Clément IV, Alexandre IV et Urbain IV qui ont étendu aux inquisiteurs le bénéfice de l'indulgence plénière accordé durant la vie et à l'article de la mort à tous ceux qui luttent pour la conquête de la Terre sainte.

Table

Introduction 9

1. Pour bien faire, un manuel 9
2. Opus romanum 23
3. L'hérésie, les hérétiques 39
4. « Révisionnisme » et plagiat 53
5. Le Directorium – L'édition romaine – Notre édition 62

Le manuel des inquisiteurs 73

I. Juridiction de l'inquisiteur

A. L'hérésie 73
B. Les hérétiques 77

II. Pratique inquisitoriale

A. Avant le procès. Autorité de l'inquisiteur 135
B. Débuts publics et solennels des travaux inquisitoriaux 145
C. Enquête et débuts des procès 152

D. Le procès proprement dit 156
E. Les interrogatoires 163
F. Signes extérieurs par lesquels on reconnaît les hérétiques 175
G. Obstacles à la rapidité d'un procès 183
H. Verdicts et sentences. Fin des procès 197

III. Questions afférentes à la pratique du Saint-Office de l'Inquisition 239

A. L'Inquisition – L'inquisiteur – Les commissaires inquisitoriaux 239
B. L'excommunication de l'inquisiteur et de ses commissaires 243
C. Le pouvoir de l'inquisiteur 245
D. Les procès 253
E. La prison inquisitoriale 254
F. La question – La torture 260
G. Les témoins 267
H. Les experts – Les avocats 276
I. Constitutions et statuts inquisitoriaux 276
J. Les suspects – Les diffamés 277
K. Les hérétiques pénitents 277
L. Les impénitents – Les relaps 279
M. Amendes et condamnation aux dépens 281
N. La confiscation 287
O. Non-habilités 292
P. Excommunication 297
Q. Indulgences 297

Bibliothèque de « L'Évolution de l'Humanité »

DANS LA MÊME COLLECTION

Antoine Adam, *Histoire de la littérature française au* XVIIe *siècle* (3 vol.).

Paul Alphandéry et Alphonse Dupront, *La Chrétienté et l'idée de croisade* ; postface de Michel Balard.

Annie Becq, *Genèse de l'esthétique française moderne. De la raison classique à l'imagination créatrice, 1680-1814.*

Marc Bloch, *La Société féodale.*

Maurice Clavelin, *La Philosophie naturelle de Galilée.*

Francis Conte, *Les Slaves.*

Edgar De Bruyne, *Études d'esthétique médiévale*, 2 vol. ; préface de M. de Gandillac, postface de Michel Lemoine.

Adeline Daumard, *La Bourgeoisie parisienne de 1815 à 1848.*

Michèle Duchet, *Anthropologie et histoire au siècle des Lumières* ; postface de Claude Blanckaert.

Jean Ehrard, *L'Idée de nature en France dans la première moitié du* XVIIIe *siècle.*

Lucien Febvre et Henri-Jean Martin, *L'Apparition du livre* ; postface de Frédéric Barbier.

Marc Ferro, *La Révolution de 1917.*

Marc Fumaroli, *de l'Académie française, L'Âge de l'éloquence. Rhétorique et* res literaria *de la Renaissance au seuil de l'époque classique.*

Marcel Granet, *La Civilisation chinoise* ; postface de Rémi Mathieu.

Maurice Halbwachs, *Les Cadres sociaux de la mémoire* ; postface de Gérard Namer.

– *La Mémoire collective* ; postface de Gérard Namer.

Louis Halphen, *Charlemagne et l'Empire carolingien* ; postface de Pierre Riché.

Élisabeth Labrousse, *Pierre Bayle. Hétérodoxie et rigorisme.*

Henri Hubert, *Les Celtes.*

Joseph Lecler s. j., *Histoire de la tolérance au siècle de la Réforme.*

Maurice Lévy, *Le Roman « gothique » anglais, 1764-1824.*

Robert Mandrou, *Introduction à la France moderne* ; postfaces de Monique Cottret, Philippe Joutard et Jean Lecuir.

Henri-Jean Martin, *Histoire et pouvoirs de l'écrit.*

Robert Mauzi, *L'Idée du bonheur dans la littérature et la pensée françaises au XVIIIe siècle.*

Ignace Meyerson, *Les Fonctions psychologiques et les œuvres* ; postface de Riccardo Di Donato.

Alain Michel, *La Parole et la Beauté. Rhétorique et esthétique dans la tradition occidentale.*

Émile Poulat, *Histoire, dogme et critique dans la crise moderniste* ; postface d'Alphonse Dupront.

Jacques Proust, *Diderot et l'Encyclopédie.*

Philippe Sellier, *Pascal et saint Augustin.*

George Steiner, *Après Babel. Une poétique du dire et de la traduction.*

Étienne Thuau, *Raison d'État et pensée politique à l'époque de Richelieu* ; postface de Gérard Mairet.

Roger Zuber, *Les « Belles Infidèles » et la formation du goût classique* ; postface d'Emmanuel Bury.

Achevé d'imprimer en octobre 2002
dans les ateliers de Normandie Roto Impression s.a.s.
61250 Lonrai
N° d'édition : 19691
N° d'impression : 022513
Dépôt légal : octobre 2002

Imprimé en France